Le règlement amiable des différends sociaux

© L'Harmattan 2007
5-7 rue de l'École Polytechnique ; Paris 5ᵉ
www.librairieharmattan.com
harmattan1@wanadoo.fr
diffusion.harmattan@wanadoo.fr

ISBN : 978-2-296-03456-3
EAN : 9782296034563

Sous la direction de
FRANÇOIS PETIT

Le règlement amiable des différends sociaux

L'HARMATTAN

Avant-propos

Médiation et conciliation, modes de règlement « alternatifs » à la voie judiciaire, connaissent des fortunes diverses en droit social.

Cet ouvrage est le fruit d'une recherche menée à l'initiative du Centre de droit comparé du travail et de la sécurité sociale de l'université Montesquieu Bordeaux IV. Il traite de la résolution amiable - ou négociée - des différends en droit du travail, en France, en Espagne et au Québec.

L'idée de départ est qu'il n'est pas illégitime de chercher à apaiser les conflits et les litiges du travail, en permettant aux intéressés de fixer leurs propres règles. Il ne s'agit pas seulement d'alléger la charge des tribunaux, même si cette dernière préoccupation n'a pas été étrangère aux initiatives du législateur. Dans ce dessein de pacification, les pouvoirs publics se sont déjà souciés d'instituer les moyens de régler les différends du travail à l'amiable ; mais les modalités proposées se sont révélées décevantes et en définitive, peu utilisées.

De nouvelles stimulations en faveur de cette pratique se sont alors manifestées. Des figures inédites de conciliateurs ou de médiateurs sont apparues. Sans pouvoir de décision, ils ont vocation à faciliter la recherche d'une solution négociée. L'antagonisme des intérêts en présence ne facilite pas les choses, mais cette vogue nouvelle a fait naître chez certains, par pragmatisme, l'espoir d'une régulation plus souple des relations sociales. D'autres se sont inquiétés des risques d'évitement du droit et des procédures impératives.

Les partenaires sociaux, s'ils ne refusent pas la résolution négociée par principe, aspirent surtout à définir eux-mêmes le déroulement des opérations. Si un « tiers facilitateur » doit intervenir, il faut qu'il ait leur confiance et comprenne leurs problèmes. Apparaissent alors des mécanismes « informels », qui fonctionnent sans cadre légal et sans aucune harmonisation, ce qui donne une nette impression de bricolage juridique.

Le règlement amiable des différends sociaux

L'état des lieux n'est donc pas satisfaisant. Le besoin social est nettement identifiable, mais le droit actuel manque de cohérence et d'efficacité.

Les pratiques révèlent d'ailleurs une certaine culture des rapports sociaux. Dans les conflits collectifs, le changement du rapport des forces déterminé par la grève conduit parfois à des conditions plus propices à la négociation ; mais le plus souvent, la grève accentue le conflit, se solde par des pertes pour chacune des parties - et peut même causer des dégâts économiques collatéraux. Dans les litiges individuels, la saisine des prud'hommes est suivie d'une tentative de conciliation ; mais le nombre des accords conclus selon cette méthode est faible, et plus personne aujourd'hui n'en espère réellement de meilleurs résultats.

Cette première analyse du système français a conduit à se demander comment ces problèmes sont traités dans d'autres pays. Deux systèmes juridiques pertinents sont apparus.

L'Espagne était d'abord toute désignée, en raison de la relative proximité de ses institutions sociales et de ses structures judiciaires. Dans ce pays, un système extrajudiciaire complet a été institué pour les conflits du travail. Alors qu'il semble fonctionner dans des conditions satisfaisantes, il est presque inconnu en France. Il présente le grand intérêt d'avoir été mis en place, pour l'essentiel, à l'initiative des partenaires sociaux et par la négociation collective.

Il est aussi apparu très utile d'étudier le droit du travail du Québec, où les lois favorisent nettement les modes « alternatifs » de règlement des différends sociaux. N'excluant aucun type de litige, ils résultent d'une longue tradition et font l'objet d'une forte réglementation. Le degré d'institutionnalisation de ces pratiques très élaborées et le niveau déjà atteint dans la théorisation de leurs diverses applications leur confère naturellement un intérêt tout particulier.

Afin de favoriser la production d'idées, plusieurs points de rapprochement ont été définis sur la base d'une problématique commune, reproduite en fin d'ouvrage. Cette orientation a permis d'éviter de traiter, en droit espagnol ou en droit québécois, les aspects jugés moins productifs. Le but était de rechercher des éléments « opérationnels », propres à inspirer le juriste français. Plusieurs pistes ont été retenues.

Identifier les objectifs du recours à la négociation conduit d'abord à envisager de nombreuses hypothèses. Le but est-il de désencombrer les juridictions et d'accélérer l'arrivée de la solution ? La démarche procède-t-elle d'une défiance envers les modes de règlement contentieux ? Traduit-elle une perte de pouvoir des syndicats, la réception d'objectifs patronaux, une transformation du rôle de l'État ? Il apparaît en réalité que la recherche de la paix dans les relations de travail suffit à inspirer les règles, qu'elles soient conçues par la voie parlementaire ou par la négociation collective.

L'objectif d'apaisement ne doit pas non plus conduire à négliger l'ordre public. La négociation ne peut pas utilement construire de nouvelles règles, si elle vise seulement à échapper aux dispositions impératives. Cela pose la question des hypothèses dans lesquelles il est juridiquement possible de régler un litige à l'amiable. L'ordre public ne s'oppose-t-il pas au règlement amiable ? Peut-on réellement « négocier » un objet qui est déjà saisi par la loi ? Favoriser une telle négociation conduit-il nécessairement à « renoncer » à l'application du droit - ou s'agit-il d'autre chose ? Quoi qu'il en soit, la prise en compte du caractère d'ordre public de certaines règles s'avère fondamentale.

Cette question des hypothèses pertinentes de négociation a conduit à distinguer entre conflits « de droit » et conflits « d'intérêts ». Cette distinction s'est révélée essentielle en droit espagnol comme en droit québécois. Si elle n'est pas un fondement essentiel du droit français, elle conserve au moins en doctrine une utilité descriptive. Elle permet de distinguer les litiges (juridiques), qui appellent en principe le recours à un juge, des simples divergences d'intérêts, relevant du domaine de la revendication ou de la négociation. Il faut toutefois reconnaître que ces notions théoriques ne sont pas toujours productives, tant elles sont difficiles à traduire, en l'état, dans la technique juridique française.

Le règlement amiable des différends sociaux

Comment déceler enfin les mécanismes mobilisables pour conduire le processus de négociation ? La loi peut intégrer le règlement négocié au cadre juridique des conflits. Elle peut aussi l'incorporer aux processus de règlement des litiges. Elle doit alors tenir compte du rôle joué par les institutions judiciaires et par les procédures gracieuses et contentieuses, sans oublier les modalités d'arbitrage. Elle doit surtout s'adapter à la négociation collective et au régime du contrat individuel de travail.

Ce sont alors des questions pratiques qui se posent : les parties peuvent-elles négocier sans intermédiaire, ou doivent-elles nécessairement faire appel à une autorité quelconque ? Comment instituer des garanties de bon déroulement ? Quel est le statut des tiers intervenants (conciliateurs ou médiateurs), quels sont leurs pouvoirs et leurs devoirs ?

Autant de questions, disons-le, auxquelles le droit français répond rarement.

Sonder les solutions existantes dans d'autres législations apporte d'appréciables éléments. Leurs avantages constitueront-ils une source d'inspiration ? Au moins, leurs limites devraient-elles faire cesser quelques illusions.

Les études qui suivent s'accordent en effet sur la nécessité d'adapter les règles, non seulement aux institutions propres à chaque système, mais aussi à la nature des intérêts en cause.

Pour cela, il faut aller au-delà de la technique ; et savoir quels principes on veut défendre.

François PETIT

SOMMAIRE

Première partie : France

I. Les problématiques du règlement amiable des différends sociaux en France 13

▶ FRANÇOIS PETIT - *Maître de conférences à l'Université Montesquieu Bordeaux IV, Avocat au Barreau de Bordeaux*

II. Voyage périlleux dans la boîte noire de la résolution des différends sociaux en France 41

▶ PHILIPPE AUVERGNON - *Directeur de recherche au C.N.R.S., Centre de droit comparé du travail et de la sécurité sociale (COMPTRASEC), Université Montesquieu Bordeaux IV*

Deuxième partie : Espagne

I. La résolution amiable des litiges individuels en droit du travail espagnol 77

▶ JOSÉ LUIS GIL Y GIL - *Professeur titulaire de droit du travail à l'Université de Alcalá de Henares*

II. Les procédures négociées de résolution des conflits collectifs en Espagne 123

▶ JESÚS CRUZ VILLALÓN - *Professeur de droit du travail et de la sécurité sociale à l'Université de Séville*

Troisième partie : Québec

I. La médiation des différends du travail au Québec : de la tradition vers de nouvelles directions 161

II. Les maîtres du jeu dans la médiation institutionnelle des différends du travail au Québec 195

▶ DIANE VEILLEUX - *Professeure agrégée, École de relations industrielles, Faculté des arts et des sciences de l'Université de Montréal*

▶ GILLES TRUDEAU - *Professeur titulaire, Faculté de droit de l'Université de Montréal*

*Les problématiques du règlement amiable
des différends sociaux en France* *

Les modes négociés de règlement des différends sociaux, qui constituent une voie autre que judiciaire, connaissent en France indéniablement un effet de mode et constituent une réalité en évolution depuis quelques années[1]. Pourtant, les méthodes proposées par le législateur restent, aujourd'hui encore, rarement mises en œuvre[2].

Les modes de règlement des différends en droit du travail peuvent témoigner à la fois de la structure d'ensemble du système juridique, de l'état du rapport des forces sur le plan syndical et des choix politiques des gouvernements successifs. Régler un différend par la négociation, c'est y mettre fin de manière satisfaisante pour les parties, en faisant cesser par exemple la grève qui paralyse une entreprise, par la satisfaction de revendications syndicales. Cela peut aussi permettre de régler un litige individuel par un autre moyen que le recours à la justice. Le conflit est alors entendu aussi bien comme un désaccord sur un point de droit, que comme une mésentente sur des revendications ou des négociations.

Le recours au juge suppose un délai et entraîne une perte de contrôle des parties sur la solution de leur différend. De plus, le juge statue en droit et

---

* Par FRANÇOIS PETIT, Maître de Conférences à l'Université Montesquieu Bordeaux IV, Avocat au Barreau de Bordeaux.
[1] N. Moizard, « Un retour en grâce des médiateurs ? » : *Dr. soc.* 2002, p. 325 ; P. Catala, « La médiation judiciaire, mode alternatif de règlement des conflits » : *Gazette du Palais* 1999, p. 1897 ; B. Blohorn-Brenneur, « La médiation judiciaire dans les conflits individuels de travail » : *Gaz. Pal.* 1999.1907. Sur les différentes formes de médiation, en particulier la médiation familiale, v. J.-P. Bonafé-Schmitt, *La médiation, une justice douce* : Syros 1992 ; *Les médiations, logiques et pratiques sociales* : Glysi, CNRS-ISH-Univ.Lyon II, 2001 ; J.-F. Six, *Le temps des médiateurs* : Seuil 1990 ; *Culture de la médiation, culture de paix* : Desclée de Brouwer 1995 ; M. Guillaume-Hofnung, *La médiation* : PUF Que sais-je ? 2000 ; J. Timsit, « La médiation : une alternative à la justice et non une justice alternative » : *Gaz. Pal.* 14-15 nov. 2001, p.53 ; J. Joly-Hurard, « Médiation et conciliation », *Rép. pr. civ.* Dalloz, 1999.
[2] J. Pélissier, A. Supiot, A. Jeammaud, *Droit du travail*, Dalloz, 22è éd. 2004, n° 1167 s.

sur le litige qui lui est soumis, alors qu'une meilleure solution peut parfois être trouvée, en élargissant le champ d'analyse par la négociation.

C'est pourquoi d'autres modes de règlement des conflits collectifs sont apparus : arbitrage, conciliation et médiation. En matière de règlement des litiges individuels, on peut noter que la transaction consécutive à la rupture du contrat de travail est un outil juridique assez souvent utilisé. Les « départs négociés » connaissent différentes formes. La médiation a été envisagée comme une voie possible en matière de harcèlement sexuel ou de harcèlement moral. Les procédures de résolution alternative des conflits, apparues en 1892, se sont développées en doit du travail français avec les lois du 31 décembre 1936 puis du 11 février 1950. La formule plus particulière de la médiation date d'un décret du 5 mai 1955.

Toutefois, les procédures de conciliation, de médiation et d'arbitrage prévues par le code du travail demeurent rarement appliquées. En revanche, on a assisté depuis 25 ans à des pratiques de médiation « judiciaire » dans les conflits collectifs, pratique qui a été consacrée par la loi du 5 février 1995. Par ailleurs, dans certaines cours d'appel, la pratique de la médiation est expérimentée en matière de litiges individuels. Des listes de médiateurs dans les conflits collectifs, listes nationale et régionales, sont tenues à jour. Surtout, les inspecteurs du travail interviennent eux-mêmes, de manière « informelle », pour favoriser la résolution de conflits collectifs, sans parler des demandes individuelles qui leur sont faites de plus en plus souvent (essentiellement par des salariés). L'administration tend par ailleurs à développer des pratiques expérimentales de prévention des conflits ou d'accompagnement du dialogue social qui ont parfois reçu la qualification de « médiation préventive ». Enfin, on a pu relever, dans des textes récents, de nouvelles figures de médiateurs, en matière de licenciement économique ou de harcèlement au travail.

Le recours à la négociation semble à première vue, constituer une voie pertinente de la résolution des différends sociaux, mais qu'en est-il dans les faits ? Quelles sont les pratiques établies en France ? Existent-elles, en marge des textes ? Si les voies prévues par la loi ne sont pas beaucoup utilisées, est-il possible de les améliorer ? Quels seraient les bénéfices et les risques d'un recours accru à la médiation ou à la conciliation dans les relations de travail, pour les parties, pour le fonctionnement de la justice ou encore en faveur du respect du droit ? Les modes négociés de résolution correspondent-ils fondamentalement au même processus, qu'il s'agisse de conflits collectifs ou individuels ? Le législateur devrait-il « systématiser » le recours à un médiateur ou conciliateur pour tous les différends sociaux ? Comment encadrer les pratiques existantes ? Pour tenter de répondre à ces questions (2), il convient d'abord de décrire le cadre législatif et règlementaire actuel (1).

1. Le cadre législatif et règlementaire
1.1. Précisions terminologiques

Différends, conflits, litiges - On peut entendre par différends sociaux aussi bien les litiges individuels du travail pouvant être portés à la connaissance du conseil de prud'hommes, que les conflits collectifs qui se traduisent généralement par une grève.

Conflits collectifs - La notion de conflit collectif doit être précisée[3], d'autant qu'elle ne connaît pas en droit de définition bien claire. Selon le droit communautaire, les travailleurs et leurs organisations ont le droit de recourir en cas de conflits d'intérêts, à des actions collectives pour la défense de leurs intérêts, y compris la grève[4]. En France, la grève, qui fait l'objet d'une consécration dans le préambule de la Constitution de 1946 sous la forme d'un droit, n'est pas réglementée de manière générale. La jurisprudence la définit comme la cessation collective et concertée du travail ayant pour but de faire aboutir des revendications professionnelles.

On peut donc considérer que la grève est une forme possible de conflit collectif, mais qu'il en existe d'autres. Par exemple, il est possible d'admettre, que constituent des formes de conflits collectif, d'une part, des différends s'exprimant par des revendications, sans que les salariés ne cessent le travail, et d'autre part des actions collectives (occupation de locaux, piquets de grève) qui n'ont pas la qualification de grève (et qui sont donc considérées par la jurisprudence comme des actions illicites).

Le critère de reconnaissance du conflit collectif est donc bien l'intérêt commun que les salariés participant à une même action veulent défendre.

---

[3] A. Jeammaud, « Les contentieux des conflits collectifs du travail », *Dr. soc.* 1988, p. 690 ; —, « Conflit, différend, litige » : *Rev. Droits* 2001, 34, p.15.
[4] Article 28 de la charte des droits fondamentaux de l'Union européenne, 7 décembre 2000, Chap. IV (Solidarités), *J.O.C.E.* n° C 364 du 1er déc. 2000, pp. 0001-0022.

Le règlement amiable des différends sociaux

Ainsi le conflit collectif se distingue-t-il de la grève. Le conflit collectif est un fait social, qui peut donner lieu, ou non, à l'exercice du droit de grève, même si le droit de grève est considéré comme un droit de l'individu (un droit individuel qui s'exerce de manière collective). Les conflits collectifs peuvent donner lieu à des litiges portés à la connaissance des juges, généralement saisis d'un acte illicite commis par l'employeur ou les salariés grévistes. Mais le juge n'est pas compétent pour apprécier les revendications, dès lors qu'aucune règle n'a été violée par l'employeur.

Rappelons également que pour la durée de la grève, le gréviste n'est pas rémunéré et aucune disposition législative ou règlementaire n'impose à l'employeur le contraire (même si certains accords de fin de grève prévoient parfois le paiement de tout ou partie des jours de grève, ce qui semble d'ailleurs se raréfier, même dans les services publics).

Litiges individuels - La notion de litige individuel est plus facile à cerner puisqu'elle désigne de manière générale une contradiction d'intérêts qui se manifeste par l'impossibilité d'obtenir à l'amiable la reconnaissance d'un droit ou d'une prérogative qu'une personne croit avoir et qu'elle envisage, éventuellement, de faire reconnaître par un juge. Le litige n'est pas toujours synonyme de procès, bien que les termes soient souvent utilisés indifféremment en procédure civile.

Médiation, conciliation - En France, les termes de médiation et de conciliation ont été utilisés pour désigner des procédures distinctes[5]. Les

---

[5] V. S. Guinchard, M. Bandrac, X. Lagarde, M. Douchy, *Droit processuel. Droit commun du procès*, Dalloz, 2e éd. 2003 ; J. Vincent, S. Guinchard, *Procédure civile* : Dalloz, 25e éd. 1999 ; J. Héron, *Droit judiciaire privé*, Montchrestien 1991 ; P.Couvrat, G.Giudicelli-Delage, « Conciliation et médiation », *Juris-classeur Proc. civile*, Fasc. 160 et bibliographie citée, notamment de droit comparé ; J.-P. Bonafé-Schmitt, *La médiation : une autre justice*, Paris 1992 ; P. Chevalier, Y. Desdevises, Ph. Milburn, *Les modes alternatifs de règlement des litiges, les voies nouvelles d'une autre justice* : Doc. Fr., coll. Perspectives sur la justice, 2003 ; G. Bolard, « De la déception à l'espoir : la conciliation » : *Mélanges Hébraud*, Toulouse 1981, p. 46 ; Ph. Bonnet, « Du suppléant du juge de paix au conciliateur » : *JCP G* 1979, I, 2949 ; G. Cornu, « Rapport de synthèse des rencontres internationales de droit comparé » : *RID comp.* 1997, p. 313 : les modes alternatifs de règlement des conflits ; Y. Desdevises, *Remarques sur la place de la conciliation dans les textes récents de procédure civile* : D. 1981, chron. p. 241 ; Y. Desdevises, « Modes alternatifs de règlement des litiges, commentaire de la loi du 8 février 1995 » : *Justices*, n° 2, p. 342 s. P. Drai, « Libres propos sur la médiation judiciaire » : *Mélanges Bellet*, Litec 1991, p. 123 ; P. Estoup, « La conciliation judiciaire, avantages, obstacles et perspectives » : *Gaz. Pal.* 1989, 1, doctr. p. 299 ; G. Flecheux, Ph. Lafarge, « La médiation » *Mélanges offerts à Pierre Drai* : Dalloz

procédures facultatives de règlement des conflits collectifs, dont il sera question plus loin, semblent indiquer qu'à la différence de la conciliation, la médiation reposerait sur le rôle d'enquête et de proposition conféré au médiateur. Les termes sont largement employés comme synonymes. Il est vrai que le terme de médiation a été davantage été employé dans les textes récents, mais ces textes ont été rapidement privés d'application. Au fond, ces procédures reposent sur des principes communs : le conciliateur ou médiateur est un tiers ; il ne prend pas de décision s'imposant aux parties, mais tente de faciliter leur négociation ; son intervention n'exclut pas le recours à un juge, puisque le droit d'agir en justice est un droit fondamental reconnu à tout justiciable. On peut néanmoins relever que le terme de médiation reste utile pour désigner une tentative de rapprochement ordonnée par un juge, dans le cadre d'une instance judiciaire, et la distinguer de la conciliation prud'homale, prévue par la loi pour tous les litiges individuels. En outre, les textes donnent généralement au médiateur, et non au conciliateur, la mission d'établir une recommandation ou un rapport. On peut donc considérer que « médiation » et « conciliation » sont deux « variétés d'un même type théorique de traitement des disputes »[6], la médiation se distinguant par la proposition par le médiateur d'une solution.

1.2. Le règlement direct entre les parties et la possibilité de recourir au juge

Il s'agit ici d'exposer les modalités d'un règlement du différend par les parties elles-mêmes, sans recours à un tiers facilitateur, tout en rappelant que l'intervention du juge est toujours possible, dès lors qu'un litige existe. Les procédures de médiation et de conciliation sont devenues facultatives en matière de conflits collectifs et il en résulte que la négociation dans les conflits collectifs n'est pas véritablement encadrée. En matière de litiges individuels en revanche, une tentative de conciliation est obligatoire lorsque le juge est saisi : le procès intenté devant le conseil de prud'hommes connaît une première phase de

---

2000, p. 301 ; A. Gaonac'h, « Le champ d'application de la médiation judiciaire » : *Petites affiches* 1999, p. 5 ; M. Olivier, « La conciliation et la médiation judiciaires en matière civile (aspects anciens et actuels) » : *Gaz. Pal.* 18-19 oct. 1996, 2, doctr. p. 1257 ; G. Pluyette, « La médiation judiciaire », *Mélanges offerts à Pierre Drai*, Dalloz 2000, p. 463 ; Ruellan, Les modes alternatifs de résolution des conflits : « Pour une justice plurielle dans le respect du droit », *JCP G* 1999, I, 135.
[6] J. Pélissier, A. Supiot, A. Jeammaud, *Droit du travail*, Dalloz, 22è éd. 2004, p.1215, note 7.

Le règlement amiable des différends sociaux

conciliation, qui si elle n'aboutit pas, donnera lieu à une seconde phase dite de « jugement » où le juge sera amené à trancher le litige. Mais il est possible également, en matière de litiges individuels, de trouver un accord en dehors d'une instance prud'homale.

Les modalités du règlement direct entre les parties sont donc à la fois variées et indirectement influencées par l'éventualité, toujours possible, d'une action judiciaire par l'une des parties.

1.2.1. Les règles applicables aux conflits collectifs

La liberté de la grève - La règlementation de la grève en France est très partielle. Selon le préambule de la Constitution de 1946, « le droit de grève s'exerce dans le cadre des lois qui le règlementent ». Mais la loi n'est intervenue que pour certains cas particuliers. Elle fixe certaines modalités de l'exercice de la grève dans les services publics[7], en donnant aux syndicats représentatifs l'exclusivité du droit de déposer un préavis de grève, alors que dans les autres entreprises, le droit de grève n'est soumis à aucun préavis[8] et à aucune procédure ou mot d'ordre syndical préalables. Dans certains services publics, un service minimum a été instauré légalement (hôpitaux, énergie électrique, audiovisuel, navigation aérienne)[9]. La loi a aussi prévu une protection contre les sanctions disciplinaires, le licenciement et les discriminations, en faveur des grévistes[10]. Il en découle que la grève n'est pas syndicale, qu'elle n'est pas conditionnée par une négociation collective préalable ou en cours, et que toute forme de grève est en principe licite.

---

[7] Loi du 31 juillet 1963, art. L 521-2 et s. du code du travail.
[8] La convention collective ne peut pas instaurer un préavis de grève qui s'imposerait aux grévistes : Cass. soc. 7 juin 1995, D. 1996, 75, note Mathieu ; *Dr. soc.* 1996, p. 37, note Radé ; Cass. soc. 12 mars 1996, *Dr. soc.* 1997, p.541 ; M.-A.Rotschild-Souriac, « Conflits du travail et négociation collective », *Dr. soc.* 2001, p. 705 ; F. Petit, « Le déclenchement de la grève », *Bulletin de droit comparé du travail et de la sécurité sociale* 1997, p.25.
[9] Loi du 26 juill. 1979 sur le secteur audiovisuel ; loi du 29 juillet 1982 sur la communication audiovisuelle (et décret du 29 déc. 1982) ; loi du 25 juill. 1980 sur le contrôle des matières nucléaires ; v. Ph.Terneyre, *La grève dans les services publics*, Sirey 1991 ; B. Genevois, « La jurisprudence du conseil constitutionnel relative au droit de grève dans les services publics », *Dr. soc.* 1989, p. 796 ; J.Chorin, « Le droit de grève dans les centrales d'Électricité de France », *Dr. soc.* 1998, p. 140 ; J.Chorin, « La grève dans les services publics, questions d'actualité », *Dr. soc.* 2003, p. 567. V. aussi C.E., 4° & 5°, 8 mars 2006, n°278999 (la Régie autonome des transports parisiens [RATP] n'est pas obligée de constituer un service minimum).
[10] Art. L 321-1 al. 3 et L. 122-45 du code du travail.

Les problématiques du règlement amiable des différends sociaux en France

Le rôle limité du juge - En particulier, la régularité de la grève n'est pas soumise à l'impossibilité d'une action judiciaire ou à l'interprétation ou l'application d'une convention collective. Le juge n'a d'ailleurs pas à s'immiscer dans les revendications, il ne peut que trancher les litiges. Toutes les formes de revendications sont donc admises[11]. La jurisprudence de la Cour de cassation a toutefois apporté des limites concernant les modalités de l'arrêt de travail : les travailleurs ne peuvent pas abriter derrière le droit de grève une simple exécution défectueuse ou ralentie du travail, ou des actes illicites tels que des occupations de locaux, des piquets de grève empêchant les non-grévistes d'accéder à leurs postes. Les infractions pénales détachables de l'exercice de la grève sont réprimées par le code pénal (destructions, séquestrations). De même, si l'employeur commet un acte illicite (*lock-out*, violation d'une procédure de licenciement collectif), le comité d'entreprise ou un syndicat peuvent saisir le tribunal de grande instance, juge de droit commun[12]. Le rôle du juge est donc limité à l'existence d'un litige et n'est pas lié à l'exercice du droit de grève. Dans le rapport de forces déterminé par une grève, la conception du droit français est que les parties négocient, si elles le veulent, directement.

Les limites de l'obligation de négocier - Depuis 1982, la loi impose une obligation de négocier chaque année dans les entreprises sur les salaires, la durée effective du travail et l'organisation du temps de travail[13]. D'autres sujets de négociation peuvent être rendus obligatoires en fonction de certains critères (égalité professionnelle entre hommes et femmes, mise en place de régimes de prévoyance maladie, de systèmes

---

[11] Cette question a été débattue en jurisprudence, notamment à propos du caractère « raisonnable » des revendications ; mais aujourd'hui le débat s'est apaisé (Ass. Plén. 4 juill. 1986, D. 1986.477 ; *Dr. soc.* 1986, p.745, note G. Lyon-Caen : le juge des référés, dans le cadre de son pouvoir souverain d'appréciation, peut interdire une grève soumise à préavis dans un service public, si les revendications ne sont pas susceptibles d'être satisfaites par l'employeur ; puis Cass. soc. 2 juin 1992, *Dr. soc.* 1992, p. 696, note Ray ; Cass. soc. 19 oct. 1994, D. 1994 IR. p. 257 : le juge ne peut pas apprécier le caractère raisonnable des revendications).

[12] Par exemple, une grève qui serait liée à une suppression d'emplois : l'employeur doit respecter la procédure du licenciement collectif ; en cas d'irrégularité, le juge pourra être saisi (en référé) pour imposer à l'employeur de respecter ses obligations légales. Mais cette possibilité est ouverte même en l'absence de grève.

[13] Art. 132-27 du code du travail : « Dans les entreprises où sont constituées une ou plusieurs sections syndicales d'organisations représentatives (…), l'employeur est tenu d'engager chaque année une négociation ».

d'intéressement, de participation ou d'épargne d'entreprise et maintien des salariés les plus âgé dans leurs emplois et leur accès à la formation). Ces diverses obligations de négocier ne constituent pas une obligation de conclure effectivement un accord. Les parties (employeur, organisation syndicale) ont seulement l'obligation d'engager de bonne foi des négociations. Des sanctions pénales sont prévues[14].

Il peut paraître paradoxal que le législateur, qui a instauré une telle obligation de négocier, n'impose aucune règle obligatoire en matière de conflits collectifs. L'idée générale est que les parties négocient directement, sans que les pouvoirs publics ne cherchent à leur imposer une solution, car celle-ci risque souvent d'être jugée inopportune par les intéressés. Il faut aussi reconnaître que la négociation « de compromis » ne correspond pas aux habitudes, celles-ci étant centrées autour de l'idée de négociation « normative » qui aboutit à la conclusion d'une convention collective[15].

Pour mettre fin à un conflit collectif, un accord peut toutefois être conclu, qu'on appelle généralement procès-verbal ou accord de fin de conflit[16]. Le régime juridique de ce type d'accord n'est pas déterminé par la loi. On peut imaginer que cet accord aura la valeur d'une convention collective, s'il est conclu dans les formes requises ; dans le cas contraire, il pourra être considéré comme une décision unilatérale du chef d'entreprise, plus fragile juridiquement qu'une convention collective, puisqu'il n'est applicable que tant que l'employeur ne le dénonce pas unilatéralement[17]. On applique ici le droit commun.

1.2.2. Règles applicables aux litiges individuels

La procédure juridictionnelle de règlement des litiges individuels - Les litiges individuels relèvent de la compétence exclusive des conseils de

---

[14] Art. L 153-2 du code du travail : un an d'emprisonnement et/ou une amende de 3750 €.
[15] V. A. Supiot, « Revisiter les droits d'action collective », *Dr. soc.* 2001, p. 687.
[16] M. Moreau, « Les règlements de fin de conflit (protocole, protocole d'accord ou accord de fin de conflit) », *Dr. Soc.* 2001, p. 139 ; J. P. Chauchard, « Les accords de fin de conflit », *Dr. soc.* 1982 p. 678 ; R. de Quénaudon, « Des protocoles de fin de conflit dans le secteur privé », *Dr. soc.* 1981, p. 401-411 ; M.Grévy, « Actions en responsabilité et accords de fin de conflit », *A.J.* 1994, n°109.
[17] Cass. soc. 25 févr. 1988, *Dr. soc.* 1989, p. 82, note Penneau ; D. 1988, somm. 319, note A. Lyon-Caen ; Cass. soc. 30 juin 1988, *Bull. civ.* V, n° 401 ; Cass. soc. 13 févr. 1996, *Bull. civ. V*, n°53 : l'usage peut être dénoncé par l'employeur car l'avantage consenti ne s'incorpore pas au contrat de travail.

prud'hommes. Les conseillers sont élus par leurs pairs, en nombre égal, parmi les employeurs et les salariés[18]. Lorsque le litige est porté devant le conseil de prud'hommes, celui-ci est amené à trancher le litige, comme le fait tout juge. Les règles sont ici d'ordre public : tous les litiges individuels sont concernés et il est impossible d'y déroger, sauf conclusion d'une transaction. L'essentiel du contentieux est constitué par des contestations de la cause du licenciement.

On entend par litiges individuels les différends qui peuvent d'élever à l'occasion de tout contrat de travail. Cela concerne aussi bien la validité du contrat (ou de l'une de ses clauses), que l'exécution du contrat (rémunération, sanctions) et sa résiliation (licenciement et autres modes de rupture). Les litiges individuels se rapportant à l'application de la loi, du règlement ou même d'une convention collective, sont également de la compétence du conseil de prud'hommes, dès lors que l'objet de la demande est un droit individuel et que le litige est « né » d'un contrat de travail. Selon la Cour de cassation[19], les conseils de prud'hommes ne sont pas seulement compétents pour connaître des litiges qui trouvent leur cause dans un contrat individuel ; ils sont également compétents pour les litiges se rapportant à un droit que le salarié prétend tirer d'une convention collective ou de la loi. Le rôle joué par les conseils de prud'hommes est donc central, malgré une relative « dispersion » du contentieux du travail (les autres litiges peuvent relever de diverses juridictions, notamment le tribunal de grande instance, juge de droit commun).

La transaction comme mode négocié de règlement des litiges individuels - Pour éviter le recours au conseil de prud'hommes, les parties à un litige individuel du travail peuvent résoudre leur différend par la conclusion d'une transaction. Ce contrat de transaction est réglementé par les articles 2042 et suivants du code civil, qui lui donnent la même autorité qu'une décision de justice[20]. Cela entraîne l'irrecevabilité de toute demande qui aurait fait l'objet de la transaction. L'homologation par un

---

[18] Art. L512-1 du code du travail.
[19] Cass. civ. 19 oct. 1937, D.H. 1937.581 ; Cass. soc. 24 oct. 1975, *Bull. civ. V*, n°209.
[20] Art. 2042 du code civil : « La transaction est un contrat par lequel les parties terminent une contestation née, ou préviennent une contestation à naître ».

juge[21] de la transaction n'est pas nécessaire, sauf pour obtenir un titre exécutoire[22], si bien que les parties qui transigent éludent de manière licite, le recours à la justice.

Dans la pratique, de tels accords sont fréquents, le plus souvent pour régler les conséquences de la rupture du contrat de travail. Les conseils des parties (avocats, défenseur syndical) jouent un rôle important dans la négociation des termes de l'accord, mais on ne peut parler ici de médiation ou de conciliation assistée par un tiers, puisque chacun réserve ses conseils à celui qu'il assiste. Le litige peut donner lieu à une action judiciaire, si l'intéressé utilise son droit d'agir en justice et ne souhaite pas transiger.

1.3. Le règlement négocié, accompagné par un tiers

Il existe, de manière inégale et disparate, des mécanismes juridiques qui font intervenir un tiers pour faciliter le règlement négocié du différend. Il convient de distinguer selon que la tentative de règlement a ou non un lien avec une instance en cours devant une juridiction.

1.3.1. Le règlement négocié lors d'une instance judiciaire, avec l'aide d'un tiers

La conciliation prud'homale - Lors de l'instance prud'homale, le salarié et l'employeur sont convoqués à une audience dite de « conciliation »[23], à laquelle leur présence est obligatoire[24]. Lors de cette audience, qui précède la phase de jugement, le conseil de prud'hommes s'efforce de concilier les parties. Dans le cas où les parties décident de se concilier, un procès-verbal de conciliation est établi, signé par le Président et les parties, qui vaut décision de justice et empêche une nouvelle saisine pour les causes qui ont fait l'objet de l'accord. Il est possible de se concilier sur une partie seulement des demandes (conciliation partielle) et le conseil de prud'hommes n'aura à trancher, dans une seconde phase dite de « jugement », que les causes n'ayant pas fait l'objet d'un accord.

---

[21] Art. 131-12 du nouveau code de procédure civile : « Le juge homologue à la demande des parties l'accord qu'elles lui soumettent. L'homologation relève de la matière gracieuse ». V. aussi I. Balensi, « L'homologation judiciaire des actes juridiques », *RTD civ.* 1978, p. 61.

[22] Y Desdevises, Les transactions homologuées : vers des contrats juridictionnalisables ? D.2000, chron.284.

[23] Art. L 515-1 du code du travail.

[24] Art L. 511-1 du code du travail. L'omission de cette formalité substantielle est susceptible d'entraîner la nullité du jugement : Cass. soc. 28 oct. 1958 : Bull. civ. IV, n°1132.

Les problématiques du règlement amiable des différends sociaux en France

Les conciliations de ce type sont assez rares en pratique. L'utilité de cette phase préalable de conciliation est critiquée par certains, en raison de sa relative inefficacité. Cette situation s'explique par plusieurs raisons. La contradiction des intérêts en jeu, et la possibilité de conclure une transaction en dehors de l'instance, n'y sont pas indifférentes. On peut aussi considérer que la comparution devant le juge du travail n'incite pas à la négociation : le tiers « facilitateur » est aussi celui qui tranchera le litige, en l'absence d'accord de conciliation. De plus, le conseil de prud'hommes dispose aussi du pouvoir de condamner l'une des parties à verser une provision ou à remettre un document, ou d'ordonner des mesures d'instruction, dès la tentative de conciliation, sans qu'un recours ne soit possible[25]. Les propositions faites devant le juge par les parties, dans la recherche d'une conciliation, restent néanmoins confidentielles et ne pourront pas être évoquées lors de la phase de jugement, mise en place dès lors que l'accord n'a pas eu lieu.

La médiation « judiciaire » - Cette formule peut paraître étrange ; elle désigne toutefois une réalité. Tout juge peut recourir aux dispositions de l'article 131-1 du nouveau code de procédure civile[26], qui prévoient que le juge saisi d'un litige, après avoir recueilli l'accord des parties, peut désigner une tierce personne afin d'entendre les parties et de confronter leurs points de vue pour leur permettre de trouver une solution au conflit qui les oppose. Il existe également, dans la loi du 8 février 1995 relative à la procédure civile, pénale et administrative[27], des dispositions permettant au juge de désigner un médiateur, avec l'accord des parties.

---

[25] B. Maurin, D. Xirau & al., *Un appui au dialogue social dans l'entreprise : le tiers facilitateur*, Liaisons 2003. A. Besson, « La conciliation devant le conseil de prud'hommes de Grenoble », *Gaz. Pal.* 1999.1904. De plus, les parties peuvent ne se concilier que partiellement ; enfin l'objet de la conciliation est souvent constitué par des demandes qui auraient pu relever de la compétence du juge des référés.

[26] Art. 131-1 al. 1 et 2 du nouveau code de procédure civile : « Le juge saisi d'un litige peut, après avoir recueilli l'accord des parties, désigner une tierce personne afin d'entendre les parties et confronter leurs points de vue pour leur permettre de trouver une solution au conflit qui les oppose. - Ce pouvoir appartient également au juge des référés, en cours d'instance ».

[27] Art. 21 de la loi n° 95-125 du 8 févr. 1995, *J.O.R.F.* du 9 févr. 1995, modifiée par la loi n°2002-1138 du 9 septembre 2002, art. 8 (*J.O.R.F.* du 10 septembre 2002) : « le juge peut, après avoir obtenu l'accord des parties, désigner une tierce personne remplissant les conditions fixées par décret en conseil d'État pour procéder : 1° soit aux tentatives préalables de conciliation prescrites par la loi, sauf en matière de divorce et de séparation de corps ; 2° Soit à une médiation, en tout état de la procédure et y compris en référé, pour tenter de

En droit du travail, cette possibilité est utilisée par certaines juridictions. Il faut toutefois que les parties le souhaitent (elles peuvent prendre l'initiative de le demander au juge) ou l'acceptent (l'initiative du juge semble plus rare). Le médiateur désigné est d'ailleurs parfois un inspecteur du travail. Quelques cours d'appel y font recours en matière de litiges individuels, en prenant l'initiative de le proposer aux parties[28], par une lettre explicative qui leur est adressée par le greffe, notamment dans les litiges individuels. Certains juges des référés[29] l'utilisent également en matière de conflits collectifs, le plus souvent lorsqu'ils sont saisis par l'une des parties d'une demande de condamnation en raison d'une irrégularité commise par l'employeur ou par les grévistes. Dans les deux cas, si un accord est trouvé, les parties peuvent en demander l'homologation[30], ou se désister réciproquement de leurs demandes, et le juge se trouve dessaisi.

1.3.2. Le règlement négocié en dehors d'une instance judiciaire, avec l'aide d'un tiers

Les mécanismes non obligatoires de règlement des conflits collectifs - Il existe des mécanismes non obligatoires de règlement des conflits collectifs, qui obéissent à des règles élaborées, en dérogeant au droit commun[31]. Le premier mécanisme est la conciliation, créée par la loi du 11 février 1950[32], facultative depuis la loi du 13 novembre 1982[33], qui permet de porter le conflit devant une commission nationale ou régionale

---

parvenir à un accord entre les parties. » Art. 26 : « Les dispositions du présent chapitre ne sont pas applicables aux procédures pénales ».

[28] V. B. Blohorn-Brenneur, « La médiation judiciaire dans les conflits individuels du travail. Une initiative et une expérience grenobloise », *Gaz. Pal.* 1998 p. 166 ; - « La médiation judiciaire : vers un nouvel esprit des lois dans les conflits individuels du travail ». *Gaz. Pal.* 1998 p. 821 ; - La médiation judiciaire dans les conflits individuels du travail », *Gaz. Pal.* 1999, n°334 ; Y.Chalaron, « Rapport de synthèse au Colloque sur la médiation judiciaire dans les conflits individuels du travail », *Gaz. Pal.* 1999, p. 1933.

[29] Article 145 du nouveau code de procédure civile. V. A.Jeammaud et M.-C. Rondeau-Rivier, *Vers une nouvelle géométrie de l'intervention judiciaire dans les conflits du travail*, Dalloz 1988, chron. 229.

[30] Décret n° 96-652 du 22 juillet 1996 (décret d'application de la loi de 1995)

[31] Art. L. 524-1 du code du travail, résultant du décret-loi du 5 mai 1955 et étendues par la loi du 26 juillet 1955.

[32] P. Durand, « Une nouvelle institution du droit des rapports collectifs du travail, la médiation des conflits collectifs » : *Dr. soc.* 1955, p. 409 ; J.Rivéro, « Conciliation et arbitrage dans la loi du 11 février 1050 », *Dr. soc.* 1950, p. 145.

[33] Art. L 523-1 du code du travail.

de conciliation. Ces commissions comprennent des représentants des organisations les plus représentatives des employeurs et des salariés en nombre égal et des représentants des pouvoirs publics. Les parties comparaissent devant la commission. Un procès-verbal d'accord ou de désaccord doit être établi en fin de procédure de conciliation[34].

La seconde formule est la médiation[35]. Elle peut être engagée par le président de la commission de conciliation qui dans ce cas, invite les parties à choisir un médiateur. Elle peut aussi être déclenchée par le ministre du travail à la demande de l'une des parties, ou de sa propre initiative. Les parties le demandent très rarement, voire jamais. Dans certains conflits collectifs marqués par leur impact économique ou social, ou par leur intensité, et qui font l'objet d'une attention particulière du ministère, un médiateur est parfois désigné[36]. Le médiateur s'efforce de concilier les parties et leur soumet ensuite une recommandation motivée contenant des propositions en vue du règlement « points en litige »[37]. Les parties disposent alors d'un délai de huit jours pour notifier au médiateur qu'elles rejettent sa proposition. Les parties qui n'ont pas rejeté la recommandation sont liées entre elles par un accord qui a la nature de convention collective[38]. En cas d'échec de la médiation, le médiateur remet sa recommandation accompagnée d'un rapport au ministre du travail. La recommandation et les rejets des parties sont rendus publics par le ministre dans un délai de trois mois ; le ministre peut aussi rendre public le rapport du médiateur.

---

[34] Art. L. 523-5 du code du travail. Des dispositions similaires existent pour certains établissements publics et les entreprises publiques à statut (art. L 523-7 et s. du code du travail).
[35] Art. L. 524-1 et s. du code du travail. V. L. Boiteau, « La médiation en matière de conflits collectifs », *Quest. prud'hom.* 1955, 747 ; M. Boitel, « Les procédures de conciliation et de médiation dans les conflits de travail », *Dr. ouvr.* 1958, 84 ; J.-J. Ribes, *Le médiateur, conseiller en relations professionnelles*, D. 1955, chron. 139 ; H. Touzard, « Propositions visant à améliorer l'efficacité de la médiation dans les conflits du travail », *Dr. soc.* 1977, p.87.
[36] V. J. Mattéoli, « La médiation sociale », *La médiation, quel avenir ?* : Le médiateur de la République, 1998, p.151 ; A. Ramin, « Du rôle et de l'utilité du médiateur au travers d'une grève significative » : le conflit SNECMA, *Dr. soc.* 1989, p. 839.
[37] Art. L. 524-4 du code du travail.
[38] Même article.

La médiation « informelle » de l'inspecteur du travail -[39]. Les inspecteurs du travail sont avant tout des agents de contrôle des entreprises, s'agissant du respect de la législation du travail. Ils se muent en médiateurs, à la demande des parties, semble-t-il assez souvent, notamment à l'occasion de conflits collectifs. La recommandation annexée à la convention de l'O.I.T. n° 81 semble pourtant leur interdire d'agir comme arbitres ou conciliateurs dans les conflits du travail[40]. Toutefois, un décret de 1977 leur donne clairement un rôle de conseil et de conciliation dans la prévention et le règlement des conflits[41]. Il est difficile d'imaginer que ce rôle puisse être remis en question. Les pratiques semblent toutefois différer d'un inspecteur à l'autre[42].

1.3.3. Les expériences législatives interrompues

Plusieurs textes récents avaient créé des procédures de conciliation et de médiation pour certaines situations.

La médiation dans le harcèlement moral ou sexuel - Selon la loi de « modernisation sociale » du 17 janvier 2002, une procédure de médiation pouvait être envisagée par toute personne de l'entreprise s'estimant victime de harcèlement[43]. Elle pouvait être également mise en œuvre par la personne mise en cause. Le choix du médiateur devait faire l'objet d'un accord entre les parties. Des listes de médiateurs étaient dressées par le représentant de l'État dans le département après consultation et examen des propositions de candidatures des associations dont l'objet est la défense des victimes de harcèlement moral ou sexuel et des organisations syndicales les plus représentatives sur le plan national. Le médiateur devait convoquer les parties qui devaient comparaître en personne. Il s'informait de l'état des relations entre les parties, tentait de les concilier et devait leur soumettre des propositions écrites en vue de mettre fin au harcèlement. En cas d'échec de la conciliation, le médiateur

---

[39] Ph. Auvergnon, « L'intervention médiatrice de l'administration du travail dans les conflits collectifs », *Temas Laborales*, Séville, n° 70/2003, p.71 ; *Dr. ouvr.* 2003, p. 501.
[40] Recommandation de la Conférence internationale du travail n° 81 de 1947, annexée à la convention n°81 : « *les fonctions des inspecteurs du travail ne devraient pas comprendre la fonction d'agir en qualité de conciliateurs ou d'arbitres* ».
[41] Décret n°77-1288 du 24 nov. 1977, *J.O.R.F.* 26 nov. 1977, p. 5547 (non codifié) : « *les inspecteurs du travail assurent, en outre, un rôle de conseil et de conciliation en vue de la prévention et du règlement des conflits* ». La même formule a été reprise dans le décret n° 94-1166 du 28 décembre 1994 (art. 8), *J.O.R.F.* 30 déc. 1994, p. 18804.
[42] V. infra, Ph. Auvergnon.
[43] Art. L.122-54 du code du travail.

devait informer les parties des éventuelles sanctions encourues et des garanties procédurales prévues en faveur de la victime.

Cette procédure de médiation a été critiquée, d'une part par ceux qui estimaient qu'elle faisait courir un risque accru d'accusations injustes de harcèlement, d'autre part par ceux qui estimaient que la victime d'un harcèlement moral ou sexuel ne pouvait que très difficilement envisager de négocier avec son harceleur, avec l'aide d'un tiers qu'elle ne connaissait pas.

La médiation dans les projets de cessation d'activité - La même loi du 17 janvier 2002 avait institué une procédure de médiation consécutive à un projet de cessation d'activité totale ou partielle d'un établissement entraînant la perte d'au moins cent emplois[44]. Le médiateur était choisi sur une liste tenue à jour par le ministre du travail qui déterminait également sa rémunération (à la charge de l'entreprise). Le comité d'entreprise, comme le chef d'entreprise, pouvaient décider de recourir à un médiateur. Il était prévu qu'au plus tard le dernier jour de sa mission, le médiateur réunissait les parties et leur présentait le contenu de sa recommandation avant de la leur remettre. Les parties faisaient connaître au médiateur leur acceptation ou leur refus de la recommandation ; en cas d'acceptation par les deux parties, la recommandation était transmise par l'employeur à la direction départementale du travail et valait accord collectif ; le silence gardé pendant cinq jours valait acceptation.

La suppression de ces dispositifs - La loi du 3 janvier 2003 a supprimé ces dispositions. En matière de harcèlement sexuel, l'ensemble du dispositif a été abrogé immédiatement. En matière de harcèlement moral, la médiation figure toujours dans le code du travail, mais les dispositions qui permettaient une mise en œuvre effective de la procédure de médiation ont été abrogées. Par exemple, les listes de médiateurs n'ont plus à être tenues à jour, et les règles concernant la comparution, la protection du médiateur et le respect de la confidentialité n'existent plus. En matière de cessation d'activité d'établissement ou de partie d'établissement, après une période de suspension déterminée par la loi du

---

[44] Art. L 432-1-3 et R.432-20 à 432-25 du code du travail, issus de la loi n° 2002-73 du 17 janvier 2002 de modernisation sociale, *J.O.* 18 janvier, rectificatif *J.O.* 13 février 2002 ; et du décret n° 2002-783 du 3 mai 2002 relatif au médiateur.

Le règlement amiable des différends sociaux

3 janvier 2003, toutes les dispositions ont été abrogées par la loi de « cohésion sociale » du 18 janvier 2005[45].

Le constat que l'on peut faire de cet ensemble de règles est qu'il ne vise pas essentiellement à favoriser le règlement négocié des différends sociaux dans les entreprises privées. Doit-on y voir un échec ou au contraire un signe de la vivacité du dispositif existant ? Peut-on identifier les problèmes et les différentes manières de les résoudre ?

2. Les problèmes qui se posent aujourd'hui (et quelques solutions)

Pourquoi la négociation entre les parties en conflit ou en litige serait-elle nécessairement une bonne chose ? N'est-il pas préférable, au contraire, de laisser évoluer les rapports de force, et laisser le juge trancher lorsque l'une des parties le demande ? Le juriste peut difficilement, à lui seul, répondre à cette question, mais il peut au moins tenter de clarifier le débat. Surtout, il est d'ores et déjà nécessaire de résoudre un certain nombre de problèmes juridiques qui se posent dès aujourd'hui ; il est également possible de rappeler quelques principes juridiques, qui devraient être respectés, dans le cas où des pratiques de règlement négocié des différends sociaux devaient se maintenir ou se développer.

2.1. Les modes de règlement négocié des différends sociaux répondent-ils à un besoin social ?

Les initiatives développées, à plusieurs reprises, en faveur de la médiation ou de la conciliation se caractérisent par des interventions répétées des pouvoirs publics et un relatif désintérêt des partenaires sociaux.

2.1.1. Les initiatives proviennent presque toujours des pouvoirs publics

L'intervention des pouvoirs publics ne doit-elle pas se limiter à la définition des règles et à leur application par les juridictions et les organes administratifs de contrôle ? Pourtant, on peut noter que les expériences françaises ont pour initiateur l'autorité publique. C'est l'État qui nomme un médiateur dans un conflit particulier, d'importance nationale. Ce sont les juges qui utilisent l'article 131-1 du Nouveau code

---

[45] Loi n° 2005-32, 18 janv. 2005, art. 71-I, *J.O.* 19 janvier 2005. La loi du 3 janvier 2003 avait déterminé une suspension de ces dispositions, finalement abrogées en 2005.

Les problématiques du règlement amiable des différends sociaux en France

de procédure civile. Ce sont les inspecteurs du travail qui interviennent comme médiateurs, sans réel fondement textuel à leurs interventions. C'est le législateur qui a institué la médiation ou la conciliation dans les conflits collectifs, ou la médiation en matière de harcèlement ou de suppressions d'emplois. Ce sont en outre les pouvoirs publics (ministre, préfets) qui tiennent à jour les listes de médiateurs. Si les pouvoirs publics proposent la négociation aux parties, c'est bien qu'ils estiment que le recours à la justice ne suffit pas à répondre aux besoins sociaux.

2.1.2. Une certaine distance de la part des partenaires sociaux

Rareté des dispositions conventionnelles - On peut noter qu'en France, les partenaires sociaux ne sont pas très enclins à élaborer de tels dispositifs. Peu de conventions collectives instituent des mécanismes de négociation pour le règlement des différends[46] ; celles qui le font limitent le jeu de la négociation aux conflits collectifs. Il faut néanmoins reconnaître que dans ce domaine, la marge de manœuvre est étroite, puisque la Cour de cassation rend inopposables aux salariés les préavis de grève institués par des conventions collectives[47].

Les expériences de règlement négocié peuvent donc apparaître comme répondant à un réel besoin, ne serait-ce que dans les petites entreprises qui ne comportent pas de représentants du personnel[48], mais cette considération qui inspire l'État, ne semble pas inspirer de même les partenaires sociaux en vue de la définition d'un cadre général applicable à l'ensemble des entreprises. Ce désintérêt est d'ailleurs probablement à l'origine de la jurisprudence de la Cour de cassation, qui a étendu à certains aspects de conflits collectifs, la compétence des conseils de

---

[46] Convention collective du Notariat, art. 43 ; « Contrat de « paix sociale » Excel Logistics Froid », *Liais. soc. Bref social* n°13063 du 31 déc. 1999 ; Protocole d'accord du 9 févr. 2001 dans le cadre de la CCN des coopératives de consommateurs ; « Accord Air France relatif à l'exercice du droit syndical », *Gestion soc.* 21 janv. 2000, n° 1143, p.3 ; « Accord RATP « d'alarme sociale » du 30 mai 1996, reconduit le 23 oct. 2001 » : *Liais.soc., Bref social* n° 13574 du 30 janv. 2002. V. aussi : « protocole d'accord du 2 octobre 2003 sur l'amélioration du dialogue social et la prévention des conflits à la SNCF », *Liais. soc. Quotidien*, 24 oct. 2003, n° 273 C3.
[47] Cass. soc. 7 juin 1995, D. 1996, 75, note Mathieu ; *Dr. soc.* 1996, p. 37, note Radé ; Cass. soc. 12 mars 1996, *Dr. soc.* 1997, p.541, préc.
[48] Les délégués du personnel ne sont mis en place qu'à partir de 11 salariés (art. L 421-1 du code du travail) ; le comité d'entreprise et le comité d'hygiène, de sécurité et des conditions de travail, à partir de 50 salariés (art. L. 431-1 et 236-1 du code du travail).

prud'hommes, pourtant limitée en principe aux litiges se rapportant à un contrat de travail[49].

Bien entendu, toutes les négociations ne réussissent pas. C'est d'ailleurs toute la force de la négociation de pouvoir aboutir ou non à un accord. Si l'on considère donc que la démarche de rapprochement entre les parties peut être positive, que la conciliation et la médiation peuvent être utiles, alors la question est de savoir comment les partenaires sociaux peuvent être incités à y recourir. Une telle incitation nécessiterait au moins de lever certains obstacles et certaines réticences. Or il n'est pas certain que tous les obstacles puissent être écartés. Une première réticence peut consister à douter de l'utilité réelle de la négociation.

2.2. La pertinence des modes de règlement négocié

2.2.1. L'efficacité (supposée) de la négociation

Quelle utilité collective ? - C'est un lieu commun que de noter que les modes de règlement « traditionnels » des différends (recours au juge et négociation directe), ne sont pas toujours très efficaces. Les salariés auront peut-être obtenu des dommages et intérêts en justice, mais ils n'en auront pas moins perdu leurs emplois. De son côté, le patronat se plaint d'un manque de sécurité juridique dans les rapports de travail. Indépendamment de cela, le litige ou le conflit produit à lui seul des dégâts : dans les services publics sans service minimum (et même parfois dans ceux qui comportent un service minimum), la grève se ferait au détriment des usagers[50]. Certains conflits larvés ne seraient pas résolus. Certains conflits dureraient trop longtemps, d'où un coût important pour les individus comme pour la collectivité.

Faut-il pour autant imaginer que les modes négociés de règlement auraient les qualités inverses, et seraient donc par nature plus efficaces ? Tout dépend de ce que l'on entend par « efficacité ». Les modes « traditionnels » de règlement fonctionnent réellement, car ils aboutissent à des solutions, solutions conformes au droit, même s'ils ne sont pas

---

[49] V. J. Pélissier, A. Supiot, A. Jeammaud, *Droit du travail*, Dalloz, 22è éd. 2004, n°1083.
[50] On peut noter un accord Région Île de France - RATP - SNCF du 17 juin 2005, prévoyant qu'en cas de conflit collectif, la SNCF devra assurer au moins 33% de son trafic et la RATP 50% ; des pénalités sont prévues : jusqu'à 291 000 € par jour (SNCF) et 780 000 € par jour (RATP) versées à la Région.

exempts de critiques, notamment au regard de la durée des procédures juridictionnelles. De plus, s'agissant des mécanismes existants de règlement négocié, bien qu'ils soient difficiles à évaluer, notamment par des chiffres, le moins qu'on puisse dire est qu'ils ne brillent pas par leur succès[51]. Le contresens, ce serait de considérer qu'un mode de règlement serait efficace parce qu'il permettrait seulement à un rapport de force de s'exprimer plus vite dans un accord. Les choses sont plus complexes. Certes, la rapidité peut constituer un critère de l'efficacité, et donc de la légitimité des modes de règlement amiable. Mais il importe aussi que le procédé apporte l'effet voulu : les modes de règlement négocié ne seront légitimes que s'ils permettent à la fois des solutions conformes au droit et aboutissent à des solutions acceptées par toutes les parties. En effet, lorsque l'on s'interroge sur l'efficacité d'un dispositif, c'est en termes d'utilité collective qu'il faut raisonner : cela nécessite de rechercher un équilibre entre les intérêts en présence et de respecter le droit.

2.2.2. L'intérêt (réel) d'une réglementation

La nécessité de règles claires - Il est communément admis que les conflits en matière sociale comportent une part de complexité, d'incertitude ou d'urgence, des aspects économiques, psychologiques et personnels qui ne peuvent pas toujours être traités de manière satisfaisante par un tribunal : la négociation permettrait d'élargir le champ de la discussion, alors que le juge ne peut trancher que le litige délimité par l'instance. Le règlement amiable permettrait de conclure un accord en amont ou pendant l'évolution du conflit, alors que le juge tranche une situation devenue irréversible. La négociation pourrait alors constituer une autre voie, parallèle, qui pourrait voir son domaine précisé, voire développé si cela apparaissait utile, sans que les modes de règlement habituels ne soient mis à l'écart. Il ne faut toutefois pas perdre de vue que la voie judiciaire présente des garanties essentielles de fond, comme de forme[52].

---

[51] Avis du Conseil économique et social, 11 février 1998, « Prévention et résolution des conflits du travail », *Liais. soc.* N° 17/98 du 24 févr. 1998, W : les mécanismes de résolution négociés sont en déshérence, il faut les réactiver, notamment en procédant à une extension de certaines expériences d'entreprise).

[52] Principe du contradictoire (v. C. Jarrosson, « Le principe de la contradiction s'applique-t-il à la médiation ? » *RGDP* 1999, p. 764) ; assistance et représentation des parties ; obligation pour les juges de statuer sur les demandes qui leur sont présentées ; procédure civile en général.

Le règlement amiable des différends sociaux

Le développement du droit de la négociation dans la résolution des différends sociaux pourrait au moins viser à déterminer un cadre juridique à des pratiques qui n'en ont pas. Ce cadre n'aurait pas la même nature et ne viserait pas les mêmes buts que les règles qui s'appliquent aux modes habituels de règlement des litiges et des conflits. Encore faut-il pouvoir vérifier au préalable, si ces buts sont compatibles avec le système juridique d'ensemble.

Cette problématique fait apparaître l'intérêt d'une distinction entre différends individuels et collectifs. Les premiers réclament un effet de purge. Les seconds peuvent appeler plus souvent une détermination de règles de conduite pour l'avenir. Les différends individuels revêtent parfois des aspects sur lesquels il est difficile de négocier, si le salarié réclame seulement satisfaction de ses droits. Les différends collectifs peuvent reposer sur des intérêts non satisfaits. Il est possible également de distinguer entre les différends juridiques et les différends relevant de revendications. Ces distinctions difficiles peuvent faire apparaître différents niveaux de pertinence pour la recherche d'un règlement négocié, selon les types de différends sociaux.

2.2.3 La compatibilité du règlement négocié des différends sociaux avec les principes fondamentaux

Le respect de l'ordre public : risques et critiques relevés par certains auteurs - Ne serait-il pas seulement question de « servir l'écoulement des stocks d'affaires soumises aux tribunaux »[53] ? Les parties seraient tentées d'abandonner trop vite le bénéfice de leurs droits devant le médiateur, pour une sortie plus rapide du litige. N'y aurait-il pas ici le dessein inavoué d'éviter l'application de règles impératives ? La tentation serait grande de construire un « autre » droit du travail : la négociation serait alors une simple technique d'évitement.

Il y a ici divers paradoxes et contradictions. Dans l'esprit des justiciables, la médiation permettrait de trouver une solution « en équité »[54], alors que le juge ne peut statuer qu'en droit. La médiation constituerait ainsi une

---

[53] J. Pélissier, A. Supiot, A. Jeammaud, *Droit du travail*, Dalloz, 22è éd. 2004, p.1216, note 1 ; v. aussi D. Boulmier, « Médiation judiciaire déléguée à une tierce personne et instance prud'homale : nid ou déni de justice ? » *Dr. ouvr.* 2002, p. 185.

[54] F. Petit, « De l'équité dans le règlement des différends sociaux », *Les juges et le droit social*, ouvr. coll., COMPTRASEC 2002, pp. 215-222 ; D. Boulmier, *Preuve et instance prud'homale : à la recherche d'un procès équitable*, LGDJ 2002.

solution que le juge ne pourrait pas trouver. Mais si le recours à la négociation permet de s'écarter du droit, il comporte un risque évident. S'il ne le permet pas, l'intérêt des justiciables pour les modes « alternatifs » de règlement pourrait diminuer.

De même, les dispositions d'ordre public s'imposent, même dans le cadre d'une négociation ; mais si les parties aspirent à un mode de règlement négocié, c'est justement pour échapper à l'application de la loi, qu'elles jugent inadaptée. Comment résoudre le problème ? Si l'accord est conclu en marge de la loi, il risque fort d'être illicite[55]. Singulièrement, ce sont les médiations « judiciaires », ordonnées par les juges dans les litiges individuels, qui sont le plus critiquées par certains auteurs[56], singulièrement en raison d'un risque d'injustice.

Les droits fondamentaux - Une logique un peu différente, celle des droits fondamentaux, ne ferait-elle pas échec, elle aussi, à la négociation ? Comment pourrait-on imaginer que l'on puisse, par la médiation, « vendre » un droit fondamental ? En réalité, la question est plus complexe qu'il n'y paraît. Il est certain qu'un salarié ne saurait renoncer par avance à l'exercice d'un droit fondamental. La jurisprudence sur la grève le montre[57], ainsi que celle sur la transaction[58] ; seulement, la technique est ici plutôt celle de l'ordre public. La problématique de droit fondamental est bien présente si l'on considère la jurisprudence relative à la transaction conclue avec un salarié protégé contre le licenciement, en

---

[55] F. Petit, « Ordre public et médiation dans les litiges du travail », *Temas Laborales*, Séville, n° 70/2003, p. 85.
[56] K. Derouvroy, « La médiation entre par la fenêtre », *Dr. ouvr.* 2002, p. 197 ; B. Augier, « La médiation dans les conflits individuels du travail, une chance pour le patronat, un piège pour les salariés ? » *Dr. ouvr.* 1999, p. 225.
[57] Ainsi de la jurisprudence sur le préavis de grève : Cass. soc. 7 juin 1995, D. 1996, 75, note Mathieu ; *Dr. soc.* 1996, p. 37, note C.Radé ; Cass. soc. 12 mars 1996, *Dr. soc.* 1997, p.541 ; M.-A.Rotschild-Souriac, « Conflits du travail et négociation collective », *Dr. soc.* 2001, p. 705 ; F. Petit, « Le déclenchement de la grève », *Bulletin de droit comparé du travail et de la sécurité sociale* 1997, p.25, préc.
[58] La transaction qui porte sur les conséquences de la rupture du contrat de travail ne peut être conclue qu'une fois la rupture intervenue et définitive. Cass. soc. 16 juill. 1997, *Dr. soc.* 1997, p.977, note Couturier : la transaction qui porte sur l'imputabilité de la rupture du contrat de travail est nulle. De même, celle qui ne comporte pas de concessions réciproques (Cass. soc. 27 mars 1996, *Bull. civ. V*, n°124), ce qui peut arriver lorsque la transaction oblige l'employeur à verser une somme inférieure à celle qu'il aurait dû verser au salarié en conséquence des faits invoqués dans la transaction : Cass. soc. 27 févr. 1996, *CSBP* 1996 A 40 ; Cass. soc. 13 oct. 1999, *RJS* 11/99, n°1373. V. aussi C. Fourcade, « La transaction en droit du travail : quelle place pour la liberté contractuelle ? », *Dr. soc.* 2007, p.166.

raison d'un mandat syndical ou de représentant du personnel. Le droit syndical et la représentation du personnel sont des droits fondamentaux des travailleurs. Mais même dans ces hypothèses, la Cour de cassation admet la validité de la transaction, si elle n'est pas conclue par anticipation[59]. Le caractère fondamental d'un droit subjectif ne constitue pas toujours un obstacle au règlement négocié.

Encore faut-il bien voir ce qui est fondamental et ce qui ne l'est pas. Dans le domaine qui nous intéresse, la liberté qui pourrait entrer en contradiction avec les pratiques de négociation, c'est le recours à la justice. Il est en effet évident que le règlement négocié ne présenterait aucune utilité si chacune des parties avait la possibilité de revenir sur son accord en demandant à un juge de trancher.

Or le droit d'agir en justice n'est que la possibilité d'être entendu et jugé par un tribunal ; bien qu'il soit gouverné par un principe de liberté, le droit d'agir en justice est un droit conditionné, et il est bien limité par les nombreux délais de prescription ou de forclusion qui interviennent dans différentes matières. De son côté, la transaction, une fois valablement conclue, rend irrecevable la prétention[60]. Il n'existe donc pas d'obstacle de principe, lié à l'existence d'un droit fondamental, au développement des modes alternatifs de règlement des litiges.

Ce qui compte, c'est que la loi détermine ce qui est d'ordre public et ce qui ne l'est pas. Ce qui est d'ordre public ne correspond pas nécessairement à un droit fondamental, et inversement[61]. La loi pourrait donc déclarer irrecevables des contestations déjà réglées par la négociation. Mais il faudrait pour cela une intervention législative : de nombreuses dispositions d'ordre public peuvent en effet empêcher un règlement négocié dans les relations de travail.

Distinction entre conflits collectifs et litiges individuels - La justification d'un recours à la négociation semble plus facile à envisager dans les

---

[59] Cass. soc. 3 juin 1981, *Bull civ. V*, n°520 (« nonobstant le caractère *d'ordre public* des règles relatives au licenciement pour motif économique ou d'un délégué syndical ») ; Crim. 4 févr. 1992, *RJS* 10/92, n°1129.
[60] Art. 2052 du code civil : « Les transactions ont, entre les parties, l'autorité de la chose jugée en dernier ressort. - Elles ne peuvent être attaquées pour cause d'erreur de droit, ni pour cause de lésion ».
[61] Par exemple, les indemnités de licenciement trouvent leur source dans la loi (art. L 122-9 du code du travail, d'ordre public), non dans la Constitution, et ne traduisent pas l'existence d'un droit fondamental à conserver son emploi.

conflits collectifs, où s'expriment des revendications, non susceptibles de recours judiciaire, alors qu'en ce qui concerne les litiges individuels, les rapports entre les parties se caractérisent presque toujours par un litige, qui peut être porté en justice et qui est soumis à des règles impératives.

De plus, pour des raisons pratiques, les expériences françaises de médiation « individuelle » sont encore moins convaincantes que dans les rapports collectifs (ainsi en est-il par exemple, des textes concernant le harcèlement). Il est vrai que les litiges individuels sont parfois très difficiles à exposer devant un tiers, fût-il « facilitateur », en présence de l'autre partie. Enfin, les litiges individuels peuvent faire l'objet d'une conciliation prud'homale, ou d'un règlement direct, notamment sous la forme d'une transaction, ce qui peut être considéré comme suffisant, si les parties cherchent réellement à négocier.

Le règlement négocié n'est donc pas une panacée. Il ne permet pas de résoudre les problèmes des modes traditionnels de règlement, qui doivent trouver leurs solutions dans le cadre juridique qui est le leur. Le règlement négocié ne doit pas être une méthode visant à empêcher par exemple le recours au juge ou à l'inspecteur du travail. On peut donc considérer qu'il se justifierait davantage dans les rapports collectifs qu'individuels. Il faut toutefois bien voir qu'il est difficile de distinguer entre conflits collectifs « de revendication » pure et simple, et conflits collectifs liés seulement à l'application d'un texte[62].

2.3. Comment organiser les modes négociés de règlement des différends sociaux ?

2.3.1. La nécessité d'un cadre juridique approprié

Absence de pratiques homogènes - La négociation existe de fait, dans de très nombreux différends sociaux. Aujourd'hui, elle est informelle, probablement parce que le cadre juridique proposé actuellement ne convient pas aux négociateurs. Cette situation n'est pas satisfaisante. Par exemple, lorsque des parties en conflit négocient, leurs conseils respectifs peuvent jouer un rôle important ; mais ce rôle est occulte et il est régi par des règles disparates (règles professionnelles, déontologie essentiellement). De même, l'intervention d'un inspecteur du travail repose sur des bases juridiques bien légères et aucune règle ne précise les

---

[62] A. Jeammaud, « Les contentieux des conflits collectifs du travail », *Dr. soc.* 1988, p. 690, préc. ; - « Conflit, différend, litige » : *Rev. Droits* 2001, 34, p. 15, préc.

modalités de son action, lorsqu'il intervient pour amener les parties à négocier dans un conflit. Les juges eux-mêmes n'ont pas de pratique homogène : la plupart n'ont aucune pratique de la médiation, bien que cela soit rendu possible par le code ; quelques-uns tentent de le faire, ce qui peut apporter une inégalité entre justiciables. Enfin, il est évident que les différends sociaux peuvent prendre des formes très diverses et appeler des modes de règlement distincts.

Tout cela est source de complications, d'instabilité juridique et de conflits supplémentaires. Il est donc nécessaire, que l'on souhaite ou non que les modes de règlement négocié des différends sociaux se développent en France, qu'un cadre législatif, règlementaire et conventionnel puisse fixer les règles et apporter des réponses. Ces règles devront-elles être des règles minimales ou suffisamment précises ? Quel doit être leur contenu ? Qui doit les fixer ? Tous les différends sociaux peuvent-ils être visés ?

2.3.2. La possibilité d'un cadre juridique approprié

Le droit a naturellement vocation à s'appliquer à toutes ces questions. Par exemple, il est possible de déterminer les règles qui garantiront le bon déroulement de la négociation. De même, si la négociation n'aboutit pas, ou que l'accord n'est pas respecté, le retour à une gestion juridique et judiciaire du différend peut entraîner certaines difficultés pratiques. Il est également nécessaire de s'interroger sur l'application par une juridiction d'un accord conclu selon ces voies, mais non respecté par l'une des parties qui l'ont signé. L'objet du droit est de régler le problème, non d'éliminer le problème en indiquant une autre voie que le droit.

2.3.3. Les modalités de la négociation

La négociation doit-elle être obligatoire pour fonctionner ? - Avant 1982, lorsque les modes de règlement amiables des conflits collectifs prévus dans le code du travail étaient obligatoires, ils n'étaient que très peu mis en œuvre effectivement. Toujours obligatoire aujourd'hui, la tentative de conciliation en début de procès prud'homal ne semble pas donner de très bons résultats. Sans aller jusqu'à rendre la négociation obligatoire, il faut reconnaître qu'en pratique, une certaine « pression » sur les parties peut favoriser la conclusion d'un accord, lorsque celles-ci savent par exemple, qu'elles devront conclure avant une date donnée.

Les problématiques du règlement amiable des différends sociaux en France

Le règlement négocié doit-il être surveillé ? - Il est nécessaire en cette matière, de préserver la liberté des parties. Ce peut être une surveillance du « fonctionnement » de la négociation, du bon déroulement de la procédure. Le recours au juge serait le meilleur possible, mais cela nécessite que le règlement négocié soit soumis à des règles claires, sans quoi l'action en justice qui viserait à obliger l'autre partie à respecter ses obligations à la médiation, risquerait de faire long feu. Ce peut aussi être une surveillance statistique, car il est nécessaire de montrer en permanence l'utilité des modes alternatifs de règlement, tant cette utilité constitue sa légitimité. Les juges et l'administration du travail n'ont pas, comme le médiateur ou conciliateur, un besoin particulier de légitimité politique.

Organisation du rôle du tiers - Ce sont ici probablement les problèmes les moins difficiles à résoudre. Encore faut-il que les solutions soient expressément édictées, ou qu'elles résultent de règles déjà existantes.

D'une part, les solutions de droits étrangers (Québec, Espagne) sont aisément identifiables : indépendance, autorité, compétence, rémunération. Il est donc possible de s'en inspirer si l'on veut édicter les règles. D'autre part, pour d'autres questions (confidentialité, responsabilité, assistance des parties), il est à notre avis préférable de trouver leurs solutions dans le droit interne, tant ce sont des questions qui ont un lien avec les traditions juridiques[63]. Le droit commun est certainement source d'inspiration, tant il est nécessaire de fixer les règles en harmonie avec les principes et les institutions nationales.

Instrumentalisation du tiers - Les textes français qui ont mis en place une médiation ont généralement prévu que le médiateur devrait remettre un rapport, contenant des propositions pour les parties. L'utilisation de ce rapport, ou recommandation, est possible : si ce document n'est pas confidentiel, en cas d'échec de la médiation, il pourra être produit devant un juge, comme pièce de procédure à l'appui des prétentions. La loi ne devrait-elle pas faire échec à une telle instrumentalisation ? Même s'il est impossible de faire abstraction de toutes les arrière-pensées des négociateurs, il faut bien reconnaître que la perspective de trouver, au cours d'une procédure contentieuse éventuelle, des indications précises sur leurs positions dans un rapport de médiation ne peut guère les

---

[63] F. Petit, « Ordre public et médiation dans les litiges du travail », *Temas Labolares*, Séville, n° 70/2003, p. 85 s.

encourager à participer pleinement à la négociation. Cette question ne peut donc être réglée que par la loi. À l'heure actuelle, rien n'empêche cette pratique, puisqu'il n'existe pas de catégories autonomes de recommandation ou d'accord de médiation, qui seraient soumises à des règles propres.

2.3.4. La nature juridique de l'accord et ses conséquences

Diversité des accords - Si un accord est trouvé, il est devrait logiquement être soumis aux règles qui découlent de sa nature juridique : accord collectif (notamment pour l'accord de fin de grève), avenant au contrat individuel, transaction, acte unilatéral de l'employeur, jugement d'homologation[64]. Il ne semble pas nécessaire de chercher à établir une nouvelle catégorie autonome. Au demeurant, la législation actuelle repose sur plusieurs régimes distincts. En matière de médiation relative au harcèlement, la loi ne précisait même pas la nature juridique de l'accord éventuel.

On peut donc imaginer que le législateur adopte différentes modalités, selon les domaines et les buts visés. S'il prescrit par exemple l'application du régime juridique de l'accord collectif, comme il le fait en matière de conflits collectifs[65], cela peut avoir pour but de sécuriser les parties en favorisant l'exécution effective de l'accord. Si au contraire la loi garde le silence, comme en matière de harcèlement, ce peut être pour laisser aux parties le choix des moyens.

On peut en effet envisager par exemple, dans une négociation individuelle, que les parties décident de transiger, mais aussi de conclure un autre contrat individuel de travail, ou un avenant à celui-ci, ou encore que l'une des parties prenne une décision unilatérale qui l'engage.

Exécution - L'exécution de l'accord peut donner lieu à un contentieux ultérieur, en cas de non-conformité avec la loi ou une convention collective d'un niveau supérieur. L'accord pourrait-il néanmoins

---

[64] Dans ce cas, on peut estimer que l'accord homologué est à la fois une convention et un acte judiciaire : I. Balensi, « L'homologation judiciaire des actes juridiques », *RTD civ.* 1978, p. 61. V. art. 131-12 du nouveau code de procédure civile : « Le juge homologue à la demande des parties l'accord qu'elles lui soumettent. L'homologation relève de la matière gracieuse ».

[65] Art. L. 524-4 du code du travail : « *L'accord sur la recommandation du médiateur lie les parties qui ne l'ont pas rejetée, dans les conditions déterminées par le titre III du livre Ier en matière de conventions et d'accords collectifs de travail. Il est applicable dans les conditions prévues par l'article L. 522-3.* ». C'est donc un accord collectif, qui en a la nature juridique.

empêcher, dans certains cas, les recours judiciaires, en raison d'un aspect transactionnel de l'accord conclu, qui purgerait ainsi la situation de conflit ? Selon un auteur[66], à la différence de la convention de divorce, l'accord de médiation homologué par le juge devrait pouvoir faire l'objet d'une contestation ultérieure. En effet, le jugement d'homologation n'a pas, dans ce cas, un effet de purge.

Afin d'éviter cette incertitude, les parties auraient alors la faculté de conclure un accord formel et de se désister devant le juge ; celui-ci ne pourrait alors que constater leur désistement réciproque. Il est vrai que cette solution ne pourrait être mise en œuvre que pour les médiations « judiciaires ».

Il est donc impossible d'envisager qu'un accord portant règlement amiable ne puisse pas être remis en question en justice, tant que la loi ne prévoira pas le contraire.

---

[66] B. Boubli, « Le protocole d'accord » : *Gaz. Pal.* 1999, p. 1921.

Voyage périlleux dans la boîte noire de la résolution des différends sociaux en France *

Lorsqu'un juriste entreprend un voyage au sein du droit français à la recherche des modes de résolution des différends sociaux, il est très vite rassuré. Qu'il s'agisse de litiges individuels ou de conflits collectifs, il rencontre moult normes et dispositifs au caractère éminemment juridique, puisque prévus par des lois et des décrets, puisque présents dans des codes, à commencer par celui du travail. Là se trouve tout un champ d'objets et de procédures à décrire et à faire entrer dans des catégories, qui se prêtent manifestement au travail du juriste. Ce dernier doit tout de suite être mis en garde : il doit veiller à conserver les œillères dont le pourvoit très jeune sa formation dogmatique. Si tel n'est pas le cas, s'il se laisse aller à s'interroger sur l'effectivité - ou pire, sur l'efficacité - du droit français en la matière, alors son voyage devient des plus périlleux ; il l'entraîne dans une « boîte noire », livrant des bribes d'explications, telles que celles qui sont retrouvées après une catastrophe aérienne. En tâtonnant, il lui arrivera de repérer, ici et là, des procédures sophistiquées, parfois même obligatoires, qui ne démontrent que rarement leur utilité à résoudre les litiges individuels comme les conflits collectifs. Mais, en même temps, ces normes et ces procédures gardent quelques fonctions et peuvent, parfois, avoir quelque incidence directe ou indirecte.

Il arrive ainsi au juriste de saisir des produits de la résolution négociée sans pouvoir déterminer leur caractère central ou marginal dans le phénomène global de la résolution négociée. Il s'agira, en effet, le plus souvent d'actes privés, rarement proposés à l'analyse du juge, ou même seulement rendus publics. En revanche, on sait qu'il existe des processus de résolution différents de ceux prévus par la loi, n'allant pas forcément

---

* Par PHILIPPE AUVERGNON, Directeur de recherche au C.N.R.S., COMPTRASEC, Université Montesquieu Bordeaux IV.

contra legem, interférant ou non avec les procédures officielles ; ceux-ci ont, manifestement, une réelle efficacité.

Ainsi, à une plus ou moins relative ineffectivité des procédures légales ou conventionnelles semble répondre une réelle efficacité de certaines interventions administratives ou judiciaires. Il pourrait y avoir là une caractéristique française, fille méconnue de la révolution bourgeoise de 1789 ou d'une culture catholique, toutes deux appréciant les principes et se préoccupant moins des réalités... En tous cas, le phénomène est observable tant pour les litiges individuels qu'en ce qui concerne les conflits collectifs, alors même que, quantitativement, les premiers apparaissent de niveau constant[67] et les seconds marqués par une baisse significative[68].

En même temps, indiscutablement, la France connaît un regain d'intérêt pour les modes négociés des différends sociaux[69]. On peut s'en étonner alors qu'un fort taux de chômage et le développement de la précarité sont porteurs, dans ce pays comme ailleurs, d'une certaine anesthésie sociale. En réalité, l'absence relative de conflits formalisés ne témoigne pas de l'absence de tensions et de problèmes de relations sociales. La récente consécration légale de la notion de harcèlement moral en est en soi une preuve[70]. Les décideurs les plus bornés savent que l'histoire des relations sociales, tout particulièrement en France, est cyclothymique, marquée

---

[67] Les juridictions compétentes au premier degré en matière de litiges individuels du travail sont le conseil des prud'hommes ; ceux-ci ont une compétence d'ordre public. Ils fêtent en 2006 leurs 200 ans d'existence (le premier a été créé à Lyon le 18 mars 1806) ; ils sont actuellement 270 dans toute la France. Brigitte Munoz-Perez, expert démographe, responsable de la cellule études et recherches à la direction des affaires civiles et du sceau, et Evelyne Serverin, directrice de recherches au CNRS, ont étudié les évolutions de la justice prud'homale de 1993 à 2003. 215.000 demandes ont été formulées en 2003 contre 224.000 en 1993. Il y a là un démenti relatif apporté à la dénonciation récurrente d'une « judiciarisation » des relations de travail en France (cf. *Libération,* 13 mars 2006).
[68] En 2004, pour les seuls secteurs du commerce et de l'industrie, le nombre de journées de grève aurait baissé de 14% en un an et de près de 50% depuis 1996 (cf. DARES, Les conflits du travail en 2004, Ministère de l'emploi et de la cohésion sociale, doc. n°45.1, novembre 2005.
[69] Cf. not. F. Monéger, « La médiation en débat », *Petites Affiches*, n° spécial 170, 2002, 73 p. ; voir également : *Les médiateurs en France et à l'étranger*, Société de législation comparée, Paris 2001, 110 p.
[70] Cf. article L. 122-49 du code du travail français ; v. notamment : B. Laperou-Schneider, « Les mesures de lutte contre le harcèlement moral », *Dr. soc.* 2002, p. 313.

par des mobilisations fortes et imprévues[71]. Le climat est de ce fait à la prudence, à la prévention ; dans les grandes entreprises publiques, on tente, comme on le verra, de développer des procédures d'encadrement du conflit, « d'alarme sociale ».[72]

Plus fondamentalement, on rappellera de façon certes peu originale, que les acteurs traditionnels et le système de régulation juridique des relations de travail sont en crise. L'État cherche (ou dit chercher) à se désengager au profit de partenaires sociaux, eux-mêmes souvent inexistants, notamment dans les petites et moyennes entreprises, ou en crise. L'angoisse du vide progresse ; l'idée de tiers intervenant au plus près, de façon la moins formelle et la plus efficace possibles, retrouve ainsi une certaine actualité[73]. Il n'en est pas moins évident que des espaces d'intervention apparaissent aujourd'hui et aiguisent des appétits. D'évidence, le marché de la prévention et de la négociation des différends individuels est en croissance. Certains misent sur le développement d'un marché équivalent en matière de différends collectifs ; il faut y prendre rapidement des parts ; des experts, des consultants privés commencent à intervenir en amont des conflits ; des avocats se proposent de pratiquer la médiation[74], peu important que cette pratique soit éventuellement en contradiction avec leur déontologie professionnelle[75]. L'administration du travail, elle-même, pour ne pas laisser « le marché » aux agences régionales d'amélioration des conditions de travail (ARACT), a développé des expériences de « médiation préventive », avec des cabinets de consultants en entreprise,

---

[71] On se souvient que les réformes « sociales » envisagées par le Gouvernement d'Alain Juppé avaient conduit en 1995 à une mobilisation sociale très importante et à 5 883 200 journées individuelles non travaillées cette année-là. Ce record ne devrait pas avoir été battu en 2005, malgré l'importance du mouvement social lié au refus de l'instauration du contrat dit de première embauche, proposant essentiellement deux ans de période d'essai à tous les jeunes de moins de 26 ans.
[72] Voir par exemple l'accord RATP (Régie autonome des transports parisiens) du 11 juin 1996, renouvelé en 2001 (cf. infra).
[73] N. Moizard, « Un retour en grâce des médiateurs ? » *Dr. soc*, 2002, p. 325
[74] Le Barreau de Bordeaux a ainsi créé « Bordeaux Médiation » : http://www.bordeaux-mediation.com
[75] Cf. F. Petit, « Ordre public et médiation dans les litiges du travail », *Temas Laborales*, Séville, n° 70/2003, p. 85.

Le règlement amiable des différends sociaux

dans certaines régions françaises[76]. La prévention vise aussi bien à éviter des litiges individuels que des conflits collectifs potentiels.

Par-delà les effets de mode, il existe un mouvement de fond dans la société française qui conduit à développer des formes de conciliation ou de médiation, y compris dans les relations de travail[77]. Ceci est en soi révélateur d'une crise du système de régulation non seulement juridique mais aussi sociale, d'une crise des références, de l'autorité et de la représentation. L'intérêt du voyage d'un juriste dans cette boîte noire que constitue la résolution négociée des différends sociaux est certainement de rappeler tout d'abord que la plupart des procédures « légales » contenues dans le code du travail constitue une sorte de « ligne Maginot »[78] alors qu'existent simplement quelques velléités conventionnelles (1). Par ailleurs, l'intervention judiciaire visant une résolution « négociée », juridiquement souvent inévitable, reste assez inconsistante (2). Enfin, l'intervention administrative quant à elle peu fondée en droit, apparaît, en France, assez déterminante (3).

1. Les procédures de résolution : ligne « Maginot » et velléités

Assez récemment, en 2002, sont apparues dans le code du travail français deux nouvelles hypothèses de médiation : la première en cas de harcèlement moral ou sexuel, la seconde en cas de désaccord entre le comité d'entreprise et l'employeur sur un projet de cessation d'activité d'un établissement ayant une incidence sur l'emploi[79]. L'apparition fut brève. Ces possibilités de recours à un médiateur ont été depuis lors suspendues ou supprimées. Ne reste de façon atténuée que la possibilité de recours en cas de harcèlement moral[80]. L'article 122-54 du code du travail prévoit encore : « une procédure de médiation peut être envisagée

---

[76] Voir notamment sur ce point : B. Maurin et D. Xirau (coord.), « Un appui au dialogue social dans l'entreprise - Le tiers facilitateur », Ed. Liaisons 2003, 160 p.
[77] Ph. Auvergnon, « Médiations et droit des relations de travail : entre intérêt et inquiétudes », J. Faget (dir.) *Médiation et action publique, la dynamique du fluide*, P.U.B. 2005, p. 246.
[78] La « ligne Maginot » était une magnifique ligne de fortifications et de défense, construite par la France durant l'entre-deux guerres mondiales ; elle n'eut aucune utilité, dès lors qu'elle elle fut simplement contournée lors de l'attaque allemande de juin 1940.
[79] Cf. loi 2002-73 du 17 janvier 2002 dite de modernisation sociale (*JORF* du 18 janvier 2002).
[80] Après intervention de la loi 2003-6 du 3 janvier 2003 dite de relance de la négociation collective (*JORF* du 4 janvier 2003).

par toute personne de l'entreprise s'estimant victime de harcèlement moral. Elle peut être également mise en œuvre par la personne mise en cause. Le choix du médiateur fait l'objet d'un accord entre les parties ». Reste de l'ancien article L. 122-54 les indications suivantes ; « le médiateur s'informe de l'état des relations entre les parties, il tente de les concilier et leur soumet des propositions qu'il consigne par écrit en vue de mettre fin au harcèlement. En cas d'échec de la conciliation, le médiateur informe les parties des éventuelles sanctions encourues et des garanties procédurales, prévues en faveur de la victime »[81]. Pour l'essentiel, les dispositions du code du travail français relatives à des procédures de résolution des différends sociaux concernent les conflits collectifs, hors évidemment la compétence d'ordre public du conseil de prud'hommes en matière de litiges individuels du travail.

La prévention et le règlement des conflits du travail fut très tôt un souci du législateur français[82] mais, sauf période exceptionnelle, les solutions juridiquement prévues singulièrement en matière de conflits collectifs furent efficaces[83]. Les dispositifs de conciliation et d'arbitrage obligatoires de la loi du 31 décembre 1936 ne furent repris dans aucun dispositif en 1946 ; on s'achemina vers un compromis dans la loi du 11 février 1950 entre conciliation obligatoire et arbitrage facultatif[84]. Un décret-loi du 5 mai 1955 instaura une procédure de médiation pour quelques types de différends[85], avant qu'une loi du 26 juillet 1957 ne l'étende « à tous les conflits collectifs du travail quelle qu'en soit l'origine »[86]. Malgré leur réforme par le législateur en 1982[87], ces procédures devenues depuis toutes facultatives, connaissent une faible

---

[81] C. trav. art. L. 122-54 al. 2 et 3.
[82] Cf. la loi du 27 décembre 1892 sur « les différends collectifs entre patrons et ouvriers », reproduite en annexe de : A. Narritsens, « Conciliation et arbitrage dans les conflits collectifs du travail : leçons syndicales des expériences françaises (approche historique) », *Dr. ouvr.* 1988, p. 409.
[83] H. Sinay et J.-C. Javillier, « La grève », G.-H. Camerlynck (dir.), *Traité de droit du travail*, T. 6, Dalloz 1984, p. 481.
[84] J Rivero, « Conciliation et arbitrage dans la loi du 11 février 1950 », *Dr. soc.* 1950, p.145.
[85] Seuls sont alors visés les différends relatifs aux salaires et accessoires ainsi que ceux survenant à l'occasion de l'établissement, de la révision ou du renouvellement des conventions collectives et des accords de salaires.
[86] Un règlement d'administration publique du 18 juillet 1958 a complété et perfectionné cette procédure.
[87] Loi du 13 novembre 1982 relative à la négociation collective et au règlement des conflits collectifs de travail.

Le règlement amiable des différends sociaux

vitalité[88] (1.1). De leur côté, les dispositions conventionnelles de résolution des conflits collectifs du travail ont une portée pratique incertaine (1.2).

1.1. La vitalité très relative des prévisions du code du travail

Au sein du livre V du code du travail français, un titre II est consacré aux « conflits collectifs » ; à la suite du chapitre I, relatif à la grève, le chapitre II porte dispositions générales concernant les procédures de règlement des conflits collectifs de travail. Lorsque la négociation directe entre protagonistes sociaux se révèle impossible, le code du travail prévoit la possibilité de s'adresser à des tiers, personnes ou organismes extérieurs au conflit, au travers d'une conciliation (1.1.1), d'une médiation (1.1.2) ou d'un arbitrage (1.1.3). Ces trois procédures distinctes peuvent se superposer, la procédure de médiation pouvant être engagée après l'échec d'une procédure de conciliation, les conflits qui subsisteraient à l'issue d'une procédure de conciliation ou de médiation pouvant être soumis à l'arbitrage.

1.1.1. L'institution de commissions nationales et régionales de conciliation

Tout conflit collectif de travail peut être soumis à une procédure de conciliation, devant une commission nationale[89] ou régionale[90] à composition tripartite[91]. Le code du travail français prévoit que « tout conflit collectif est immédiatement notifié par la partie la plus diligente au préfet qui, en liaison avec l'inspecteur du travail compétent, intervient en vue de chercher une solution amiable ». Il est précisé que « les procédures de conciliation sont engagées, soit par le ministre chargé du travail, soit par le préfet ou, le cas échéant, par le directeur régional du

---

[88] Cf. sur ce point notamment : A. Jeammaud, *La médiation dans les conflits du travail*, op. cit.
[89] Toutefois, « ... la commission nationale de conciliation peut être saisie directement par le ministre du travail soit de sa propre initiative, soit sur la proposition de tout préfet ou de tout directeur régional du travail et de l'emploi, soit à la demande des parties ou de l'une d'entre elles, de tout conflit à incidence régionale, départementale ou locale, compte tenu de l'importance dudit conflit, des circonstances particulières dans lesquelles il s'est produit et du nombre des salariés intéressés » (art. R.523-2 du code du travail.)
[90] Art. L. 523-1 du code du travail.
[91] Cf. R. 523-4, 5 et 6 du code du travail.

travail et de l'emploi ». Ce qui n'interdit nullement que de telles procédures soient engagées directement par l'une des parties[92].

La procédure de conciliation ne peut conduire qu'à un accord volontaire. À l'issue des réunions de commission, le président établit un procès-verbal constatant l'accord ou le désaccord total ou partiel des parties. L'accord de conciliation est applicable dans les conditions prévues par l'article L. 522-3, c'est-à-dire qu'il produit les effets d'une convention ou d'un accord collectif, après dépôt auprès du service compétent. En cas d'échec, le conflit est soumis soit à la procédure d'arbitrage si les deux parties en conviennent, soit à la procédure de médiation[93]. En pratique, les services centraux du ministère du travail ne recensent plus la tenue de commissions régionales de conciliation, qui apparaissent, sauf rares exceptions, particulièrement ensommeillées.

1.1.2. La possibilité de recours à des médiateurs

Le législateur français a cru bon, en 1955, en s'inspirant du droit des États-Unis[94], de rajouter aux possibilités de conciliation et d'arbitrage, celle de la médiation[95]. Il ne s'agit en rien d'un passage obligé entre conciliation ratée et arbitrage éventuel. On peut y recourir directement. Elle peut aussi se situer après échec de la procédure de conciliation. Elle est ainsi engagée soit par le président de la commission de conciliation, qui invite les parties à désigner un médiateur, soit par les parties en conflit, soit encore, en fonction de l'incidence géographique du conflit, par le directeur régional du travail, le préfet ou le ministre, à la demande écrite et motivée de l'une des parties ou de leur propre initiative.

Si les parties ne s'entendent pas pour désigner un médiateur, ce dernier « est choisi par l'autorité administrative sur une liste de personnalités désignées en fonction de leur autorité morale et de leur compétence économique et sociale »[96]. Il existe une liste nationale et des listes régionales. Le médiateur choisi ou désigné se voit transmis par l'autorité administrative le dossier constitué sur le différend[97]. Il a les plus larges

---

[92] Art. R. 523-1 du code du travail.
[93] Art. L. 523-6 du code du travail.
[94] Sur l'origine de cette procédure : P. Durand, « Une nouvelle institution du droit des rapports collectifs du travail, la médiation des conflits collectifs », *Dr. soc.* 1955, p. 409.
[95] Article L. 524-1 et suivants du code du travail français.
[96] Art. L. 524-1 du code du travail.
[97] Art. R. 524-2 du code du travail.

pouvoirs d'investigation pour s'informer de la situation des parties au conflit, de la situation économique de l'entreprise et de celle des travailleurs concernés par le conflit ; toutefois, sa mission doit être terminée dans un délai d'un mois à compter de sa désignation, délai prorogeable avec l'accord des parties[98].

Après « avoir, s'il y a lieu, tenté de les concilier », le médiateur soumet aux parties, « sous forme de recommandation motivée, des propositions en vue du règlement des points du litige »[99]. Un délai de huit jours est donné pour rejeter de façon motivée les propositions du médiateur. L'accord sur la recommandation lie les parties qui ne l'ont pas rejeté. En cas d'échec, le médiateur transmet l'ensemble du dossier au ministre du travail ou à son représentant qui rend publiques les conclusions du médiateur et l'appréciation des parties, si elles sont négatives, dans un délai de trois mois[100].

La conception interventionniste du médiateur retenue par le législateur français permet de distinguer nettement cette procédure de celle de la conciliation. Durant les années 70, on a eu recours de façon assez régulière à ce type de médiation, à la demande exclusive des syndicats. Parallèlement à la baisse du nombre des grèves enregistrées au cours des vingt dernières années, on a pu observer un recours de moins en moins important à ce type de médiation[101], sauf pour quelques conflits particulièrement longs[102]. Quelques très rares cas de médiation de ce genre sont cependant encore signalés[103] ; les médiateurs visés par le code du travail sont aujourd'hui rarement appelés à intervenir, en tant que tels, dans un conflit collectif. Le ministre du travail lui-même, en cas de

---

[98] Art. L. 524-4 du code du travail.
[99] Art. L. 524-4 al. 3 du code du travail.
[100] Art. L. 524-5 du code du travail. Pour un exemple de recommandation du médiateur J. -J. Dupeyroux, dans le conflit Citroën en mai 1982, voir *Dr. ouvr.* 1982, p. 228.
[101] Les services centraux du ministère du travail indique l'existence d'un conflit soumis à la procédure de médiation prévue à l'article L. 524-1 du code du travail en 1991. Depuis ?
[102] Ainsi Antoine Lyon-Caen, Professeur de droit, est-il intervenu en tant que médiateur dans le conflit « Toyota » à la Martinique en 1999, ainsi un haut fonctionnaire du ministère des transports a-t-il été désigné médiateur dans le conflit des convoyeurs de fonds en 2000 (cf. A. Farise, *Liaisons sociales* février 2001, p. 38), ...
[103] Dans le secteur de l'agriculture ou dans les départements d'Outre-Mer. Pour un exemple récent en Métropole dans le secteur industriel : Rapport de médiation de Ph. Auvergnon au préfet du département de la Dordogne à propos du conflit collectif de l'entreprise De Lama, publiée au Recueil des actes administratifs dudit département, octobre 2004, p.20.

conflit important ou politiquement « sensible », désignera un « médiateur » ou un « monsieur bons offices », hors liste officielle[104].

1.1.3. L'hypothèse de l'arbitrage

Le code du travail précise qu'au cas « où la convention ou l'accord collectif ne prévoit pas de procédure contractuelle d'arbitrage, les parties intéressées peuvent décider d'un commun accord de soumettre à l'arbitrage les conflits qui subsisteraient à l'issue d'une procédure de conciliation ou de médiation. L'arbitre est choisi par les parties au conflit ou selon les modalités établies d'un commun accord »[105]. Ce dernier « ne peut pas statuer sur d'autres objets que ceux qui sont déterminés par le procès-verbal de non-conciliation ou par la proposition du médiateur, ou ceux qui, résultant d'événements postérieurs à ce procès-verbal, sont la conséquence du conflit en cours. L'arbitre statue en droit sur les conflits relatifs à l'interprétation et à l'exécution des lois, règlements, conventions ou accord collectif de travail en vigueur. Il statue en équité sur les autres conflits notamment lorsque le conflit porte sur les salaires et les conditions de travail qui ne sont pas fixées par les dispositions de lois, règlements, convention ou accord collectif de travail en vigueur, et sur les conflits relatifs à la négociation et à la révision des clauses des conventions ou des accords collectifs de travail »[106].

Les sentences arbitrales doivent être motivées. Elles ne peuvent faire l'objet d'aucun autre recours que celui éventuel devant la Cour supérieure d'arbitrage, pour excès de pouvoir ou pour violation de la loi[107]. Les effets d'une sentence arbitrale sont équivalents à ceux d'une convention collective, les sanctions attachées sont équivalentes à celles que la loi attache à la violation d'une convention collective. À ce jour en France, néanmoins aucun des partenaires sociaux n'est véritablement favorable à l'intervention arbitrale. Ainsi, à la densité impressionnante des textes du code du travail sur l'arbitrage, répond l'invisibilité de toute éventuelle

---

[104] Cf. not. J. Mattéoli, « La médiation sociale », *La médiation quel avenir ?*, Le médiateur de la République, 1988, p. 151.
[105] Art. L. 525-2 du code du travail.
[106] Art. L. 525-4 du code du travail.
[107] Art. L. 525-4 et 5 du code du travail. La cour supérieure d'arbitrage créée par la loi du 11 février 1950, est composée du vice-président du conseil d'État ou d'un président de section au conseil d'État en activité ou honoraires, de quatre conseillers d'État en activité ou honoraires, de quatre hauts magistrats de l'ordre judiciaire en activité ou honoraires, tous nommés par décret pour trois ans

pratique. Il faut dire qu'il ne pourrait y avoir arbitrage obligatoire que pour ceux qui se sont entendus préalablement à tout conflit sur une clause compromissoire insérée au sein d'une convention ou d'un accord collectif. Sur ce point précis, une jurisprudence de la Cour de cassation est venue nier tout droit aux partenaires sociaux de négocier la détermination de préalables au déclenchement d'une grève, par référence au préambule de la Constitution de 1946, qui réserverait au seul législateur le pouvoir de réglementer le droit de grève[108]. Comme on a pu l'observer, cette jurisprudence ne vise pas « spécifiquement l'arbitrage mais elle est particulièrement nocive à son développement dans la mesure où l'arbitrage, plus que tout autre mode de règlement juridique des conflits collectifs, semble ne pouvoir se développer sans un fort appui de la négociation collective »[109].

De façon générale, chacun semble s'accommoder fort bien de ce que les procédures formelles de règlement des conflits prévues par le code du travail ne servent aujourd'hui quasiment à rien... on est donc très loin de leurs heures de gloire d'avant et d'après la seconde guerre mondiale[110]. Le Conseil économique et social (C.E.S.) a estimé toutefois que cette situation « devrait conduire à s'interroger sur le maintien des dispositions des articles du code du travail relatifs à la conciliation, à la médiation et à l'arbitrage »[111]. Tout bien réfléchi, il s'est néanmoins déclaré favorable à leur maintien dans la mesure où elles permettent un recours volontaire des parties ou de répondre à une initiative des pouvoirs publics. Plus précisément, pour le C.E.S., la conciliation, à condition d'être simplifiée, « peut et doit être renforcée ». À l'inverse, le recours à la médiation qui

---

[108] Cass. soc. 7 juin 1995, SA Transports Seroul, *Droit social* 1996, p. 37. Il est en l'occurrence rappelé aux partenaires sociaux qu'ils n'ont pas le pouvoir d'imposer un délai conventionnel de préavis avant déclenchement d'une grève.
[109] J.-P. Laborde, "El lugar del arbitraje en la solución de los conflictos de trabajo en derecho francés", *Temas Laborales*, n°70/2003, p. 61. L'auteur souligne que « de toute façon, la jurisprudence SA Transports Séroul paraît bien condamner aussi toute clause conventionnelle qui imposerait un recours préalable à l'arbitrage et limiterait ainsi l'exercice du droit de grève ».
[110] A. Narritsens, « Conciliation et arbitrage dans les conflits collectifs du travail : leçons syndicales des expériences françaises (approche historique) », *Dr. ouvr.* 1988, p. 409.
[111] Prévention et résolution des conflits du travail, Conseil économique et social, *op. cit.* p. 27.

correspondrait « à une implication plus importante d'un tiers, devrait rester une procédure exceptionnelle »[112].

Le point de vue du C.E.S. sur la médiation démontre combien les organisations syndicales et patronales françaises sont aujourd'hui réticentes à entrer dans des cadres préétablis ; une explication peut être trouvée dans l'approche française de la grève qui ne constitue pas un « ultime recours » mais traditionnellement le moyen d'établir un rapport de force conduisant à une négociation « à chaud ».

1.2. La portée incertaine des procédures conventionnelles

Parmi les clauses que doivent obligatoirement contenir les conventions collectives de branche pour bénéficier d'une procédure ministérielle d'extension les rendant applicables à l'ensemble des employeurs du secteur, figurent « les procédures conventionnelles de conciliation suivant lesquelles seront réglés les conflits collectifs du travail éventuels entre employeurs et salariés liés par la convention collective »[113]. On sait en réalité très peu de choses de l'usage qui est fait de ces procédures de résolution des conflits existant, nécessairement, du fait de la loi (1.2.1). On doit en revanche observer le développement de négociations et d'accords sur des procédures de prévention (1.2.2).

1.2.1. L'existence de commissions professionnelles de conciliation

La loi ne donne aucune précision sur les conditions dans lesquelles peuvent être organisées des procédures conventionnelles de résolution des conflits ; on peut estimer que la liberté des parties est complète à cet égard, sous condition de ne pas atteindre par ce biais le droit de grève constitutionnellement reconnu. Il existe donc, théoriquement, un champ très important d'expérimentation de la prévention ou du règlement des conflits par les partenaires sociaux eux-mêmes, dès lors qu'on se souvient qu'existent en France plus de 250 conventions ou accords étendus. Pourtant, à l'analyse, si la diversité semble effectivement caractériser la production conventionnelle, celle-ci reste le plus souvent timorée. Le plus souvent il est simplement précisé que « le recours aux procédures de conciliation, médiation arbitrage, en cas de différend collectif s'effectue conformément aux dispositions légales »[114].

---
[112] *Idem.*
[113] Art. L. 133-5 du code du travail.
[114] Art. 95, CCN Sociétés d'Assurances du 27 mai 1992, *Broch. J.O.* n°3265.

Le règlement amiable des différends sociaux

Ces commissions ont toutes une composition paritaire et donc professionnelle, même s'il arrive que leur présidence soit exceptionnellement dévolue à un tiers neutre, le plus souvent représentant du ministre du travail, copiant ainsi les commissions mixtes paritaires de négociation de branche. La possibilité d'adjoindre, ponctuellement ou régulièrement, des conseillers, techniciens ou experts est parfois envisagée. La préoccupation de rapidité semble souvent inspirer des délais brefs de saisine et de réponse. Aucune sanction n'est prévue, la plupart du temps, pour défaut de comparution devant la commission ou pour défaut de convocation de la commission.

La procédure est souvent organisée à un double degré, régional et national[115], ainsi en va-t-il pour le personnel des banques, la chimie, la boulangerie-pâtisserie artisanale, les ouvriers du bâtiment, les cabinets d'architectes, les journalistes, l'industrie textile, du pétrole et de l'habillement[116]. À l'opposé, en raison de leur tradition ou en invoquant le nombre important de petites entreprises, certains secteurs ont opté, à des époques très différentes, pour une seule commission paritaire nationale ; à titre d'exemple peuvent être cités : le caoutchouc, le commerce de gros, les organismes de formation, les parcs de loisirs et d'attraction, la manutention portuaire[117].

Mais la véritable interrogation porte sur le champ de compétence de ces commissions paritaires. L'hypothèse de l'arbitrage est très rarement envisagée, au mieux sous la forme d'un rappel de la possibilité légale, jamais véritablement développée, supprimée parfois par voie

---

[115] Parfois même à un triple degré lorsque la procédure est mise en place par accord d'entreprise, prévoyant en cas de non-conciliation à ce niveau, un recours aux niveaux régional et national.

[116] CCN des Banques du 10 janvier 2000, *Broch. J.O.* n°3161, CCN de la Chimie du 30 décembre 1952 (*Broch. J.O.* n°3108), CCN de la Boulangerie-pâtisserie (Entreprises artisanales) du 19 mars 1976 (*Broch. J.O.* n°3117), CCN des ouvriers du Bâtiment (>10) du 8 octobre 1990 (*Broch. J.O.* n°3258), CCN des Journalistes du 1er novembre 1976 (*Broch.* n°3136), CCN du Textile du 1er février 1951 (*Broch. J.O.* n°3106), CCN de l'Industrie du pétrole du 3 septembre 1985 (*Broch. J.O.* n°3001), CCN des Industries de l'Habillement 17 février 1958 (*Broch. J.O.* n°3098).

[117] CCN du Caoutchouc du 6 mars 1953 (*Broch. J.O.* n°3046), CCN du Commerce de gros du 23 juin 1970 (*Broch. J.O.* n°3044), CCN des Organismes de formation du 10 juin 1988 (*Broch. J.O.* n°3249), CCN des Parcs de loisirs et d'attraction du 5 janvier 1994 (*Broch. J.O.* n°3275), CCN de la Manutention portuaire du 31 décembre 1993 (*Broch. J.O.* n°3273).

d'avenant[118]. Les textes conventionnels ne parlent pas de médiation ; ils mettent en place des commissions ayant compétence souvent à la fois en matière d'interprétation de la convention collective et de conciliation des conflits collectifs.

Comme on a pu le faire remarquer, « si une telle institution semble courante, on ignore à peu près tout de sa mise en œuvre pratique, de son usage »[119]. Une évolution jurisprudentielle conduit toutefois à ne pas surestimer l'incidence, en pratique, de l'existence d'une commission professionnelle de conciliation. La chambre sociale de la Cour de cassation est venue préciser qu'une convention collective « ne peut avoir pour effet de limiter ou de réglementer pour les salariés l'exercice du droit de grève constitutionnellement reconnu et que seule la loi peut créer un délai de préavis de grève s'imposant à eux »[120]. On estime depuis que cette « formule retenue par la Cour de cassation rend les clauses de procédures préalables inopposables aux salariés du secteur privé entamant une grève, qu'il n'y a plus de préavis à respecter ni de procédure de conciliation impérative avant ou pendant le conflit, sous réserve des règles législatives propres à l'exercice du droit de grève dans les services publics »[121]. Malgré cela, on relève le développement de tentative de gestion « en amont » des conflits dans le cadre de procédures négociées de prévention des conflits.

1.2.2. Le développement de procédures de prévention au niveau de l'entreprise

Certains soulignent, depuis quelques années, l'apparition d'accords d'entreprise prévoyant des dispositifs de prévention des conflits s'inscrivant dans une démarche de négociation permanente[122]. Le phénomène n'est pas patent. On peut cependant faire une distinction au regard du régime juridique de la grève applicable à l'entreprise.

---

[118] Le recours à l'arbitrage a été supprimé par accords des 12 mai et 16 décembre 1987, portant remise en vigueur de la convention collective nationale des Cabinets d'architecte dénoncée le 24 février 1986.
[119] A. Jeammaud, op. cit. p.40.
[120] Chambre sociale de la Cour de cassation, 7 juin 1995, Transport Séroul, *Dr. soc.* 1995, observations de J.-E. Ray.
[121] Note de tendance mensuelle conflits collectifs du travail, DRT Ministère du travail, septembre 1995, p.8.
[122] Sur ce phénomène voir N. Moizard, « Le renouveau de la médiation dans le règlement des conflits collectifs de travail », op. cit. sp. p. 63.

Il faut ici rappeler que l'alinéa 7 du préambule de la Constitution affirme que le droit de grève « s'exerce dans le cadre des lois qui le réglementent ». Mais, on sait que le législateur n'est pas intervenu pour fixer de manière générale les limites de l'exercice de ce droit sauf dans les services publics, plus précisément pour les entreprises publiques ou privées en charge d'un service public, via une loi du 31 juillet 1963. Pour les entreprises privées n'ayant pas en charge un service public, le principe reste celui de la liberté d'exercice du droit de grève sous contrôle a posteriori d'éventuels abus. Dans ce cas, il n'existe aucune obligation de préavis de grève, pas d'obligation de se rencontrer, de discuter voire de négocier avant de déclencher une grève. Dans ce secteur, quelques très rares accords de prévention des conflits existent ; ils sont aujourd'hui soient rendus caduques par la jurisprudence de la Cour de cassation plus haut citée, ou prennent soin d'engager exclusivement les parties signataires. Ils prévoient alors une phase de concertation et, si nécessaire, une conciliation puis une médiation, dans des délais précis, dès lors qu'est identifié « un problème susceptible de générer un conflit »[123]. De tels accords restreignent rarement l'intervention d'une procédure de prévention aux seuls conflits collectifs déclarés. Un accord « Air France » du 29 octobre 1998 évoque, quant à lui, des « différends » qui entraîneraient « des tensions nuisibles à l'exploitation »[124]. Ces procédures conventionnelles ont en commun de se situer dans une logique de prévention en tentant d'organiser une forme ou des possibilités de dialogue social permanent.[125]

Dans le même esprit, mais avec des enjeux significativement différents, se développent dans quelques grandes entreprises publiques ou parapubliques des procédures de prévention négociée des conflits. Mais ici le droit de grève obéit à une conception organique ; son exercice est conditionné par le dépôt d'un préavis par des organisations syndicales dites représentatives. Le délai du préavis de cinq jours doit permettre une information des usagers sur l'imminence d'une perturbation mais aussi

---

[123] Cf. article 7 du Contrat de paix sociale Excel Logistics Froid, *Liaisons sociales* n°13063 du 31 décembre 1999.
[124] Accord Air France relatif à l'exercice du droit syndical, *Gestion sociale* n° 1143 du 21 janvier 2000.
[125] Cf. Article 2.1 de l'Accord ORANGE France « Mobilité, dialogue social, temps de travail » du 22 mai 2002, portant sur la mise en place de la convention collective nationale des télécommunications à Orange France, *Liaisons sociales*, n° 228 du 8 octobre 2002.

Voyage périlleux dans la boîte noire de la résolution des différends (...)

l'ouverture de négociation afin de régler le problème et d'éviter par là même la grève. Malgré tout les conditions de déroulement des conflits dans les services publics ont longtemps témoigné du peu de recherche d'un équilibre entre exercice du droit de grève et continuité du service public. Les temps ont changé cependant à la fin des années 1980, avec l'affirmation d'une fermeté des directions d'établissements sur l'application du droit, l'évolution de l'opinion publique, ainsi que celle d'un certain nombre d'organisations syndicales. À l'occasion de chaque conflit collectif, notamment dans les transports, la question de l'instauration d'un service minimum ou d'un service garanti a été posée. Aucun des projets n'a abouti ; au plan technique, sans parler du plan politique, la solution n'est jamais apparue véritablement pertinente, au moins en ce qui concerne les entreprises publiques de transport.

Cependant, après les grandes grèves de 1995, on s'est engagé en particulier à la Régie autonome des transports parisiens (RATP), à privilégier la voie de la concertation. Un premier accord est intervenu dans cette entreprise publique avec l'instauration d'une procédure dite d'« alarme sociale »[126], contenue dans un accord du 11 juin 1996 relatif au droit syndical et à l'amélioration du dialogue social ; cet accord a été renouvelé et enrichi en 2001 ; « l'alarme sociale » est mise en œuvre dès lors qu'est identifié « un problème » pouvant « générer un conflit ». Il peut arriver que soit prévu, de façon explicite, que la procédure peut conduire à l'ouverture d'une négociation collective dans l'entreprise[127]. Sans aller toujours jusque là, on voit qu'il s'agit d'organiser au moins une concertation dès lors qu'on a fait le constat commun d'un problème pouvant déboucher à plus ou moins long terme sur un conflit, conflit ouvert ou latent. Cette procédure aurait connu un réel succès[128] ; elle se serait inscrite dans un mouvement de « décentralisation managériale » et un changement culturel incarné par le passage « de la défiance, du conflit, de prise du public en otage, à une culture de la confiance, de respect mutuel des partenaires sociaux et de continuité du service

---

[126] N. Moizard, « Le renouveau de la médiation dans le règlement des conflits du travail », *Les Petites Affiches*, 2002, n°170
[127] Cf. Accord RATP du 11 juin 1996 prévoyant une procédure « d'alarme sociale », op. cit.
[128] Depuis 1996 la RATP enregistre en moyenne 0, 3 journée de grève par agent par an contre près d'une journée à la fin des années 80 ; 258 alarmes sociales ont été déposées en 2002, soldées à 60% par des constats d'accord, seuls 8% des alarmes sociales déposées auraient été suivies d'un préavis de grève (Cf. C. Marquis, « La prévention des conflits collectifs à la RATP », *Dr. soc.* 2003).

public »[129]. Dans la même perspective, on peut relever la conclusion le 21 juin 2004 d'un accord portant sur les principes et méthodes du dialogue social entre « La Poste » et quatre organisations syndicales, ou bien encore d'un accord à la Société nationale des chemins de fer (SNCF) avec six organisations syndicales dont la CGT (plus de 47% des voix aux élections professionnelles) sur l'amélioration du dialogue social et la prévention des conflits[130]. Chaque fois, le schéma reprend l'idée d'une alerte par un partenaire social, d'un délai pour se rencontrer avant d'en arriver à déposer un préavis de grève, celle-ci étant donc regardée comme l'ultime recours. Certains ont pu voir dans ce dispositif l'instauration d'un « super préavis » contraire à la loi, voire anticonstitutionnel. La CGT, non signataire de l'accord RATP de 1996, a alors soutenu que « la procédure d'alarme est une atteinte au droit de grève, liberté publique qui ne saurait faire l'objet d'une mesure restrictive par voie conventionnelle »[131]. La référence à l'arrêt Séroul[132], condamnant la pratique des préavis conventionnels, est quasiment explicite. Cependant, le tribunal de grande instance de Paris, saisi de l'affaire, a regardé cette procédure comme un engagement moral entre les parties et non comme une obligation conventionnelle, comme une possibilité laissée « à la discrétion des partenaires sociaux, dépourvue de tout caractère impératif, le non-recours à ce dispositif n'étant assorti d'aucune sanction »[133].

On peut donc observer dans les entreprises publiques et parapubliques, un développement de formes d'autorégulation du conflit passant par l'édiction de normes internes à la juridicité faible ou incertaine, par une forme de « *soft law* ». Certes, une telle évolution s'esquisse dans un contexte particulier marqué notamment par le fait que les partenaires sociaux ont, au dessus de leurs têtes, « l'épée de Damoclès » d'une possible instauration par le législateur d'un service minimum obligatoire. Mais, on doit souligner le changement culturel que cela indique dans un pays comme la France. Il y a là indéniablement un indice d'évolution de

---

[129] C. Marquis, op. cit. p. 589.
[130] Cf. not. N. Olszak et S. Schaeffer, « L'accord sur l'amélioration du dialogue social et la prévention des conflits à la SNCF : un modèle pour la réduction des grèves dans les services publics ? », *JCP La Semaine juridique*, Ed. sociale, 28 juin 2005, p. 9.
[131] C. Marquis, op. cit.
[132] Cf. supra Cass. soc. 7 juin 1995 SA Transports Séroul.
[133] TGI Paris 1ère ch. Jugement du 23 novembre 1999.

la culture même des relations professionnelles, témoignant d'un glissement de la conception du recours à la grève qui devient « l'ultime recours ».

De façon générale, on doit cependant souligner qu'il existe peu de signes, dans le secteur privé non en charge d'un service public, d'une volonté des partenaires sociaux de se saisir de la question des modes de règlement des conflits collectifs. On semble se résoudre, en France, à laisser péricliter les procédures conventionnelles comme sont tombées en quasi obsolescence les procédures de prévention et de résolution du code du travail. La résolution des conflits passe aujourd'hui le plus souvent - tradition étatique oblige - par des interventions « facilitatrices » du juge judiciaire ou de l'administration du travail.

2. L'intervention judiciaire : inévitable et inconsistante

En France, les juridictions de premier degré ayant compétence d'ordre public et exclusive en matière de litiges individuels du travail sont les conseils de prud'hommes. Il existe devant ces juridictions une obligation de tentative de conciliation. Par ailleurs, on observe aujourd'hui devant certaines cours d'appel le développement d'expériences de médiation de litiges individuels (2.1). On n'en est plus au stade des essais en ce qui concerne les conflits collectifs. Des pratiques prétoriennes initiées au cours des années 1970 ont connu une forme de reconnaissance législative en 1995. Elles permettent au juge judiciaire de saisir des opportunités de conciliation ou de médiation (2.2)

2.1. L'obligation de conciliation et les essais de médiation des litiges individuels

Selon le code du travail, « les conseils de prud'hommes, juridictions électives et paritaires, règlent par voie de conciliation les différends qui peuvent s'élever à l'occasion de tout contrat de travail soumis aux dispositions de présent code entre les employeurs, ou leurs représentants, et les salariés qui les emploient. Ils jugent les différends à l'égard desquels la conciliation n'a pas abouti »[134]. Ainsi à lire le code du travail, la recherche de la conciliation est la mission première assignée au juge prud'homal. En réalité il faut bien convenir d'un déclin officiel -

---

[134] Art. L. 511-1 al.1 du code du travail.

enregistré par les statistiques - de la conciliation prud'homale (2.1.1). En revanche, effet de mode ou esquisse d'un mouvement de fond, on assiste à l'apparition discutable de médiations judiciaires (2.1.2).

2.1.1. Le déclin officiel de la conciliation prud'homale

La compétence des conseils de prud'hommes est d'ordre public. Toute « convention dérogatoire, toute clause d'un contrat individuel ou d'une convention collective, donnant compétence, en matière prud'homal, à un autre ordre de juridictions (…) sont nulles, d'une nullité absolue. De même, l'institution d'une commission paritaire ou d'un conseil de discipline ne saurait avoir pour effet de priver le salarié de saisir le conseil de prud'hommes »[135]. Il y a donc ici un passage obligé qui prive de tout recours à des modes alternatifs de résolution des litiges individuels. Ce sont notamment toutes les clauses compromissoires renvoyant par avance à l'arbitrage les litiges éventuellement à venir qui sont ici condamnées. Comme on a pu le faire remarquer « leur nullité, en l'occurrence, tient plus profondément encore au principe bien connu et fortement énoncé à l'article 2059 du code civil, selon lequel on ne peut compromettre que sur des droits dont on a libre disposition. Or il est admis que ce n'est pas le cas du salarié, tant du moins que le contrat de travail n'est pas rompu »[136]. Le salarié ne peut ainsi accepter un arbitrage avant toute rupture de son contrat ; a contrario, il peut théoriquement le faire après celle-ci puisqu'il est couramment enseigné qu'il a recouvré alors la disponibilité de ses droits. Mais, « sans exclure qu'une telle possibilité puisse en effet intéresser certains cadres supérieurs, spécialement dans des groupes anglo-saxons[137], on peut tout de même penser qu'elle demeure très marginale, au point de constituer une sorte de curiosité. Pour l'heure, l'arbitrage n'a pas pris pied dans les conflits individuels du travail »[138]. On se doit toutefois de signaler deux hypothèses marginales. La première concerne le calcul de l'indemnité de licenciement due aux journalistes dont l'ancienneté est d'au moins quinze ans dans la même entreprise de presse. C'est en effet une

---

[135] Cf. J. Pélissier, A. Supiot, A. Jeammaud, *Droit du travail*, Précis Dalloz, 22ème éd., 2004, § 1088. V. notamment : Cass. soc. 19 juillet 1988, *Bull. V* n°475.
[136] J.-P. Laborde, "El lugar del arbitraje en la solución de los conflictos de trabajo en derecho francés", *Temas Laborales*, n°70/2003, p. 61
[137] J. Villebrun et G.-P. Quétant, « Traité de la juridiction prud'homale », *LGDJ*, 3ème éd. 1998, n°529, p. 275.
[138] J.-P. Laborde, op. cit.

commission d'arbitrage qui est appelée à fixer ce montant[139]. La seconde touche les litiges entre avocats employeurs et salariés qui relèvent en effet de l'arbitrage du bâtonnier, à charge d'appel devant la cour d'appel siégeant en chambre du conseil[140].

Hormis de telles exceptions, la compétence revient donc au seul conseil de prud'hommes au sein duquel est en revanche organisée une tentative de conciliation qui constitue obligatoirement la première phase de l'instance prud'homale ; l'irrespect de cette dernière - sauf très rares exception - conduit à la nullité du jugement prud'homal intervenu, cette étape présentant un caractère d'ordre public. On voit ici le poids de la conception originelle du conseil de prud'hommes comme véritable « juge de paix du travail »[141]. Comme on pu le faire remarquer « cette inclination à la conciliation subsiste tant dans les textes que dans les esprits, les conseillers prud'hommes y attachant, qu'ils soient représentants des employeurs et des salariés une importance qu'ils se plaisent, dans leur ensemble, à souligner. Inciter à un arrangement, tel serait leur vocation première »[142]. Le paradoxe tient à ce que le maintien de cette obligation de conciliation se poursuit alors même qu'on constate depuis fort longtemps un déclin des conciliations intervenant ; il est ainsi acquis que moins de 10 % des affaires dont les conseils de prud'hommes se trouvent aujourd'hui saisis, se soldent par une conciliation[143].

---

[139] Article L.761-5 du code du travail. Deux éléments montrent toutefois la distance entre cette procédure spécifique et l'arbitrage de droit commun. Il s'agit ici d'un arbitrage strictement obligatoire, alors que le caractère conventionnel ou contractuel semble être de l'essence même de l'arbitrage. Par ailleurs, la décision de la commission s'impose sans nécessité d'exequatur ; il suffit que la minute de la décision soit déposée au greffe du tribunal de grande instance dans le ressort duquel la décision a été rendue.
[140] Cf. article 7 de la loi du 31 décembre 1971 modifiée par la loi du 31 décembre 1990 ; Jean-Pierre Laborde observe ici encore que les particularités de la procédure font davantage penser à une délégation de la justice étatique qu'à un arbitrage proprement dit ou de droit commun, à moins de considérer, avec un auteur, que le rôle du Bâtonnier se situe, en l'occurrence, « à mi-chemin de l'arbitrage et de l'acte juridictionnel » (J.-P. Laborde, op. cit.)
[141] A. Cottereau, « Les prud'hommes au XIXe siècle : une expérience originale de pratique du droit », *Justices 1997*, n° 8, p. 9.
[142] G. Auzero, op. cit.
[143] Ce pourcentage doit être cependant pris avec précaution ; il ne prend en compte que les procès-verbaux de conciliation proprement dits alors même que ces derniers ne constituent pas la seule issue possible pour une conciliation qui pour avoir débuté devant le conseil de prud'hommes peut s'achever en dehors de tout prétoire ; Voir notamment Ph. Clément, A. Jeammaud, E. Serverin et F. Venin, « Les règlements non juridictionnels des litiges prud'homaux », *Dr. soc.* 1987, p. 55.

Pour certains, cette situation tient au fait « que l'on en a désormais définitivement fini avec le mythe de la conciliation obligatoire comme zone de « non droit »[144]. On peut effectivement aller observer combien les exigences posées par la Cour de cassation ont crû tant en ce qui concerne l'acte de conciliation que son produit. Un arrêt du 28 mars 2000 paraît sur ce point particulièrement important[145] ; la Cour de cassation y précise que « la conciliation, préliminaire obligatoire de l'instance prud'homale, est un acte judiciaire qui implique une participation active du bureau de conciliation à la recherche d'un accord des parties préservant les droits de chacune d'elles »[146]. Elle souligne ensuite que « cet acte ne peut être valable que si le bureau a rempli son office en ayant notamment, vérifié que les parties étaient informées de leurs droits respectifs ». La conciliation prud'homale ne saurait ainsi être abandonnée à toutes les initiatives ; elle doit au contraire se faire dans le respect de certaines règles. Mais, l'accord sur lequel la conciliation est susceptible de déboucher doit lui-même préserver les droits de chacune d'elles. En conséquence, cet acte ne peut être valable que si le bureau a rempli son office « en ayant, notamment, vérifié que les parties étaient informées de leurs droits respectifs »[147]. La fonction du juge conciliateur n'est pas de régler le litige, mais de veiller à ce que l'accord soit recherché non pas dans l'ignorance mais dans la transparence. Ainsi que le relève un auteur, « le préliminaire de conciliation ne saurait être la recherche d'un compromis boiteux, à l'écart de la règle de droit, fondé sur on ne sait quelle « équité » »[148]. Le temps de la « conciliation prud'homale » ne relève pas du « non-droit » : l'accord qui doit être recherché ne peut l'être que dans le respect de la règle de droit.

Par ailleurs, il était classiquement enseigné que le procès-verbal de conciliation prud'homale mettait un terme à l'instance prud'homale, ce qui excluait que le conseil de prud'hommes soit saisi d'une manière ou d'une autre des chefs de demande conciliés[149]. La Cour de cassation avait elle-même jugé qu'aucun recours ne peut être formé contre une

---

[144] G. Auzero, op. cit.
[145] Cass. soc. 28 mars 2000, Dr. soc. 2000, p. 661, obs. M. Keller ; D. 2000, p. 537, note J. Savatier.
[146] *Idem.*
[147] *Idem.*
[148] M. Keller, obs. préc., p. 663.
[149] J. Villebrun et G.-P. Quétant, ouvrage préc., pp. 395-396.

conciliation[150]. Ceci est remis en cause depuis la décision de la Cour de cassation, du 28 mars 2000. Dorénavant, celle-ci admet que la validité d'un procès-verbal de conciliation puisse être contestée par une nouvelle action devant le conseil de prud'hommes, dès lors que ses conditions de validité ne sont pas remplies. La première condition, déjà évoquée, réside dans l'exigence d'une information des parties sur leurs droits respectifs par le juge conciliateur. Une deuxième exigence s'attache moins à l'acte comme fruit de l'activité conciliatrice du juge, qu'à l'acte en lui-même[151]. Cet acte, qui procède de la volonté des parties, doit être analysé comme une convention, voire un contrat. En tant que tel, il est par suite soumis aux conditions de validité de toute convention et singulièrement à la théorie des vices du consentement. En outre, la Cour de cassation considère que le contenu du procès-verbal de conciliation est identique à celui d'une transaction ; il est donc indispensable qu'à la concession du salarié corresponde une concession de l'employeur ; faute de quoi le désistement - l'abandon des demandes - est sans contrepartie, sans cause.

On observe ainsi une sorte d'alignement des conditions de validité de l'accord de conciliation sur celles de la transaction. Ceci est peut-être à mettre en rapport avec les recherches antérieures ou parallèles à l'instance prud'homale d'une solution négociée entre les parties. Ainsi, se pratiquent quotidiennement des « médiations », le plus souvent sous l'égide d'avocats ou conseils juridiques, donnant lieu soit à rupture amiable, soit à transaction[152]. On rappellera simplement que le contrat de travail peut prendre fin « non seulement par un licenciement ou une démission, mais encore à la suite d'un accord entre les parties »[153]. La résiliation du contrat de travail d'un commun accord organise les conditions de la cessation du contrat tandis que la transaction est consécutive à une rupture et a pour objet de mettre fin, par des concessions réciproques, à toute contestation née ou à naître résultant de

---

[150] Cass. soc., 15 décembre 1971 : *Bull. civ. V*, p. 737 ; Ass. plén., 4 juillet 1997 : *Dr. soc.* 1997, p. 978.
[151] V. en ce sens, M. Keller, op. cit., p. 663.
[152] Cf. not. P. Sargos, « Transaction et rupture amiable : la jurisprudence de la Cour de cassation », *Semaine Sociale Lamy*, 2002, n° 1100 p. 23 ; voir également : L. Boutitie, « A la busqueda de una legitimidad para reforzar la transaccion en el derecho del trabajo », *Temas Laborales* n° 70/2003, p. 109.
[153] Cass. soc. 8 février 1989, Pum plastique, *Bull. V*, n° 104. Accord de rupture amiable fondé sur l'article 1134 du code civil comme le rappelle la Cour de cassation (Cass. soc.19 novembre 1996, *Bull V*, n° 394)

cette rupture[154]. Ces pratiques privées de médiation tentent d'éviter l'engagement d'une instance prud'homale ; elles se développent aussi à partir du moment où existe un tel engagement de procédure. De ce dernier point de vue, les chiffres de « conciliation prud'homale » ne rendent compte que du nombre de procès-verbaux de conciliation et non pas de la dynamique conciliatoire que peut avoir une procédure prud'homale. Toutefois, on ne peut nier la réalité du processus de déclin de la conciliation prud'homale[155] ; celui-ci est d'une part renforcé par le refus de la Cour de cassation d'en faire une zone de non droit, d'autre part un vecteur éventuel de développement de nouvelles formes de médiations judiciaires confiées à d'autres qu'à un juge.

2.1.2. L'apparition discutable de médiations « judiciaires »

Est-ce dans une perspective pragmatique que certains souhaitent voir se développer aujourd'hui la médiation dite « judiciaire », déléguée à une tierce personne ? Ses zélateurs eux-mêmes semblent indiquer que ce n'est pas « la panacée qui soulagera sensiblement la charge des juridictions »[156]. La médiation judiciaire se produit lorsque le litige est déjà pendant devant une juridiction et implique l'intervention d'un magistrat qui la propose, désigne un médiateur et contrôle l'issue de la tentative. En cas d'échec, l'affaire revient devant lui pour jugement. En cas de succès, le litige se résoudra par un désistement, masquant l'intervention d'une transaction, ou par un jugement d'homologation[157].

S'il ne s'agit pas d'alléger la charge des juridictions, si la médiation judicaire constitue un coût pour les parties[158], à quoi peut-elle bien

---

[154] Cass. soc. 13 février 2002, OK Voyages, *Bull. V*, n° 628.
[155] À titre d'éléments de comparaison, on peut souligner qu'en 1811, pour 1000 affaires enregistrées, 747 étaient conciliées en bureau particulier. En 1980, ce nombre était de 105 (cf. A. Cottereau, op. cit. p. 14).
[156] P. Catala, « La médiation judiciaire, mode alternatif de règlement des conflits » : *Gaz. Pal.* 1999, p. 1897 ; sur la nécessaire et permanente maîtrise du processus de médiation judiciaire par le juge : le juge et la recherche de la solution du conflit, « De la rupture négociée du contrat de travail à la médiation judiciaire », *Semaine Sociale Lamy* 2002, n°1110, pp 6-11.
[157] P. Catala, op. cit.
[158] Cf. D. Boulmier, « Médiation judiciaire déléguée à une tierce personne et instance prud'homale : nid ou déni de justice ? » *Dr. ouv.* 2002, sp. p. 191. D'autres soulignent le faible coût ou le bon rapport qualité/prix (cf. B. Blohorn-Brenneur, « La médiation judiciaire dans les conflits individuels de travail : la pratique grenobloise », *Gaz. Pal.* 1999. sp. 1914). On ne doit pas sous-estimer dans l'enthousiasme de certains pour la médiation, la part d'intérêt financier pour un marché qui s'ouvre.

servir ? Quelles sont les déterminations profondes dès lors que le contrat de travail est mort et que seul reste à sauver le respect des droits des parties, en fait ceux de l'ex-salarié ? De ce dernier point de vue, autant l'avouer tout de suite, le juriste se méfie d'un certain enrobage psychologique du litige juridique et du jeu pour le moins trouble qui semble alors parfois entretenu avec le droit. Comme cela a pu être souligné « la rédaction même de l'article 131-1 du nouveau code de procédure civile montre bien qu'à partir d'un « litige », phénomène essentiellement juridique, et dont l'appréhension par le juge est étroitement corsetée, le médiateur va librement pénétrer dans un « conflit », phénomène beaucoup plus complexe qui met en œuvre, souvent dans le non-dit, non seulement des prétentions juridiques mais aussi des ressorts les plus divers de l'âme humaine »[159].

La finalité de la médiation serait alors l'apaisement du conflit[160]. Mais pour qui et pourquoi ? On ne saurait oublier que lorsque la question d'une médiation judicaire en matière de contrat individuel se pose il y a des mois voire des années (en appel) que le contrat de travail est rompu, que les parties ne se sont pas vues, que l'ex-salarié a retrouvé un emploi ou reste en situation de chômage. La question est de savoir si la procédure de licenciement a été respectée, si le licenciement avait ou non une cause réelle et sérieuse. S'il demeure quelques traces de dépit, un fond de désamour entre anciennes parties au contrat de travail, pourquoi faudrait-il l'apaiser et est-ce à la justice à le faire ?

Madame la Présidente de la chambre sociale de la cour d'appel de Grenoble raconte ainsi sa rencontre avec la médiation : « Un employeur avait licencié sa comptable, après 30 ans d'ancienneté. Le litige était passionnel. L'employeur nous avait dit « je considérais cette salariée comme ma fille. J'ai été trompé deux fois dans ma vie, une fois par ma femme et une fois par ma fille ! » De son côté, la salariée, depuis son licenciement, était en dépression nerveuse. Il y avait dans ce dossier un côté caché. Seules les parties détenaient le secret de leur histoire. Il leur appartenait donc d'en défaire les nœuds. C'est ainsi que nous avons pensé à la médiation, pour la première fois, comme moyen de pacification et d'apaisement du conflit, comme moyen de

---

[159] Y. Chalaron, « Rapport de synthèse au colloque sur la médiation judiciaire dans les conflits individuels du travail », *Gaz. Pal* 1999, p. 1934.
[160] Y. Chalaron, op. cit.

réconciliation »[161]. Ainsi la médiation trouverait « sa place essentiellement lorsqu'il existe un problème passionnel à régler »[162].

En réalité, on peut assez aisément envisager qu'un ancien salarié licencié puisse se laisser tenter par une « sortie rapide » du litige qui l'oppose à son employeur, en acceptant une somme d'argent même s'il pouvait envisager à plus long terme des indemnités plus substantielles. En revanche, pourquoi un employeur accepterait-il une médiation judiciaire si celle-ci le conduit à payer plus que ce qui manifestement, selon son conseil, l'attend ? De ce point de vue, ce type de médiation dans les conflits individuels du travail pourrait être « une chance pour le patronat, un piège pour les salariés »[163], sans parler des bricolages et autres piétinements du droit qu'il peut recouvrir dès lors que le protocole d'accord « ne fait l'objet que de rares dispositions spécifiques : celles relatives à l'homologation qui donne à l'acte la force exécutoire. Hormis cette précision, le silence de la loi est complet sur la nature et le régime de l'accord, ouvrant la voie à toutes les conjectures sur l'affranchissement ou la soumission du protocole au droit des contrats »[164].

Une telle inquiétude est renforcée lorsque l'on sait que les médiateurs qui sont alors appelés à intervenir peuvent être des personnes ayant une « expérience du syndicalisme salarié ou patronal » mais aussi des magistrats honoraires, avocats, notaires, officiers de gendarmerie honoraires, psychologues, hommes de terrain, fonctionnaires de police, médecin[165]. Cela n'a rien de véritablement rassurant, dès lors que rien n'est dit de leur statut de médiateurs et notamment de leur formation à la médiation.

---

[161] B. Blohorn-Brenneur, op. cit
[162] *Idem.*
[163] Cf. B. Augier, « La médiation dans les conflits du travail : une chance pour le patronat, un piège pour les salariés ? », *Dr. ouvr.* 1999, p. 225.
[164] Cf. not. Y. Chalaron, op. cit. 1933.
[165] B. Blohorn-Brenneur, « La médiation judiciaire vers un nouvel esprit des lois dans les conflits individuels du travail », *Gaz. Pal.* 2 juillet 1998.

2.2. Les opportunités de conciliation ou de médiation de conflits collectifs

À l'occasion de conflits collectifs, on a vu se développer, à compter des années 1970[166], des médiations judiciaires se traduisant par la délivrance de mandats de justice à des tiers ; certains juges des référés sursoient alors à statuer sur des demandes d'expulsion de grévistes occupant l'entreprise et désignent un expert chargé d'une mission d'information, de conciliation ou de médiation[167]. Plutôt que d'ordonner l'expulsion ou toute mesure dont les effets pourraient être négatifs sur le déroulement du conflit, le juge donne ainsi aux acteurs en conflit une chance supplémentaire de négocier avec l'aide d'un tiers[168].

Cette pratique judiciaire a reçu en 1995 un fondement légal qui reprend, en la développant, l'idée d'une conciliation et d'une médiation par un tiers, à l'instigation du juge[169]. Si ce dernier saisit cette opportunité au regard de la demande qui lui est faite ou des circonstances du conflit, il doit légalement vérifier que les parties en conflit acceptent le principe d'une médiation, ou ne s'y opposent pas, voire donnent un accord sur la personnalité pressentie pour intervenir[170]. Il prend alors une ordonnance ; celle-ci porte désignation d'un conciliateur ou d'un médiateur[171], « afin

---

[166] Cf. not. J.-C. Javillier, note sous TGI d'Evry-Corbeil Ord. Réf. du 4 janvier 1974, TGI de Bobigny Ord. Réf. du 12 février 1974, TGI de Paris Ord. Réf des 22 février et 12 mars 1974, Rec. Dalloz-Sirey 1974, p. 783.

[167] Voir aussi, TGI Versailles, réf. 12 juin 1978 : JCP 1978, éd. CI, I, 7087, n° 16, obs. B. Teyssié et R. Descotte. Adde CA Paris, 16 mai 1988 : D. 1988, somm. p. 328, obs. Ph. Langlois.

[168] Le juge ainsi saisi le plus souvent d'une demande de l'employeur d'ordonnance d'expulsion des grévistes occupant l'entreprise ou entravant la libre circulation des biens et des personnes est le président du tribunal de grande instance en référé

[169] Loi n° 95-125 du 8 février 1995 relative à l'organisation des juridictions et à la procédure civile, pénale et administrative.

[170] Il y a là une très grande différence avec la procédure de médiation prévue dans le code du travail à l'instigation du ministre du travail ou d'une autorité administrative régionale ou départementale. Ce dernier dispositif témoigne d'une époque où existaient manifestement moins de doutes quant à la légitimité ou la pertinence de l'intervention directe de l'État dans les relations professionnelles. Le ministre ou le préfet peuvent ainsi encore juridiquement désigné un médiateur dans un conflit du travail en recourant à des listes nationale ou régionale sans demander préalablement aux parties en conflit si elles en sont communément d'accord. La différence est d'importance pour le tiers qui doit intervenir ...

[171] La loi du 8 février 1995 précitée distingue les possibilités de désignation d'un conciliateur ou d'un médiateur. Cependant en pratique il semble que l'on ne s'embarrasse pas trop de telles subtilités pris que l'on est dans la dynamique du conflit et l'espoir d'y trouver une

d'entendre les parties et de confronter leurs points de vue pour leur permettre de trouver une solution au conflit qui les oppose ».

La médiation qui porte « sur tout ou partie du litige », ne dessaisit en aucun cas le juge « qui peut prendre à tout moment les autres mesures qui lui paraissent nécessaires ». Il fixe un délai à la médiation et peut mettre fin à tout moment à celle-ci. À la fin de sa mission, le tiers intervenant devra informer par écrit « le juge de ce que les parties sont ou non parvenues à trouver une solution ». Le délai donné est le plus souvent d'un mois, en tous cas supérieur au temps supposé pour conclure un accord ou constater une impossibilité d'accord. À l'issue de la médiation ou au terme du délai donné, au rapport remis au juge peut être joint, en cas de succès et à la demande des parties, l'accord trouvé afin d'homologation par ordonnance du juge[172].

L'intervention du médiateur peut apparaître relativement contrainte, notamment par la délimitation du mandat et le fait que le juge reste du début à la fin le « maître de la médiation ». En pratique, le tiers intervenant qui doit nécessairement avoir la pleine confiance du juge, va bénéficier d'une grande liberté dans son action ; il y a là certainement une condition de réussite pour la médiation engagée, mais aussi la preuve qu'aucune condition n'est vraiment posée au médiateur autre que le fait de tout faire pour tenter de trouver une solution au conflit. Le juge et le médiateur sont gens supposés raisonnables ; à notre connaissance, de façon le plus souvent implicite, il est entendu que la confidentialité est requise. L'impartialité va a priori de soi ; la question du respect des acteurs mais aussi du droit n'est pas forcément discutée ; l'intégrité est de l'ordre de l'évidence alors même qu'en pratique, sous le contrôle du juge, c'est l'entreprise qui sera amenée à rémunérer le médiateur à l'issue de la médiation. Sur ce dernier point, on observera qu'aucune grille de rémunération, qu'aucun tarif n'existe, ce constat renvoyant plus généralement à l'absence de statut de professionnels de la médiation. D'ailleurs, avant même d'envisager une professionnalisation, il faudrait au moins qu'existe une formation spécifique et obligatoire : rien de tel en France. De fait, l'intervention d'un médiateur dans un conflit collectif se fondera essentiellement sur son imbrication dans un réseau - anciens de

---

solution. Les présidents de tribunaux de grande instance saisis en urgence, désignent de fait un « médiateur ».
[172] Cf. décret n°96-652 du 22 juillet 1996 relatif à la conciliation et à la médiation judiciaires.

l'administration du travail, ex responsables des ressources humaines, universitaires en contact avec la pratique, ... -, son expérience acquise « sur le tas », sur un talent supposé, sans doute un peu magique, puisqu'il ne se réfèrera que très rarement et grossièrement à des choix méthodologiques ou techniques.

La loi laisse le juge lui-même très libre dans le choix du médiateur ; il se tournera le plus souvent vers une personnalité qu'il a déjà désignée « avec succès » ou bien, tout simplement, vers celle qui peut se rendre disponible immédiatement et pour quelques jours. Il arrive toutefois à certains juges de vouloir s'entourer de garanties ou tout au moins de tenter d'objectiver leurs désignations. Ils sont alors parfois portés à consulter les listes nationale ou régionale prévues par le code du travail et à disposition, selon ce dernier, des autorités ministérielles ou préfectorales[173]. Paradoxalement, ces listes accrochées à une procédure du code du travail dont on a dit qu'elle était quasiment obsolète[174], servent ainsi de « viviers de noms » pour des médiations judiciaires. Il s'agit de « personnalités choisies en fonction de leur autorité morale et de leur compétence économique et sociale ». Le code n'en dit pas plus, sauf à observer que les listes de ces médiateurs, renouvelées tous les trois ans par les services du ministère du travail, sont établies « après consultation des organisations d'employeurs et de salariés les plus représentatives » et qu'elles font l'objet de publications officielles. Ceci peut sembler conférer à ces « médiateurs listés » non pas une compétence technique mais une vague légitimité.

On doit enfin rappeler que si le médiateur peut être - quasiment - n'importe qui, il peut arriver qu'il soit inspecteur du travail ou membre de l'administration du travail. La tradition d'implication de l'inspection dans les relations professionnelles du secteur de l'agriculture ou bien encore le manque d'expertise alternative dans le secteur des transports peut expliquer, dans certains cas, le recours fréquent à un membre de l'administration du travail. De façon générale, sauf recours habituel à un agent donné, le juge informera le directeur départemental du travail de son projet en lui indiquant le fonctionnaire envisagé ou en lui demandant de lui indiquer l'agent ad hoc. La hiérarchie administrative semble apprécier qu'on ait recours à l'expertise d'un agent de son service. Celui-

---

[173] Cf. article R. 524-11 du code du travail.
[174] Cf. *supra* point 1.1.2.

ci doit cependant, à notre sens, refuser sa désignation s'il se trouve, à ce moment là, « en affaires » avec l'entreprise en cause (mise en demeure signifiée, demande pendante d'autorisation de licenciement d'un représentant du personnel, plan de sauvegarde de l'emploi en cours,...)

De façon générale, on ne peut éviter de s'interroger sur l'incidence des résultats de la médiation d'un inspecteur du travail sur sa pratique professionnelle locale en tant qu'agent de contrôle. Tout médiateur participe directement à une dynamique de recherche de solution qui, lorsqu'elle aboutit, donne lieu nécessairement à un compromis. Cheville ouvrière du processus, on ne voit pas comment « l'inspecteur-médiateur » pourrait en critiquer tout ou partie du résultat. Lorsqu'il arrivera - ce qui n'est pas souhaitable - que le compromis porte sur l'oubli ou la violation du droit ou comporte des renonciations à des droits, sa présence médiatrice officielle n'emportera-t-elle pas décrédibilisation de toute intervention ultérieure dans une logique de contrôle strict de l'application du droit ?[175] Le risque paraît moins grand dans le cadre d'une conciliation informelle qui laisse plus clairement les acteurs en conflit seuls responsables du compromis trouvé. On s'inscrit dans le cadre d'une présence administrative dans la résolution négociée des différends sociaux, juridiquement peu fondée mais assez déterminante, contexte français oblige.

3. Une intervention administrative juridiquement peu fondée, mais assez déterminante

Les conventions de l'OIT n°81 et 129 précisent que la mission des agents d'inspection du travail est d'assurer « l'application des dispositions légales relatives aux conditions de travail et à la protection des travailleurs » mais aussi de « fournir des informations et des conseils techniques (...) sur les moyens les plus efficaces d'observer les dispositions légales ». Pour sa part un décret de 1994 rappelle que l'inspecteur du travail « assure un rôle de conseil et de conciliation en

---

[175] Sans parler de la possible relaxe du chef d'entreprise coupable d'une infraction à la législation commise lors de la mise en œuvre d'un accord collectif certes illégal mais conclu sous l'égide d'un représentant de l'administration du travail, l'erreur invoquée par le prévenu résultant d'une information erronée fournie par l'administration. Cf. not. Cass. crim. 24 novembre 1998, RJS 1999, n°210.

vue de la prévention et du règlement des conflits »[176]. Ceci pose certainement la question de l'articulation des missions de contrôle et de conseil. L'article 3 de la Convention n° 81 de l'OIT précise en effet que si d'autres fonctions sont confiées aux inspecteurs du travail, elles ne devront pas faire obstacle à l'exercice des fonctions principales. Il n'en demeure pas moins que, dans une certaine ambiguïté, sans viser explicitement les conflits collectifs, une intervention d'agents de l'inspection du travail est envisagée dans les différends sociaux en France. Cette mission particulière repose sur une intervention de facto des inspecteurs du travail dans la résolution des conflits collectifs notamment depuis les grandes grèves de 1936. Ils témoignent indéniablement d'un réel savoir faire dans la conciliation informelle (3.1). Ce n'est que très récemment en revanche, que les services d'inspection du travail ont été conduits de plus en plus souvent, bon gré mal gré, à répondre à des demandes individuelles de salariés relatives à un différend avec leur employeur (3.2).

3.1. Un savoir-faire dans la conciliation informelle des conflits collectifs

Il n'est pas besoin ici de rappeler l'importance, encore actuelle même si elle se modifie dans la forme, de la tradition française d'intervention étatique dans les relations professionnelles. Aucun texte du code du travail ne prévoit de procédure de saisine directe de l'inspection du travail en cas de conflit collectif. Seule une disposition réglementaire précise que « tout conflit collectif du travail est immédiatement notifié par la partie la plus diligente, au préfet qui, en liaison avec l'inspecteur du travail compétent intervient en vue de rechercher une solution amiable »[177]. Ce type d'intervention est discuté quant à sa compatibilité avec la mission fondamentale de contrôle[178].

L'intervention directe de l'inspecteur du travail dans un conflit du travail est envisagée pour la première fois, hors code du travail, dans un décret du 24 novembre 1977, portant organisation des services extérieurs du travail et de l'emploi. En plus de la mission de contrôle du respect de la réglementation, il est alors précisé que « les inspecteurs du travail

---

[176] Décret du 28 décembre 1994 relatif à l'organisation des services déconcentrés du ministère du Travail, de l'Emploi et de la Formation professionnelle
[177] C. trav., art. R. 523-1.
[178] C. Chetcuti, « Réflexions sur l'inspection du travail », *Dr. soc.* 1976, p. 21.

Le règlement amiable des différends sociaux

assurent un rôle de conseil et de conciliation en vue de la prévention et du règlement des conflits »[179]. La formule du décret de 1977 indiquant « les inspecteurs du travail assurent un rôle de conseil et de conciliation en vue de la prévention et du règlement des conflits » a d'ailleurs été reprise, mot pour mot, par un décret du 28 décembre 1994 organisant à ce jour les services déconcentrés du ministère du travail, de l'emploi et de la formation professionnelle[180]. Un décret du 20 août 2003 portant statut particulier du corps de l'inspection du travail, tout en n'allégeant pas les missions de l'inspection du travail, rappelle que les membres de ce corps de fonctionnaires apportent leur concours à diverses missions, dont celle de la « conciliation dans la prévention des conflits du travail »[181].

Les inspecteurs du travail sont incités à adresser chaque semestre à leur administration centrale un « aperçu sur les relations de travail »[182], mettant notamment en évidence les tensions sociales et les conflits. De fait, ils se tiennent informés des conflits et doivent établir pour chacun d'entre eux une fiche de signalement de début puis de fin[183]. Ces documents contiennent des renseignements permettant aux services centraux de réaliser des statistiques sur les conflits collectifs. Mais le recueil d'informations sur les formes et les acteurs du conflit sera souvent l'occasion pour l'inspecteur du travail d'indiquer aux parties sa disponibilité.

Hors intervention directe, l'inspecteur du travail peut être amené à dire le droit ou alerter sur certaines formes d'action pouvant avoir des conséquences sur la poursuite des relations contractuelles ou donner lieu à des sanctions disciplinaires, ou bien encore ne correspondant pas à un

---

[179] Art. 2 du décret n°77-1288 du 24 novembre 1977, *JORF* du 26.
[180] Art. 8 du décret n°94-1166 du 28 décembre 1994, *JORF* du 30.
[181] Décret n°2003-770 du 20 août 2003, *JORF* du 21 août, p. 14270. La seule mention de la « conciliation dans la prévention », intervention avant conflit que s'interdit en règle générale l'inspecteur du travail en France et l'absence d'indication d'une intervention dans le règlement du conflit correspondant à la pratique, méritent-t-elles un procès d'intention ?
[182] Circulaire DRT n° 99-5 du 8 mars 1999 relative à l'aperçu sur les relations de travail, TR 99/12.
[183] À condition qu'elles soient effectivement remplies et transmises... ces fiches constituent des mines d'informations sur les caractéristiques (formes et initiative de l'action, revendications exprimées) et les répercussions du conflit sur l'établissement (effectif ayant cessé le travail, catégories impliquées), l'épilogue du conflit (intervention du service et modalités de résolution)

« exercice normal du droit de grève ». Ce conseil préventif sera assumé par les inspecteurs du travail en fonction de leur tempérament, de leur sensibilité et des formes prises par le conflit ; certains accepteront, d'autres pas, de se prêter à des demandes d'information pas toujours sans arrière pensées lorsqu'elles visent à « faire entrer », à « positionner », « instrumentaliser » l'inspecteur dans le conflit développé entre employeur et salariés.

De même, l'inspecteur décidera d'intervenir (ou non) de sa propre initiative, et de répondre (ou non) à la demande d'intervention d'une partie, après avoir vérifié que l'autre n'y est pas opposée. Le plus souvent, il s'agira avant tout de renouer le contact entre employeur et grévistes. En se rendant sur place, l'inspecteur pourra recueillir toute information lui permettant, si les parties en sont d'accord, d'engager un processus de clarification de la situation, en relevant les revendications exprimées ainsi que les blocages à la source du conflit, en tentant de distinguer revendications officielles et vraies questions souvent sous-jacentes.

Cette première phase peut éventuellement déboucher sur l'engagement d'une négociation sous la conduite de l'inspecteur du travail. Dans cette hypothèse, il devra, selon le cas, imposer un certain nombre d'exigences, portant sur le lieu de la négociation, la composition des délégations, le calendrier des négociations, cela afin de faciliter la recherche d'un compromis acceptable par les deux parties[184].

Si les négociations aboutissent à un règlement du conflit, un accord ou protocole d'accord sera parfois élaboré sous les auspices de l'inspecteur du travail à qui l'on demandera parfois de prêter sa plume voire de signer l'accord[185]. La sécurisation psychologique des acteurs, le plus souvent salariés, ou les nécessités du rite social qui préside au déroulement et à la fin de la grève pourra conduire l'inspecteur à mentionner sa présence lors de la négociation de l'accord. Il devra bien évidemment se dispenser de toute signature donnant éventuellement à l'accord une dimension

---

[184] Cf. not. P. Ramackers et L. Vilboeuf, op. cit.
[185] Cf. not. Ph. Auvergnon, « La terminaison de la grève », *Bulletin de droit comparé du travail et de la sécurité sociale,* 1997, p. 129 ; sur les accords de fin de conflit voir notamment : M.-A. Rotschild-Souriac, « La valeur d'un protocole d'accord mettant fin à un conflit du travail », *Rec. Dalloz* 1990, p. 162 ; M. Moreau, « Les règlements de fin de conflit (protocole, protocole d'accord ou accord de fin de conflit) », *Dr. soc.* 2001, p. 139.

tripartite ou pouvant engager d'une manière ou d'une autre son administration, ceci d'autant plus que certaines fins de conflits, portant notamment sur l'emploi, peuvent être conditionnées et dépendre, par exemple, de l'obtention d'aides publiques.

Il reste à préciser que si la nature informelle de l'intervention de l'inspection du travail n'ôte rien à l'efficacité de son action, elle n'empêche pas le préfet d'intervenir, pour agir seul à tout moment en opportunité selon les répercussions du conflit sur le plan social ou local, et prendre en fait l'initiative, en lien avec l'administration centrale du ministère, voire même directement avec le cabinet du ministre selon la gravité de la situation.

3.2. Une réponse récente à une demande individuelle relative à un différend

On doit rappeler que le code du travail prévoit l'existence dans les entreprises de « délégués du personnel ». Ceux-ci ont notamment pour mission « de présenter aux employeurs toutes les réclamations individuelles et collectives relatives aux salaires, à l'application du code du travail et des autres lois et règlements concernant la protection sociale, l'hygiène et la sécurité, ainsi que les conventions et accords collectifs de travail applicables dans l'entreprise »[186]. Les délégués du personnel peuvent y compris « saisir l'inspection du travail de toutes les plaintes et observations relatives à l'application des prescriptions législatives et réglementaires dont elle est chargée d'assurer le contrôle »[187]. La tradition veut que les inspecteurs du travail connaissent de différends ou de litiges individuels au travers de leurs visites d'entreprise mais aussi de leur saisine pour information, conseil ou intervention par des représentants du personnel, tout au moins pour les entreprises de plus de dix salariés, pour lesquelles est prévue l'élection de délégués du personnel[188].

---

[186] Cf. Art. L. 422-1 du code du travail.
[187] *Idem.*
[188] Selon les services centraux du ministère en charge du travail, en 1999 seuls 27,9% des établissements de 10 à 49 salariés avaient au moins un délégué du personnel ; 79,8% des établissements de 50 et plus seraient pourvus de délégués du personnel (Source : DARES, enquête ACEMO-IRP 1999)

Voyage périlleux dans la boîte noire de la résolution des différends (...)

Pourtant, le nombre de salariés sollicitant l'inspection du travail sur des problèmes individuels croîtrait depuis une vingtaine d'années[189]. Cette croissance est à relier certainement à la faiblesse de la présence en entreprise des organisations syndicales et des institutions représentatives du personnel, voire à leur absence parfaite dans les petites et moyennes entreprises. La faiblesse des recours institutionnels internes induit, de fait, moins de résolution dans ce cadre des différends pouvant apparaître, moins de filtrage de ceux « portés » à l'inspection du travail. Il faut aussi souligner que de nombreux représentants du personnel ne sont pas syndiqués[190] et qu'ils sont donc moins armés, moins bien formés pour régler certains litiges. Il faut également évoquer une tendance plus importante au recours au droit dans notre société, une « judiciarisation » des relations sociales fondée parfois sur de réels fantasmes sur les droits existants... L'individualisation des relations de travail, qui s'accompagne d'une grande sensibilité aux questions de dignité et de considération, comme de l'aggravation objective, dans bien des secteurs, des conditions de travail, peut en partie expliquer cette augmentation de la demande d'intervention dans des litiges ou pré-litiges individuels du travail. De même, il est indéniable que certains dispositifs juridiques participent plus que d'autres au phénomène ; ainsi, les dénonciations individuelles de situations supposées ou réelles de harcèlement moral se sont multipliées auprès de l'administration du travail, depuis l'adoption d'une loi réprimant ces pratiques[191].

Pourtant, on doit rappeler qu'en matière de litiges nés du contrat de travail, l'inspection du travail ne détient aucun pouvoir de coercition. Les conseils de prud'hommes sont seuls compétents pour imposer une

---

[189] Cf. not. Th. Kapp, « L'inspection du travail face à la demande individuelle », *Dr. ouvr.* 2002, p. 563 ; le rapport au B.I.T. concernant l'année 2004 indique que les services de renseignements ont reçu cette année-là 607 747 personnes physiques, les inspecteurs du travail recevant pendant leur permanence 140 947 personnes ; à cela s'ajoutent les appels téléphoniques reçus. On estime que dans l'ensemble 1 500 000 salariés des seuls secteurs du commerce et de l'industrie se seraient adressés à l'administration du travail pour connaître ou faire valoir à titre leurs droits (Source : Micapcor, ministère du travail, 2006).

[190] À titre indicatif aux élections aux comités d'entreprise, institution légalement prévue pour les entreprises de 50 salariés et plus, le meilleur résultat syndical pour 2003-2004 est celui de la CGT avec 23,4%, les non-syndiqués obtiennent pour leur part 22,8% des suffrages exprimés (Source : Les élections aux comités d'entreprise en 2004, doc. DARES, ministère de l'emploi et de la cohésion sociale, février 2006, n°08.3).

[191] Cf. F. Bocquillon, « Harcèlement moral : une loi en trompe-l'œil ? » *Dr. ouvr.* 2002, p. 278.

décision. Lorsque le juge du contrat de travail a été saisi, l'inspection du travail doit s'abstenir de toute prise de position[192]. Mais, en pratique, la situation est loin d'être toujours aussi tranchée. Tout d'abord, l'inspection du travail assume une mission de service public et, à ce titre, assure le renseignement des personnes qui se présentent pour connaître leurs droits[193]. Un décret d'août 2000 prévoit précisément que « les membres du corps de l'inspection du travail apportent leurs concours aux missions d'information et de conseil auprès du public dans le domaine de leurs compétences ».[194] Par ailleurs, il est inexact de penser que du fait des compétences attribuées en matière de litiges individuels du travail au conseil de prud'hommes, l'inspection du travail n'aurait de compétences qu'en ce qui concerne les seuls problèmes d'ordre collectif (représentation du personnel, santé et sécurité, durée du travail, travail illégal, …).

En réalité, le code du travail définit, en France, la mission de l'inspection du travail de façon fort générale puisqu'il y est précisé que « les inspecteurs du travail sont chargés de veiller à l'application des dispositions du code du travail et des lois et règlements non codifiés relatifs au régime du travail, ainsi qu'à celles des conventions et accords collectifs de travail (…) »[195]. Il n'y a donc aucune limitation de compétence aux seules questions d'ordre collectif. C'est l'application de l'ensemble de la réglementation qui est concerné en excluant les hypothèses de compétence prud'homale, ainsi du fait de se prononcer sur la validité d'un licenciement ou sur la régularité d'une mise à pied. Le conseil de prud'hommes est seul - au premier degré - à pouvoir juger, attribuer des indemnités ou des dommages-intérêts, voire dans certains cas à imposer la « réintégration » ou la continuation du contrat de travail.

Pour autant, la distinction d'intervention, claire en droit connaît en pratique une certaine zone grise. D'une certaine façon, dans sa fonction d'information et de conseil, l'inspecteur du travail « dit le droit » ; de

---

[192] Cf. not. circ. min. du 15 février 1989 relative à la discrétion professionnelle et à l'indépendance de jugement.
[193] De façon générale, la loi impose à l'ensemble des fonctionnaires un « devoir de satisfaire aux demandes d'information du public » (Cf. Article 27 de la loi du 13 juillet 1983 portant droits et obligations des fonctionnaires).
[194] Article 3 II du décret du 1er août 2000 portant statut particulier du corps de l'Inspection du travail.
[195] Article L. 6111-1 du code du travail français. Voir notamment : Ph. Auvergnon, « Contrôle étatique, effectivité et ineffectivité du droit du travail », *Dr. soc.* 1996 p. 598.

même, dans certains cas, il ne va pas se priver d'interpeller l'employeur, lui demander des explications au regard de ce qu'il a appris du différend qui oppose ce dernier à son salarié. Dans des situations témoignant d'irrégularités patentes, l'inspecteur du travail peut être amené à inciter fermement l'employeur à une mise en conformité, surtout s'il a la possibilité d'invoquer ou de faire « miroiter » quelques sanctions pénales. On a pu rappeler qu'il arrive que les agents de contrôle fassent part, par écrit, de leur point de vue sur une situation particulière en mentionnant néanmoins, qu'il est donné « sous réserve de l'appréciation souveraine des tribunaux »[196].

Ainsi, dans une phase précontentieuse, les agents d'inspection du travail sont appelés à tenir le rôle d'une sorte de « juge de paix », de régulateur aussi interpersonnel qu'informel, en s'appuyant ou en essayant de ne pas trop s'éloigner de l'état du droit qu'ils connaissent. Il est bien évident qu'un des principaux intérêts de cette intervention est d'être rapide, de proximité mais aussi de se situer à un moment où le contrat de travail n'est pas rompu comme c'est, de fait, quasiment toujours le cas pour le conseil de prud'hommes. Certes avant d'arriver devant ce dernier, des représentants du personnel auront pu intervenir. Si dans certaines entreprises, *de jure* ou *de facto*, il n'en existe pas, en cas de projet de licenciement, le salarié doit bénéficier d'un entretien préalable et peut à sa demande être assisté par un « conseiller du salarié » ; en pratique il arrive - rarement - que l'intervention de ce dernier permette d'éclairer le différend de telle sorte que l'employeur aille jusqu'à revenir sur son projet de rupture.

On le voit, il y a en France, en cours de relations contractuelles, un véritable déficit de recours à un tiers qui puisse aider à la résolution négociée d'un différend s'élevant entre l'employeur et le salarié. Au rythme où va la crise des représentations du personnel internes à l'entreprise ainsi que le développement de la pression sur les individus en situation de travail, il pourrait devenir urgent d'officialiser certaines interventions permettant une solution négociée afin que tout litige individuel ne revienne à la seule instance à ce jour juridiquement compétente, à savoir le conseil de prud'hommes[197].

---

[196] Th. Kapp, op. cit. p. 566.
[197] Rien n'interdit en France qu'une convention collective, par exemple, prévoie une commission de recours interne pouvant être saisie de tout ou partie des différends individuels.

Le règlement amiable des différends sociaux

On pourrait ainsi envisager de « décrocher » la fonction de conciliation du conseil de prud'hommes. Elle pourrait imaginer soit de la confier à un corps de fonctionnaires de l'administration du travail distinct de celui assurant des missions d'inspection du travail, soit à des commissions paritaires de secteur présidées par des personnalités à l'autorité morale et la compétence technique reconnues. Dans les deux hypothèses la question du statut et de la formation des conciliateurs ou médiateurs serait centrale. En ce qui concerne non plus les litiges individuels mais les conflits collectifs, la situation actuelle peut apparaître relativement plus satisfaisante tout au moins en termes d'efficacité. Il n'en demeure pas moins qu'on devrait interdire la désignation judiciaire d'un inspecteur du travail en tant que médiateur dès lors que celui-ci a, par ailleurs, en charge le contrôle de l'entreprise concernée. Les « médiateurs judiciaires » dans les conflits collectifs devraient bénéficier d'un statut officiel et d'une formation spécifique. Ainsi, réconcilierait-on un peu normes et pratiques en matière de solutions négociées des différends sociaux en France ; ainsi sortirait-on un peu d'une « boîte noire » bien française.

Il en va ainsi dans le secteur de la Banque. La convention collective nationale du 10 janvier 2000, étendue par arrêté ministériel du 17 novembre 2004 (*JORF* 11 décembre 2004) permet une telle possibilité. Son annexe II prévoit que chaque établissement bancaire peut mettre en place une commission paritaire de recours interne. Il y est mentionné « la possibilité pour un salarié ayant fait l'objet d'une procédure de rétrogradation impliquant un changement de poste ou de licenciement pour motif disciplinaire de saisir la commission paritaire de recours interne de son entreprise, si cette instance existe ». De même, un salarié « mis à la retraite avant l'âge de 65 ans à la date de la rupture de son contrat de travail, contre son avis, peut également saisir la commission paritaire de recours interne de son entreprise, si cette instance existe ». Toutefois, l'existence (rare) de tels recours internes ne peut en aucun cas empêcher un salarié de saisir le conseil de prud'hommes qui garde une compétence d'ordre public en matière de litiges individuels.

La résolution amiable des litiges individuels en droit du travail espagnol *

En Espagne, les litiges individuels de travail sont traités par les juges et les tribunaux selon les règles de la procédure relative au contentieux du travail. Jusqu'en 1908, il n'existait pas de prud'hommes et par conséquent, il n'existait pas non plus de procès de cette nature. Les demandes relevaient de la juridiction civile. La loi du 19 mai 1908 créa les *tribunales industriales* (tribunaux industriels), qui par la suite coexistèrent avec les *comités paritarios y jurados mixtos*[198] (comités paritaires et jurys mixtes). À partir de 1938, la compétence en matière de résolution des différends sociaux a été attribuée aux juges du travail, aujourd'hui dénommés *jueces de lo social* (tribunaux des affaires sociales)[199]. Actuellement, la procédure est réglementée par la *Ley de procedimiento laboral* (LPL)[200] et, à titre supplétoire, par la loi de

---

* Par José Luis Gil y Gil, Professeur titulaire de droit du travail à l'Université de Alcalá de Henares.

[198] Sur l'histoire du contentieux du travail, cf. Alonso Olea, Miñambres Puig et Alonso García (2001: 41 s.) et Montero, Carratalá et Mediavilla (56 s.)

[199] Le décret du 13 mai 1938 modifia la procédure, supprima les jurys mixtes et les tribunaux industriels, et conféra aux magistrats du travail la compétence qui leur était précédemment attribuée. La loi du 17 octobre 1940 créa la *Magistratura de Trabajo* (magistrature du travail) et la loi du 22 décembre 1949 réglementa les recours en appel, en cassation et dans l'intérêt de la loi. Suite à l'entrée en vigueur de la Constitution espagnole (CE) de 1978, la loi organique 6/1985 du 1er juillet, relative au pouvoir judiciaire (LOPJ) et la loi 38/1988 du 7 avril, de délimitation et de distribution judiciaire (LDPJ – *Ley 38/1988, de 7 de abril, de Demarcación y Planta Judicial*) ont introduit des modifications structurelles profondes, instituant un ordre juridictionnel social. En janvier 1989, les *juzgados de lo social* (Tribunaux des affaires sociales) remplacèrent les *magistraturas de trabajo* (magistratures du travail). Le *Tribunal Central de Trabajo* (Tribunal central du travail) a cessé de fonctionner le 23 mai 1989 et la *Sala de lo social del Tribunal supremo* (chambre sociale de la Cour suprême) est devenue la chambre IV en janvier 1989. Cf. Alonso Olea, Miñambres Puig et Alonso García (2001: 43) et Montero, Carratalá et Mediavilla (2003: 58).

[200] Depuis 1958, il existe une loi relative à la procédure en droit du travail (LPL), modifiée à plusieurs reprises. Le 1er mai 1995 est entré en vigueur le texte actuel refondu de la LPL, approuvé par le décret royal 2/1995, du 7 avril. Cf. Alonso Olea, Miñambres Puig et Alonso García (2001 : 43 et s.)

procédure civile (*Ley de enjuiciamiento civil* - LEC)[201]. Il faut tenir compte également de la loi organique du 1er juillet relative au pouvoir judiciaire (LOPJ). Les règles de procédure sont d'ordre public. Le titre I du décret-loi royal du 24 mars 1995 portant approbation de la refonte du Statut des travailleurs réglemente les principaux aspects de fond de la relation individuelle de travail.

Les demandes en matière de droit du travail ou de sécurité sociale relèvent de la compétence de la juridiction sociale (art. 1.1 LPL). Conformément à l'article 2 a) LPL, la juridiction sociale est compétente en matière de litiges survenant entre employeurs et salariés, en rapport avec un contrat de travail[202], de droit commun ou non[203], ou en rapport avec une période préalable à l'embauche[204], la responsabilité liée au contrat de travail[205] et les relations contractuelles connexes au contrat de travail[206]. Les litiges individuels auxquels l'article 2 a) LPL fait référence opposent individuellement le travailleur à son employeur, et se rapportent, ou ont pour origine, un seul et même contrat de travail[207]. Ce

---

[201] Conformément à la disposition additionnelle 1, alinéa 1, de la LPL, la loi du 7 janvier 2000 relative à la procédure civile (LEC) est supplétoire. À propos de l'incidence de la LEC sur la procédure en droit du travail, cf. Ríos Salmerón et Sempere Navarro (coordinateurs) (2001).

[202] L'article 25.1, 1, LOPJ, dispose que les tribunaux espagnols sont compétents en matière de droits et obligations liés au contrat de travail, lorsque la prestation de services a lieu en Espagne ou lorsque le contrat de travail est conclu sur le territoire espagnol. La solution est la même lorsque le défendeur est domicilié sur le territoire espagnol ou lorsqu'une agence, succursale, bureau ou tout autre représentation est domiciliée en Espagne ; lorsque le travailleur et l'employeur sont de nationalité espagnole, quel que soit le lieu où sont rendus les services ou le lieu est conclu le contrat ; et en outre, dans le cas d'un contrat d'embarquement, si ledit contrat est précédé d'une proposition en Espagne par un travailleur espagnol.

[203] L'article 2 du Statut des travailleurs énumère les relations de caractère spécial, telles que celles relatives aux cadres supérieurs, aux sportifs professionnels ou aux employés de maison.

[204] Tel que, les négociations préliminaires et le précontrat (arrêt de la cour suprême (STS) du 30 mars 1996, Ar. 2503, et arrêt de la Haute cour de justice (STSJ) de Catalogne du 15 juillet 2003, Ar. 2900).

[205] SSTS du 2 février et du 23 juin 1998 (Ar. 3250 et 5787) et arrêt de la Haute cour de justice (STSJ) de la Comunidad Valenciana du 8 février 2000 (Ar. 2186).

[206] Tel que, par exemple, ceux relatifs au logement ou aux emprunts (ATS, chambre des conflits, du 14 décembre 1993, Ar. 10129).

[207] Cf. Alonso Olea et Casas Baamonde (2003 : 1012). Montoya (2003 : 33 et 34) souligne que, même si le conflit individuel type est celui qui oppose un employeur et un travailleur, tel que cité par l'article 2 a) LPL, il est également possible que le travailleur entre en conflit avec des individus autres que son employeur (tel que, l'employeur principal vis-à-vis du travailleur du sous-traitant, ou l'employeur utilisateur vis-à-vis du travailleur d'une entreprise de travail

sont toujours des conflits d'ordre juridique[208]. Les conflits « pluriels » sont des litiges individuels qui concernent plusieurs travailleurs, de manière individuelle et simultanée, mais pour une cause ou un intérêt qui ne les concerne pas tous ensemble. Dans un conflit « pluriel », la demande des travailleurs ne constitue pas une revendication générale, même si plusieurs travailleurs se manifestent pour la même demande[209]. Les conflits « pluriels » sont donc une simple addition de litiges individuels de travail, sans que ceux-ci constituent un conflit collectif[210]. Les contentieux les plus nombreux sont de nature individuelle, suivis de ceux qui se rapportent à la sécurité sociale et des conflits collectifs[211]. En ce qui concerne les litiges individuels, les réclamations les plus fréquentes portent sur deux questions essentielles : des questions de caractère économique résultant du non paiement de salaires ou

---

temporaire), ou que celui-ci ait à faire face à une pluralité d'employeurs (cédant et cessionnaire, ou copropriétaires d'une exploitation). Même si la réglementation actuelle ne le prévoit pas, contrairement à la LPL de 1980, il existe également la possibilité de conflits entre travailleurs, certains étant prévus dans la LPL de 1995 [articles 125 d) et 138.2]. Bien entendu, et tel que le précisait la LPL de 1980, ces conflits entre travailleurs d'un même ou de plusieurs employeurs doivent être des conflits de travail pour que la compétence et leur résolution correspondent à la juridiction sociale.

[208] Cf., pour tous, Alonso Olea et Casas Baamonde (2003 : 1017), « le conflit individuel est implicitement toujours un conflit juridique et, par opposition, implicitement il n'est jamais un conflit d'intérêts ». À l'inverse, le conflit collectif peut être juridique ou d'intérêts.

[209] Recommandation n° 130 de l'OIT.

[210] Le conflit collectif se caractérise par la présence d'un intérêt collectif ou général pour un ensemble de travailleurs. Les articles 151 à 160 de la LPL réglementent une modalité spécifique du conflit collectif. Cf. STS du 13 juillet 1993 (Ar. 5673) à propos de la double distinction entre les conflits individuels et collectifs et entre les conflits juridiques et les conflits d'intérêts. Dans la pratique, la distinction entre conflit collectif et conflit pluriel est floue et suscite des interrogations. On rencontre fréquemment la superposition des plans individuel et collectif dans un même conflit, et des conflits de dimension collective peuvent être l'addition de conflits qui à l'origine sont individuels (Alonso Olea et Casas Baamonde, 2003 : 1014, et auteurs cités). Cf. González-Posada (1993) à propos du conflit collectif de travail.

[211] Ainsi, en 2004, parmi les 279 628 instances devant les juridictions sociales, 202 081 étaient individuelles, 75 418 relatives à la sécurité sociale et 2 129 collectives. Dans les trois premiers trimestres de 2005, parmi les 194 606 instances, 139 820 étaient individuelles, 53 219 étaient relatives à la sécurité sociale et 1 567 étaient collectives. Cf. *Boletín de Estadísticas Laborales*, Boletín Mensual, febrero/2006, Ministerio de Trabajo y Asuntos Sociales, http://www.mtas.es/estadisticas.

d'indemnités, et les questions relatives aux licenciements individuels ou aux autres formes de rupture du contrat de travail[212].

Dans chaque province, les tribunaux des affaires sociales connaissent de toutes les réclamations individuelles (art. 6 LPL). Est compétent le tribunal du lieu de la prestation de services du travailleur, ou du domicile du défendeur, au choix du demandeur (art. 10,1 LPL). La LPL réglemente la procédure ordinaire et d'autres procédures particulières. Parmi les procédures particulières donnant lieu à l'examen de litiges individuels, figurent notamment le licenciement et les sanctions, les congés, le congé maternité et la réduction du temps de travail journalier pour raisons familiales, les classifications professionnelles, la mobilité et les modifications importantes des conditions de travail, la tutelle de la liberté syndicale et les autres droits fondamentaux. Les procédures particulières comportent certaines spécificités par rapport à la procédure ordinaire[213]. Il est possible de faire appel de la décision du tribunal des affaires sociales, auprès de la chambre chargée des affaires sociales de la Haute cour de justice de la communauté autonome (art. 75,2°, LOPJ et 188 et s. LPL) et, le cas échéant, de se pourvoir en cassation afin d'unifier la jurisprudence (*unificación de doctrina*) (arts. 59 LOPJ et 216 et suivants LPL.). Après épuisement de tous les recours, il est possible de présenter un recours constitutionnel auprès du Tribunal constitutionnel, en cas de mise en cause d'un droit fondamental (art. 53.2 CE).

La juridiction civile connaît toutefois aussi de litiges individuels. Les tribunaux de commerce sont compétents pour les actions ayant pour objet la rupture, la modification ou la suspension collective des contrats de travail en cas de faillite de l'employeur[214]. C'est aussi à la juridiction

---

[212] Cf. Cruz (1995a : 197). En 2004, il y a eu 62 620 instances de licenciement au total et durant les trois premiers trimestres de 2005, 45 801. Cf. *Boletín de Estadísticas Laborales*, Boletín Mensual, febrero/2006, Ministerio de Trabajo y Asuntos Sociales, http://www.mtas.es/estadisticas.

[213] Ainsi par exemple, dans le cas de la contestation du licenciement, c'est à l'employeur, pourtant défendeur, d'exprimer sa position en premier (105.1 LPL).

[214] En ce sens, l'article 6 LPL déclare que la compétence des tribunaux des affaires sociales s'entend « ... exception faite des dispositions [...] de la loi relative aux procédures collectives (*Ley Consursal*) ». L'article 86 ter, 2, LOPJ et la loi du 9 juillet 2003 relative à la procédure collective, disposent que le juge de la procédure collective sera seul compétent pour les litiges ayant pour objet la rupture, la modification ou la suspension des contrats de travail, ainsi que pour les litiges ayant pour objet la suspension ou la rupture de contrat de cadres supérieurs, bien que soit requis l'accord des représentants des travailleurs lorsque ces mesures impliquent de modifier les conditions établies dans la convention collective

civile que revient la compétence en matière d'inventions de salariés[215]. Certains conflits de juridiction existent, en ce qui concerne la période antérieure au contrat de travail. Même si la compétence revient en principe à la juridiction sociale[216], la juridiction civile a pu connaître de litiges relatifs au pré-contrat de travail[217]. Un autre problème concerne la responsabilité en cas de violation de droits fondamentaux du travailleur. Dans une telle hypothèse, le juge peut décider d'une condamnation supplémentaire en dommages et intérêts au profit du travailleur (art. 180.1 LPL). La compatibilité entre l'indemnisation de ce dommage et l'indemnisation pour licenciement pose des problèmes, notamment dans les cas de harcèlement moral. Dans la pratique, les indemnités pour licenciement ou pour résiliation judiciaire du contrat à l'initiative du travailleur ont été considérées comme incompatibles avec d'autres dédommagements additionnels, sur la base des règles du droit civil[218].

---

applicable à tous les contrats. Dans le cadre de ces procédures, et malgré l'application des réglementations spécifiques de la loi relative à la procédure collective (*Ley Concursal*), il faut tenir compte des principes découlant de la réglementation statutaire et de la procédure en matière sociale.

[215] Cf. Article 123 de la loi relatives aux brevets et modèles (*Ley 11/1986, de Patentes de Invención y Modelos de Utilidad*) (LP) et les SSTS du 17 juillet 1989 (Ar. 5482) et 2 novembre 1999 (Ar. 8513).

[216] STS du 30 mars 1996 (Ar. 2503, et arrêt de la Haute cour de justice (STSJ) de Catalogne du 15 juillet 2003 (Ar. 2900). Conformément au critère social, le pré-contrat de travail est un acte juridique relatif au travail, dont l'objet consiste en l'obligation de conclure un contrat de travail futur. Il relève de la compétence de la juridiction sociale, si bien que la loi relative au contrat de travail de 1944 (*Ley de Contrato de Trabajo*) réglementait déjà le paiement des frais liés aux négociations préalables (art. 15). D'un autre côté, le non respect du pré-contrat suppose la violation d'un pacte préparatoire strictement relatif au travail, sans qu'aucune responsabilité extracontractuelle n'entre en jeu, dont seule la juridiction sociale peut connaître.

[217] Dans un procès portant sur un pré-contrat conclu entre un footballeur et un club sportif, que l'intéressé n'a pas honoré à la date prévue, la STS, chambre 1, du 15 février 1994 (Ar. 1316) a considéré que le litige ne portait pas sur la relation de travail, mais sur le non respect de l'obligation de comparaître en personne à partir d'une date donnée. Ainsi, la relation de travail n'a pas pu s'établir et le litige porte sur le respect d'obligations qui ne relèvent pas du droit social. Ensuite, l'ordonnance de la cour suprême (ATS), chambre 1, du 11 janvier 2000 (Ar. 29) a introduit une idée supplémentaire. La chambre 1 a présenté le litige comme une réclamation en responsabilité pour les préjudices subis. Le demandeur se fondant sur la responsabilité extracontractuelle (art. 1902 du code civil), la chambre 1 a considéré que la compétence revenait aux juridictions civiles. Cf. également les SSTS du 27 mai 1993 (Ar. 3985), 26 novembre 1997 (Ar. 8402) et 28 novembre 2001 (Ar. 9917).

[218] Cf. les SSTS du 20 janvier 1990 (Ar. 183), 5 février 1996 (Ar. 849) et 3 avril 1997 (Ar. 3047). Face à l'avis exprimé par certains tribunaux des affaires sociales (*Juzgados de lo Social*) et Hautes cours de justices, les SSTS du 11 mars et du 25 novembre 2004 (Ar. 3401 et

Le règlement amiable des différends sociaux

Cette solution n'est cependant pas satisfaisante dans les cas d'atteinte à un droit fondamental du travailleur[219]. La jurisprudence sociale a reconnu qu'il convient d'établir une condamnation complémentaire, lorsqu'il persiste une relation juridique, visant la réintégration du travailleur suite à la nullité du licenciement[220], ou parce que le travailleur sollicite une indemnisation au lieu de solliciter la rupture du contrat[221]. Malgré cela, la juridiction civile a admis le cumul des indemnités de licenciement et des dommages et intérêts, dans certains cas de violation des droits fondamentaux[222]. Mais la divergence la plus importante entre les juridictions civiles et les juridictions sociales s'est produite dans le domaine de la responsabilité de l'employeur en matière d'accidents du travail. Si la responsabilité de l'employeur est considérée comme liée au

---

2005/1058) ont réitéré l'incompatibilité en question, dans les cas de harcèlement moral. Dans son arrêt du 11 mars 2004, la cour suprême déclare que l'indemnité de licenciement abusif ou de résiliation judiciaire du contrat à la demande du travailleur, ne se cumule pas avec une indemnisation complémentaire. L'indemnité de licenciement abusif est fixée par la loi et ne laisse pas au juge la possibilité d'évaluer le montant des dommages et intérêts, ceux-ci découlant *ex lege* du licenciement abusif ou de la résiliation du contrat. L'indemnité compense la rupture fautive du contrat et non le préjudice réel dont elle peut être la cause. Pour ces raisons, elle n'est pas compatible avec d'autres dommages et intérêts, conformément au droit civil.

[219] La solution était peut-être justifiée dans l'affaire qui a donné lieu à l'arrêt de la cour suprême du 11mars 2004 (Ar. 3401), car le travailleur n'avait pas réussi à prouver l'existence d'une relation de causalité entre la conduite de l'employeur et les affections médicales qui firent l'objet de l'incapacité. Mais la doctrine du *Tribunal supremo* ne s'avère pas convaincante, dès lors que le comportement de l'employeur porte atteinte aux droits fondamentaux du travailleur, comme dans le cas d'un harcèlement moral. Dans un tel cas, si le travailleur sollicite la résiliation du contrat, le comportement de l'employeur peut justifier l'allocation de dommages et intérêts, se cumulant avec l'indemnité de licenciement abusif. Comme l'indique l'opinion dissidente dans la STS du 11 mars 2004, l'indemnité de licenciement a pour objet la réparation de la perte d'emploi, et non le préjudice moral découlant du comportement de l'employeur. Un arrêt récent de la Haute cour de justice (TSJ de Cantabria du 12 janvier 2006, recours en appel n°976/05) a expressément admis la compatibilité entre l'indemnité de l'article 50 du Statut des travailleurs et une indemnisation additionnelle pour violation des droits fondamentaux, dans une affaire de harcèlement moral (condamnation de l'employeur à la somme de 33 687,84 euros, équivalente à six mois de salaire).

[220] SSTS du 23 mars 2000 (Ar. 3121) et du 12 juin 2001 (Ar. 5931).

[221] SSTS de Aragon du 30 juin 2003 (Ar. 2227).

[222] En ce sens, il convient de citer les SSTS du 10 avril 1999 (Ar. 1877) et du 17 septembre 2002 (Ar. 7692). Le premier arrêt indemnise une salariée en raison d'une discrimination salariale. Le deuxième arrêt sanctionne l'atteinte à l'honneur d'un avocat licencié, l'employeur ayant adressé aux clients du cabinet une copie de la lettre de licenciement, où figuraient les causes du licenciement.

contrat de travail, c'est la juridiction d'ordre social qu'il convient de saisir : il s'agit alors d'une responsabilité contractuelle, pour non respect du devoir de sécurité découlant de la relation de travail, et non du devoir général de ne pas causer de dommage à autrui[223]. Néanmoins, la chambre 1 du *Tribunal supremo* admet la compétence de la juridiction civile, si le travailleur intente une action fondée sur la responsabilité extracontractuelle de l'employeur[224].

Le système espagnol des relations de travail ne se caractérise pas, historiquement, par ses modes non juridictionnels de résolution des différends sociaux[225]. Les facilités offertes par la procédure, rapide et presque toujours gratuite, n'ont pas favorisé la demande de systèmes extrajudiciaires. De plus, le caractère inaliénable dont bénéficient, en règle générale, les droits des travailleurs a rendu plus complexe le recours aux voies extrajudiciaires[226]. Pourtant, la situation a commencé à changer ces dernières années. Aujourd'hui, même si la solution judiciaire conserve son importance et sa validité, elle n'est plus le seul instrument, ni même l'instrument le plus important, pour la résolution des conflits individuels ou collectifs[227]. Comme dans la majorité des pays

---

[223] Le devoir de sécurité est prévu par les articles 4.2 d) et 19 du Statut des travailleurs et les articles 14 et 42 de la loi du 8 nov. 1995, relative à la prévention des risques professionnels (*Ley de Prevención de Riesgos Laborales* - LPRL). Dans la mesure où il s'agit d'une responsabilité contractuelle, c'est l'article 1101 du code civil qui s'applique.

[224] Ainsi, la jurisprudence civile considère que la responsabilité extracontractuelle n'exclut pas la responsabilité contractuelle (articles 1902 et suivants du code civil). Les juridictions civiles connaissent donc également de la responsabilité de l'employeur liée aux accidents du travail, qui peut exiger de l'employeur, en plus de la couverture des risques du système de sécurité sociale, le paiement intégral du dommage causé. Cf., entre autres, la STS du 13 juillet 1998 (Ar. 5122). Cela pose le problème des divergences jurisprudentielles qui peuvent survenir, dès le moment où diverses juridictions peuvent connaître d'une même responsabilité. Il en est de même pour l'évaluation du préjudice subi. À ce propos, cf. Valle & Rabanal (2004 : 117 et 118) et Reglero (2005).

[225] Desdentado (1996 : 233 et suivants).

[226] Article 3.5 du Statut des travailleurs : « Les travailleurs ne pourront pas valablement disposer, avant ou après les avoir acquis, des droits reconnus par les dispositions légales d'ordre public. Ils ne pourront pas non plus disposer valablement des droits reconnus inaliénables par les conventions collectives ». De manière générale, l'article 2.1 de la loi du 23 déc. 2003, relative à l'arbitrage, applicable à titre supplétoire aux arbitrages en matière de travail, dispose que « les litiges sur les questions de libre disposition conformément au droit, sont susceptibles d'arbitrage ». Cf. Rodríguez-Piñero (2003) à propos de l'indisponibilité des droits et la conciliation dans les relations de travail.

[227] Rodríguez-Piñero (2003 : 27).

Le règlement amiable des différends sociaux

européens[228], on constate en Espagne une tendance à promouvoir et encourager les procédures de conciliation, de médiation et d'arbitrage.

Le droit espagnol dispose de plusieurs mécanismes, établis par le législateur ou prévus par la négociation collective, destinés à faciliter la résolution des litiges individuels. Parallèlement aux procédures judiciaires, il existe des procédures extrajudiciaires institutionnelles et des procédures autonomes[229]. De manière plus forte que devant les juridictions civiles, la procédure devant les juridictions sociales traduit l'idée que le procès est une manière longue et coûteuse de régler les litiges et qu'une solution convenue entre les parties, si celle-ci est accompagnée des garanties nécessaires, est préférable à une solution imposée par un tiers[230]. C'est pour cela que des procédures préalables ont été établies, visant à éviter le recours à la juridiction sociale (1). De même, durant ces dernières années, la négociation collective a encouragé le développement de procédures de résolution des litiges individuels (2).

1. Les procédures légales préalables et les démarches visant à éviter le procès

La législation espagnole prévoit des démarches préalables au procès, qui visent à l'éviter et qui sont compatibles avec le droit d'agir en justice (droit à la protection juridictionnelle effective)[231]. Sous la rubrique portant sur comment « éviter le procès », le Titre V du Livre I de la LPL réglemente deux voies classiques prévues pour que les parties puissent

---

[228] Cf. Valdés (dir.) (2003), Cruz (2003 : 11) et Consejo Económico y Social (2005 : 1). Le « livre vert » de l'Union européenne sur les modes alternatifs de résolution des conflits relevant du droit civil et commercial a agi sur l'idée que la modernisation du modèle social européen exige, notamment, la création d'instruments destinés à prévenir et arbitrer les conflits [COM (2002) 196 final, du 19 avril 2002]. Cf. également les conclusions du conseil de l'Union européenne à propos d'un mécanisme à l'échelle de l'Europe visant à résoudre les conflits entre employeurs et travailleurs et transcendant le niveau national (DOCE C 354/1, du 13 déc. 2001). Cf. Loi (2003) : Perspective communautaire des méthodes alternatives de résolution des conflits du travail.

[229] Cf. Sesma (2005 : 26). La classification de l'auteur, que j'ai appliquée à la résolution des conflits individuels, se rapporte à l'origine et à la nature des procédures, combinées aux sujets qui interviennent dans la solution du conflit. Cf. même auteur (2005 : 21), qui comporte une analyse critique des diverses classifications doctrinales.

[230] Cf. Alonso Olea, Miñambres Puig et Alonso García (2001 : 125) et Rodríguez-Piñero (2003 : 29).

[231] SSTC 60 et 162/1989, du 16 mars et 16 octobre, et 217/1991, du 14 novembre.

régler leur différends, sans avoir recours au procès : la conciliation préalable (1.1) et la réclamation administrative préalable (1.2). Une fois le procès entamé, la loi prévoit une tentative de conciliation devant le juge (1.3).

1.1. La procédure préalable de conciliation

La procédure préalable de conciliation est une procédure non juridictionnelle institutionnelle, dans laquelle intervient un tiers officiel du secteur administratif, sans pouvoir décisionnel, titulaire d'un mandat public[232]. Le régime juridique de la conciliation préalable s'envisage sous trois angles[233]. Premièrement, la conciliation vise à obtenir un accord, le tiers externe au conflit se limitant à rapprocher les positions des parties. Le conciliateur est un fonctionnaire public, sans pouvoir de contrôle sur le contenu de l'accord, et qui n'a pas le pouvoir d'approuver ou de rejeter l'accord[234]. La démarche du conciliateur se rapproche de la médiation. Deuxièmement, la conciliation en tant que résultat est un contrat de transaction, que les parties constituent par des concessions mutuelles. Cela résulte des règles applicables à la contestation de l'accord obtenu, pour des motifs de validité (art. 67 LPL). Troisièmement, la conciliation est un préalable au procès : si la démarche parvient à ses fins, elle donnera lieu à une transaction ; dans le cas contraire, le recours au juge est toujours possible (art. 63 LPL).

---

[232] Cf. Sesma (2005 : 26) et, de manière détaillée, Alonso Olea, Miñambres et Alonso García (2001 : 125 s.), Latarón (2003 : 225 s.) et García Quiñones (2005). La STC 81/1992 du 28 mai, indique que l'acte de conciliation constitue une méthode d'initiative individuelle de résolution des conflits liés à l'application du droit cessible, dans laquelle les parties, par l'intermédiaire d'un tiers, évitent qu'un contentieux soit engagé, ou y mettent un terme ; on en déduit que la conciliation peut être antérieure au procès ou se produire après le début du procès. La STC 75/2001 du 26 mars précise que les démarches de tentative de conciliation préalable dans le cadre d'un litige ont pour but de permettre, avant le début du procès, un accord qui l'évite, avec les conséquences naturelles de rapidité et d'économie. Selon l'arrêt du Tribunal constitutionnel, ces démarches antérieures au procès s'avèrent compatible avec le droit d'agir en justice. En effet, d'une part elles n'excluent pas l'examen judiciaire du litige, si l'on n'organise qu'un ajournement de l'intervention judiciaire, et d'autre part, elles ne constituent pas des procédures disproportionnées ou injustifiées, puisqu'elles permettent d'arriver à une résolution non juridictionnelle du différend, au profit tant des parties que du système judiciaire.
[233] Cf. Montero, Carratalá et Mediavilla (2003 : 230 et 231), Lantarón (2003 : 238) et Cavas (2003 : 209).
[234] Cf., à ce propos, la STS du 26 décembre 2002 (Ar. 2804).

La tentative de conciliation, gratuite pour les parties, constitue une condition préalable obligatoire dans le règlement de la quasi-totalité des litiges d'ordre social[235]. L'article 63 LPL impose « préalablement au déroulement d'une procédure juridictionnelle, une procédure de conciliation devant un service administratif » ou bien, le cas échéant, « devant un organisme pouvant assumer ces fonctions, conformément aux accords interprofessionnels ou aux conventions collectives », ainsi que le prévoit l'article 83 du Statut des travailleurs. Cette règle s'applique généralement à tous les litiges individuels et collectifs[236]. Cela étant, conformément à l'article 64 LPL, certains procès en sont exclus, notamment ceux qui nécessitent une réclamation administrative préalable, lorsqu'une administration publique est concernée (articles 69 et suivants de la LPL), ceux qui se rapportent aux congés (articles 125 et 126 LPL), à la tutelle de la liberté syndicale ou aux autres droits fondamentaux (articles 175 à 182 LPL).

Les fonctions de l'*Instituto de Mediación, Arbitraje y Conciliación* (IMAC), dépendant du *Ministerio de Trabajo*, ont été assurées par les communautés autonomes, excepté pour les villes autonomes de Ceuta et Melilla. La dénomination et la structure de ces institutions varient d'une communauté autonome à l'autre. En règle générale, leur dénomination comprend les termes de médiation, d'arbitrage et de conciliation. Il s'agit souvent de services dépendants de l'administration chargée des questions du travail du territoire concerné[237].

Conformément aux dispositions de l'article 65.1 LPL, le dépôt de la demande de conciliation interrompt le calcul des délais de prescription, même en cas de saisine d'un organisme territorialement incompétent,

---

[235] STSJ de Canarias/Las Palmas du 19 juin 2001 (Ar. 4535).
[236] Lantarón (2003 : 239).
[237] Le décret 5/1979 du 26 janvier 1979 a créé l'*Instituto de Mediación, Arbitraje y Conciliación* en tant qu'organisme autonome dépendant du *Ministerio de Trabajo*. Le décret 2756/1979, du 23 novembre 1979 réglemente la prise en charge des fonctions par l'*Instituto de Mediación, Arbitraje y Conciliación*. Par le transfert de ses compétences à toutes les communautés autonomes, excepté les villes de Ceuta et de Melilla, le décret 530/1985 d'avril 1985, qui restructure le *Ministerio de Trabajo*, le convertit en organe sans personnalité juridique faisant partie intégrante de la *Dirección General de Trabajo* et des *Direcciones Provinciales* dudit Ministère. Aujourd'hui, les fonctions correspondent à la sous-direction générale des Relations sociales du ministère du Travail (Relaciones Laborales del Ministerio de Trabajo). Les communautés autonomes désignent l'organe sous divers noms : *Centro, Servicio ou Unidad de Mediación Arbitraje y Conciliación* (CMAC, SMAC, UMAC).

excepté dans le cas de la non-comparution du demandeur. Le délai péremptoire prévu par la loi en matière de licenciement est également interrompu et reprend à compter du jour suivant la tentative de conciliation, ou quinze jours après sa présentation dans le cas où celle-ci n'a pas été conclue. Dans tous les cas, au terme de trente jours sans conclusion de l'acte de conciliation, on considèrera que la procédure est terminée et que les démarches ont été respectées (art. 65.2 LPL). Le Tribunal constitutionnel a donné des précisions sur la conformité à la Constitution de la procédure préalable de conciliation[238].

La comparution est obligatoire pour les parties (art. 66.1 LPL). L'absence du demandeur, sans justification recevable, entraîne le classement du dossier (art. 66.2 LPL)[239]. La non-comparution de l'autre partie a pour effet de considérer que la conciliation a été tentée sans effet (art. 66.3 LPL). Dans ce cas, le juge devra tenir compte de la mauvaise foi du défendeur, qui sera condamné au paiement d'une amende (articles 66.3 et 97.3 LPL).

Le rôle du conciliateur est de rapprocher les positions des parties. L'article 10 du décret-loi du 23 novembre 1979 réglemente le déroulement de la conciliation. Après ouverture du préliminaire de conciliation, le conciliateur doit convoquer les parties, qui peuvent être accompagnées d'un prud'homme et leur donner la parole afin qu'elles exposent leurs positions et les raisons sur lesquelles elles se fondent. La production de pièces justificatives est facultative. Le conciliateur doit ensuite inviter les intéressés à trouver un accord, avec l'aide, le cas échéant, des prud'hommes. Il doit, pour cela, leur accorder autant d'interventions que nécessaire et peut leur suggérer des solutions équitables. Il doit maintenir l'ordre dans la discussion et détient la faculté d'y mettre un terme, dans le cas d'une dégradation de la discussion, comme dans le cas de l'impossibilité de parvenir à un accord. Dans les deux cas, on considèrera que la tentative de conciliation est terminée,

---

[238] Ainsi, la STC 58/2002 du 11 mars a considéré qu'il y aurait atteinte au droit d'agir en justice (tutelle judiciaire effective, art. 24.1 CE), si l'on interprétait restrictivement ces règles en déclarant que le calcul du délai péremptoire du licenciement n'est pas suspendu (articles 59.3 du Statut des travailleurs et 103 LPL) par une tentative de conciliation préalable devant un organisme incompétent, à savoir le *Centro de Mediación, Arbitraje y Conciliación* de Cadix au lieu de celui d'Algeciras.

[239] STS du 17 février 1999 (Ar. 2597). Conformément à la STSJ de Madrid du 20 avril 1998 (Ar. 5184) il en est ainsi car cela équivaut au non dépôt de la demande et, par conséquent, n'interrompt pas le délai péremptoire.

Le règlement amiable des différends sociaux

sans accord obtenu. Compte tenu du pouvoir du conciliateur de suggérer des solutions équitables et la possibilité d'avoir recours à des prud'hommes, on considère que cette procédure est plus proche de la médiation que de la conciliation[240].

La conciliation peut se terminer, avec ou sans accord[241]. En l'absence d'accord, les parties pourront avoir recours au juge, mais ils ne pourront pas invoquer de faits qui n'auront pas été allégués en conciliation [art. 80.1 c) LPL]. En règle générale, les propositions exprimées par les parties au cours de la négociation ne les lient pas, tant qu'elles ne sont pas acceptées par l'autre partie. Néanmoins, dans certains cas, les positions adoptées par les parties au cours de la négociation peuvent avoir des effets sur le futur règlement judiciaire, si le changement de comportement constitue une violation de la bonne foi[242]. Si au contraire on aboutit à un résultat, l'accord inscrit dans l'acte acquiert force exécutoire, sans qu'il soit nécessaire de le faire homologuer par l'autorité judiciaire (art. 68 LPL)[243]. Il pourra être contesté *via* une action en nullité, engagée par l'une des parties ou par des tiers lésés, dans un délai de trente jours ouvrables à compter de la conclusion ou de sa connaissance, conformément aux dispositions de l'article 67 LPL[244]. À la fin de la procédure de conciliation, le conciliateur remet aux parties une attestation de conciliation qui devra être fournie au juge avec l'introduction de la demande. Il est possible enfin de régulariser une omission de la procédure préalable de conciliation. Le juge admet

---

[240] Cf. Lantarón (2003 : 238, et auteurs cités).

[241] Conformément aux dispositions de l'article 10 du décret 2756/1979 du 23 novembre, le conciliateur doit prendre acte de la fin de la négociation et recueillir, avec le maximum de clarté, les accords adoptés par les intéressés. En l'absence d'accord, il devra en prendre acte expressément. L'acte sera signé par les intéressés et par le conciliateur. De même, le refus de signer devra être consigné avec mention des motifs, si ceux-ci sont connus, en déclarant la fin de la conciliation sans accord obtenu. Au terme de la conciliation, le conciliateur devra remettre aux intéressés une copie certifiée de l'acte.

[242] Cf. Gil (2003 : 260 et suivants) à propos de la condition d'un comportement cohérent, comme limite aux prérogatives de l'employeur.

[243] SSTSJ de Madrid du 27 février 2001 (Ar. 1337) et Castilla y León/Valladolid du 19 mai 2003 (Ar. 2063). Ainsi il en a été décidé, malgré sa nature juridique contractuelle, qui est sans affaiblir sa force d'autorité et constitue un véritable instrument de subrogation de la décision (SSTSJ Asturias du 27 novembre 1998, Ar. 4004, et Cataluña du 29 juin 2001, Ar. 3524).

[244] SSTSJ de Castilla y León/Burgos du 13 juillet 1993 (Ar. 3366), Galicia du 22 janvier 1997 (Ar. 163) et Madrid du 30 janvier 2001 (Ar. 548).

provisoirement la demande, et donne au demandeur un délai de quinze jours pour déposer l'attestation de conciliation[245].

Dans la pratique, la conciliation préalable joue un rôle important[246]. Mais dans de nombreux cas, les parties la considèrent comme une simple démarche précédant l'intervention judiciaire.

Le conciliateur se limite alors à constater l'accord ou le désaccord des parties et aucune véritable négociation n'a lieu. Lorsqu'un accord est trouvé, il résulte souvent d'une négociation préalable à la conciliation. Le conciliateur se borne alors à prendre acte de l'accord. Il est même arrivé que la conciliation soit utilisée à des fins frauduleuses. Ainsi, avant 2002, les parties pouvaient l'utiliser pour remplir une des conditions qui permettaient au travailleur de bénéficier des prestations de chômage. En effet, le travailleur licencié n'avait pas droit aux allocations, tant que les parties n'avaient pas convenu du manque de fondement du licenciement dans l'acte de conciliation, ou tant que le juge n'avait pas décidé du caractère justifié ou non du licenciement. La loi du 12 décembre 2002, établissant des mesures d'urgence pour la réforme du système de protection contre le chômage et l'amélioration des perspectives d'emploi, a rendu inutile la conciliation préalable. Les articles 208.1 c) et 209.4 du décret royal législatif 1/1994 du 20 juin, portant approbation du texte codifié de la loi générale sur la sécurité sociale (LGSS), disposent désormais que le licenciement, qu'il soit justifié ou abusif, permet au travailleur d'être considéré comme chômeur.

1.2. La réclamation administrative préalable

La finalité de la réclamation administrative préalable est de porter à la connaissance de l'administration l'objet du différend et le fondement des arguments avancés, et de lui donner l'occasion de le résoudre

---

[245] SSTC 69/1997, du 8 avril 199/2001, du 4 octobre, et STSJ Cataluña du 7 octobre 1999 (Ar. 4206).
[246] Ainsi, en 2004, parmi les 355 802 demandes de procédure préalable de conciliation, 87 132 ont abouti à un accord entre les parties. Dans la période de janvier à novembre 2005, des 324 032 demandes de conciliation préalable, 79 073 ont abouti à un accord. Les litiges relatifs à un licenciement ont donné lieu à 142 677 demandes de conciliation préalable en 2004, dont 68 166 ont abouti à un accord. De janvier à novembre 2005, 129 430 demandes de conciliation ont été enregistrées et 61 985 ont abouti à un accord. Cf. *Boletín de Estadísticas Laborales*, Boletín Mensual, febrero/2006, Ministerio de Trabajo y Asuntos Sociales, http://www.mtas.es/estadisticas.

directement, évitant ainsi de recourir à la procédure judiciaire[247]. En plus de faciliter la résolution non juridictionnelle des conflits, elle constitue un privilège de l'administration.[248].

La réclamation administrative est une condition préalable à l'introduction d'une demande auprès des juridictions sociales, de l'État, des communautés autonomes, et des administrations locales et organismes publics qui en dépendent (art. 69.1 LPL). Les intéressés souhaitant entamer une action à l'encontre d'un organisme de sécurité sociale doivent également accomplir cette démarche auprès de l'organisme gestionnaire ou de la Trésorerie générale de la sécurité sociale - *Tesorería General de la Seguridad Social* (art. 71.1 LPL)[249]. Les organismes publics d'entreprise ou les organismes de bienfaisance d'ordre public ne sont pas concernés par la réclamation administrative préalable[250]. L'article 70 LPL prévoit une dispense dans certaines procédures particulières, afin de faciliter la résolution plus rapide des affaires : il s'agit des litiges relatifs aux congés (articles 125 et 126 LPL) et à la liberté syndicale et autres droits fondamentaux (articles 175 a 182 LPL), ou des réclamations contre le Fonds de garantie salariale (*Fondo de Garantía Salarial*), dont les décisions n'excluent pas le recours administratif[251].

---

[247] La fonction de la réclamation administrative préalable est équivalente à celle de la conciliation préalable (STC 120/1993 du 19 avril). Elle est justifiée par l'idée qu'il vaut mieux donner à l'administration la possibilité de connaître les arguments de ses travailleurs avant qu'ils aient recours à la procédure contentieuse, évitant ainsi le règlement de litiges et de conflits devant les tribunaux (STS du 18 mars 1997, Ar. 2569). La condition d'épuisement des voies de recours administratives constitue une condition légitime, exigée par le législateur, compatible avec le droit d'agir en justice (STC 60/1989 du 16 mars, 70/1992 du 11 mai, 120/1993 du 19 avril et 122/1993 du 19 avril).

[248] Conformément à la STSJ (Aragón) du 1er mars 1999 (Ar. 647), la réclamation préalable est un privilège dont bénéficient certains organes publics pour qui est interdite, sans formalités ni garanties particulières, la transaction à laquelle pourrait donner lieu un acte de conciliation judiciaire. Cette décision indique par ailleurs qu'à la différence de la conciliation, la réclamation préalable prend en compte les pouvoirs de ces institutions publiques, qui peuvent donner au litige une solution par une décision unilatérale, au lieu d'un simple accord entre les parties.

[249] STSJ du Pays Basque du 1er avril 2003 (Ar. 2630).

[250] Par exemple, Radio Televisión Española (RTVE) (STS du 7 mai 1983, Ar. 2352) ou l'Organisme national des aveugles (*Organización Nacional de Ciegos* - ONCE) (STS du 23 octobre 1989, Ar. 7308).

[251] SSTS du 27 juin 1995 (Ar. 5231) et 7 mai 1997 (Ar. 3657).

La procédure commence par le dépôt du mémoire auprès de l'organisme compétent[252]. Elle interrompt les délais de prescription et suspend le délai péremptoire (art. 73 LPL). Le calcul des deux délais reprend dès la notification de la décision administrative ou, en l'absence de décision, qui vaut rejet de la demande, au terme d'un mois écoulé après l'introduction de la demande.

Un principe de concordance exige qu'aucune variation substantielle de délais, de sommes ou de la teneur de la réclamation, ne soit introduite dans le procès (art.72.1 LPL)[253]. De même, le défendeur doit exclusivement fonder sa contestation sur les faits figurant au dossier administratif, à l'exclusion des événements survenus ou mentionnés par la suite (art.72.2 LPL).

Faire droit à la demande évite d'entamer une procédure contentieuse. En revanche, le rejet de la demande permet au demandeur de recourir à la juridiction sociale, par le dépôt d'une demande dans un délai de deux mois ou de vingt jours selon les cas (art. 69.3 LPL). Le non respect du délai a pour seul effet d'obliger le demandeur à réintroduire la réclamation préalable, si celui-ci souhaite que sa demande contre l'État et les autres organismes cités à l'article 69.1 LPL soit valable, sous réserve de la prescription de l'action ou de la péremption de l'instance[254]. Le fait que l'action soit introduite interrompt la prescription, même si la procédure n'est pas poursuivie ensuite.

Le rejet exprès et tardif de la demande par l'organisme administratif, c'est à dire au-delà d'un mois après sa présentation, donne lieu au calcul d'un nouveau délai de deux mois pour intenter une action. Sont exclues de cette règle, les actions ayant un délai spécifique de prescription, comme cela se produit souvent en matière de licenciement.

1.3. La conciliation judiciaire

Après réception de la demande, la juridiction prend une résolution dans les dix jours du dépôt de la demande, indique la date et l'heure de l'audience de conciliation et mentionne les parties, les intéressés et le ministère public (art. 82.1 LPL). La procédure de conciliation aura lieu

---

[252] Article 125 et 126 de la loi 30/1992 du 26 novembre, relatif au régime juridique des administrations publique et à la procédure administrative de droit commun.
[253] STC 15/1990, du 1er février et STS du 31 mai 1995 (Ar. 4013).
[254] STS du 24 février 1998 (Ar. 1958).

« en audience unique » (art. 82.2 LPL). Le fait que la procédure ait lieu devant le juge a conduit une partie de la doctrine à estimer que la conciliation constitue une activité procédurale du juge, une sorte de procès spécial[255]. Pour d'autres auteurs, il s'agit d'un acte juridique transactionnel, que l'on peut retrouver dans l'article 1809 du code civil, en tant que contrat mettant un terme au litige. Enfin, pour une autre partie de la doctrine, probablement majoritaire, malgré la présence du juge, la conciliation ne constitue pas réellement une procédure judiciaire, mais plutôt un mécanisme autonome de résolution du conflit devant le juge, que l'on peut qualifier d'acte volontaire tendant à éviter l'effet dommageable que tout procès peut induire[256].

La première forme de conciliation est appelée conciliation « formelle »[257]. La comparution des parties a lieu devant le juge, au jour et à l'heure fixés, en personne ou par l'intermédiaire de leurs représentants, avant ou sans l'assistance d'un avocat. Le juge « tentera la conciliation en informant les parties de leurs droits et obligations, sans préjuger du contenu de la décision éventuelle » (art. 84.1 LPL). La conciliation exige la présentation ou l'exposé sommaire de ses arguments par le demandeur et la position du demandeur face à ceux-ci, en présence du juge, lequel par ses bons offices exhorte les parties à se mettre d'accord, ce qui se produit effectivement dans de nombreuses occasions[258]. L'efficacité de la conciliation judiciaire est importante, mais toutefois bien moindre que celle de la procédure préalable de conciliation[259].

---

[255] Avec la citation de Guasp (1998 : 565), Alonso Olea, Miñambres Puig et Alonso García (2001 : 167) prétendent que la conciliation a tendance à éviter l'apparition d'un procès « principal » ultérieur, par la tentative d'arrangement amiable, et qu'il s'agit d'un véritable procès, éliminant le procès « principal », et non une simple procédure.
[256] Cf. les diverses opinions énoncées dans Luján (2003 : 290).
[257] Alonso Olea, Miñambres Puig et Alonso García (2001 : 167 et suivants).
[258] Alonso Olea, Miñambres Puig et Alonso García, *ibidem*.
[259] En 2004, la conciliation a été effective dans 29 903 cas sur 279 628 requêtes judiciaires et pour 14 982 recours concernant des licenciements, sur un total de 62 620. Durant les trois premiers trimestres 2005, la conciliation est intervenue pour 21 938 cas sur 194 606 au total et 10 938 sur 45 801 concernant un licenciement. Cf. *Boletín de Estadísticas Laborales*, Boletín Mensual, febrero/2006, Ministerio de Trabajo y Asuntos Sociales, http://www.mtas.es/estadisticas.

La résolution amiable des litiges individuels en droit du travail espagnol

En cas de conciliation effective, un procès-verbal est établi[260]. À la demande des parties, l'accord devient exécutoire « selon les modalités d'exécution des jugements » (art. 84.4 LPL), c'est à dire celles figurant au livre IV de la LPL. Il s'agit d'une transaction judiciaire que l'on peut rapporter à l'article 1809 du code civil, et qui a la force de la chose jugée, conformément à l'article 1816 du code civil[261]. Faute de conciliation effective, la procédure est considérée comme une tentative sans effet. C'est au juge de décider à quel moment la démarche a échoué et d'ordonner de « poursuivre en justice » (art. 85.1 LPL). Le juge rejettera la conciliation s'il considère que l'accord « constitue un préjudice grave pour l'une ou l'autre des parties, une violation de la loi ou un abus de droit » (art. 84.1 LPL)[262].

L'accord obtenu dans l'acte de conciliation peut être contesté « devant le même tribunal », par un recours ordinaire. La demande en contestation est caduque « quinze jours après la date de son introduction », c'est-à-dire de la date d'enregistrement de la demande[263]. Les « causes de non conformité des contrats » constituent des motifs de contestation (art. 67.1 LPL). Enfin, il est possible de former une contestation fondée sur la nullité du consentement, comme cela est prévu par l'article 1817 du code civil relatif à la transaction. En effet, cette disposition s'applique aussi bien à la transaction qui permet d'éviter le procès qu'à celle qui met un terme au procès. Conformément aux dispositions de l'article 1265 du code civil, « seront considérés comme nuls les consentements donnés par erreur, violence, intimidation ou dol ». La contestation fondée sur un vice du consentement s'avérera difficile, notamment si l'auteur de la contestation a été assisté par un avocat, ou si la conciliation a donné lieu à un quitus[264]. En revanche, il semble que la conciliation ne puisse pas être contestée pour atteinte à des droits inaliénables, car ceux-ci peuvent

---

[260] Seul est valable l'acte de conciliation pour lequel un procès-verbal a dûment été dressé par le secrétaire-greffier, mandataire public habilité à prendre acte de la réalisation d'un acte de procédure ou d'un fait d'ordre judiciaire (art. 280 LOPJ).
[261] L'accord équivaut à une transaction, comparable à une décision judiciaire (STS du 1er juin 1998, Ar. 5781). Néanmoins, cet effet ne joue pas contre les tiers et encore moins contre l'administration publique (STSJ du Pays Basque du 21 novembre 1995, Ar. 4381).
[262] SSTSJ de Madrid du 14 septembre 1999 (Ar. 3327) et Andalucía/Sevilla du 10 de juin 1999 (Ar. 3130).
[263] Cf. STS du 7 novembre 1997 (Ar. 8306).
[264] Alonso Olea, Miñambres Puig et Alonso García (2001 : 169, note 104) et Alonso Olea et Casas Baamonde (2003 : 520 et suivants).

être dépourvus de preuve ou peuvent prêter à des interprétations contradictoires relatives, précisément, à leur caractère inaliénable[265].

La seconde forme de conciliation est appelée conciliation « atypique »[266]. L'article 84.2 LPL indique qu'« il sera possible d'approuver un accord à tout moment avant de rendre le jugement ». Si un accord est obtenu pendant le procès, la solution logique est de le soumettre au régime de la conciliation et d'en dresser procès-verbal suite à son approbation par le juge. Si cet accord est obtenu en fin de procédure, mais avant que le jugement soit rendu, l'acte se produit sans la présence et sans l'intervention du juge et de ce fait, il est en principe de nature extrajudiciaire. Mais si cet accord est présenté et soumis par écrit, conjointement par les deux parties, à l'approbation du juge, ce dernier pourra l'approuver et il devra même le faire s'il ne constate pas de préjudice ou de vice particulier. Dans ce cas, l'accord a une nature judiciaire et revêt le caractère et les effets d'une conciliation « formelle ». Le procès-verbal est remplacé par l'acte de conciliation, qui est incorporé à la décision du juge. Le désistement, ou la renonciation au recours judiciaire, peuvent être une conséquence de l'accord. Si le juge n'approuve pas l'accord, il le rejette dans son jugement et rend sa décision sans en tenir compte.

Étant donné que l'article 84.5 LPL ne fait pas de distinction entre l'accord « formel » ou « atypique », le délai de contestation est de quinze jours pour dans les deux cas. Par analogie, on applique l'article 67.1 LPL : est donc compétent pour connaître de l'accord en question « le même tribunal » chargé de connaître du litige et par conséquent, ayant approuvé ledit accord[267]. Exception faite des actions et exceptions en nullité propres à un acte juridique, aucun recours n'est possible contre l'accord[268]. En revanche, les recours prévus par la LPL peuvent être engagés contre les arrêts homologuant l'accord de conciliation, lorsque, le cas échéant, ces recours permettent de résoudre des points non envisagés en conciliation, ou contredisant des points sur lesquels l'accord est intervenu.

---

[265] Alonso Olea, Miñambres Puig et Alonso García (2001 : 168 et 169).
[266] Alonso Olea, Miñambres Puig et Alonso García (2001 : 169 et 170).
[267] Alonso Olea, Miñambres Puig et Alonso García (2001 : 170).
[268] L'acte juridique donne lieu à une sorte de novation et annule la situation antérieure à la conciliation (STCT du 4 mai 1978)

2. Les procédures autonomes de résolution des conflits individuels

En Espagne, la négociation collective a établi des procédures autonomes pour la résolution des conflits[269]. La convention collective peut donner aux commissions paritaires des fonctions de médiation ou de conciliation, y compris même d'arbitrage dans les litiges individuels (2.1). Les accords interprofessionnels pour la résolution des conflits sociaux prévoient également, avec une portée différente, des procédures pour résoudre les litiges individuels (2.2)

2.1. La commission paritaire pour l'application de la convention collective

Les commissions paritaires pour l'application de la convention collective sont apparues avec la pratique de négociation développée sous la loi relative aux conventions collectives (*Ley de convenios colectivos*) de 1958, qui ne prévoyait pas leur existence. Ces commissions sont devenues partie intégrante de la convention dans la loi relative aux conventions collectives de 1973[270]. Aujourd'hui, dans le contenu minimum ou obligatoire de la convention collective figure la « désignation d'une commission paritaire de la représentation des parties à la négociation, afin qu'elles connaissent de toutes les questions qui lui sont soumises », et également « la détermination des procédures pour la résolution des conflits au sein de ladite commission » [art. 85.3 e) du Statut des travailleurs]. La commission paritaire est un organe mixte,

---

[269] Cf. Casas (1999), Rodríguez Fernández (2003 : 185, note 2) et Sesma (2005 : 26). Valdés (2003 : 24 et 25) estime que le terme qui reprend le mieux l'essence des accords de résolution des conflits est celui de « procédures autonomes », dans la mesure où les expressions « procédures extrajudiciaires » et « procédures conventionnelles » ne sont pas exemptes d'ambiguïtés et de critiques. Pour sa part, Cruz (1999 : 55 et suivants) préfère le qualificatif de « procédures privées ».

[270] Le modèle des relations de travail en vigueur sous la dictature du général Franco était caractérisé par un monopole de l'État sur la réglementation du travail. Parallèlement à la loi relative au contrat de travail (*Ley de Contrato de Trabajo*) de 1944, largement inspirée de la loi républicaine relative au contrat de travail de 1931, il existait des réglementations nationales du travail (*Reglamentaciones Nacionales de Trabajo*), dénommées par la suite ordonnances du travail (*Ordenanzas Laborales*). Ces *Ordenanzas* constituaient des « petits codes du travail » établis par le *Ministerio de Trabajo* afin de réglementer les conditions de travail d'une branche ou d'un secteur, tels que la banque, les caisses d'épargne, ou les grandes entreprises, telles que *Tabacalera*. Les lois relatives aux conventions collectives de 1958 et de 1973 mirent en place un système de négociation collective dénaturé, dans lequel la force obligatoire de la convention collective dépendait d'une approbation de l'administration du travail.

composé des représentants des parties ayant négocié la convention. Elle est compétente en matière « de connaissance et de résolution des conflits relatifs à l'application et interprétation d'ordre général des conventions collectives ». Les conflits sont résolus par ailleurs par la juridiction compétente, indépendamment de cette commission (art. 91 du Statut des travailleurs). Par ailleurs, l'article 63 LPL permet que la tentative de conciliation préalable au procès ait lieu devant l'organisme assumant cette fonction, conformément aux dispositions de la convention collective[271].

Les fonctions ou les compétences de la commission paritaire sont laissées à la discrétion des parties ayant négocié la convention. Ces dernières années, la tendance des accords interconfédéraux, qu'ils soient relatifs à la résolution des conflits ou à la négociation collective, a été de consolider le rôle des commissions paritaires, par l'élargissement de leurs pouvoirs et le renforcement de leurs capacités de résolution[272]. La négociation collective a visé une participation accrue de ces commissions, qui sont parfois investies d'un rôle qui dépasse la simple

---

[271] Comme il a été évoqué ci-dessus, la commission paritaire poursuit la négociation, sur les aspects de moindre importance, afin de veiller à l'unité de négociation, appliquant au jour le jour le contenu de la convention, car la négociation collective implique tout un travail ultérieur de gestion et d'administration. Si l'on observe dans son ensemble un système déjà rodé de négociation collective, on peut constater qu'il apparaît comme un processus ininterrompu, dans lequel les accords majeurs (ou législatifs) sont confiés aux commissions négociatrices et les accords mineurs (ou d'exécution) aux commissions paritaires, les unes se reposant sur l'expérience des autres et les autres appliquant les choix des unes. Dans un modèle statique ou « contractuel » de négociation collective, tel que le modèle espagnol en général, les commissions paritaires constituent le moyen habituellement utilisé pour administrer la convention collective : Cf. Alonso Olea et Casas Baamonde (2003 : 941) et auteurs cités. Selon la jurisprudence, la commission paritaire agit en tant « qu'administrateur ordinaire de la convention » (STS du 14 mars 1994, Ar. 2347) ou en tant « qu'organisme gestionnaire de la paix sociale » (STS du 2 octobre 1996, Ar. 7439).

[272] Cf. Fernández Sánchez et Menéndez Calvo (2003 : 252, note 13). Au chapitre IX relatif à la structure de la négociation collective et à la procédure de négociation, l'Accord interconfédéral (*Acuerdo Interconfederal*) pour la négociation collective de 2005 recommande de promouvoir des formules et des procédures qui permettent un fonctionnement plus efficace des commissions paritaires ou mixtes, ainsi que leur amélioration, afin de parvenir à un suivi plus effectif et un respect des engagements pris. Cf. la résolution du 7 mars 2005, de la *Dirección General de Trabajo*, prévoyant l'inscription au registre et la publication de l'*Acuerdo Interconfederal para la Negociación Colectiva 2005 (ANC 2005)* (BOE du 16 mars 2005). L'accord de 2005 a été prorogé. Cf. la résolution du 31 janvier 2006, de la *Dirección General de Trabajo*, prévoyant l'inscription au registre et la publication de la prorogation pour l'année 2006, de l'*Acuerdo Interconfederal para la Negociación Colectiva 2005 (ANC 2005)* (BOE du 10 février 2006).

interprétation et qui les conduit au-delà de leur rôle initial d'interprétation et de surveillance[273]. Progressivement, la commission paritaire s'est donc transformée en un organe de résolution non juridictionnelle des conflits, qui se limite, en règle générale, aux conflits de nature collective[274]. L'interprétation, la surveillance et la composition des conflits constituent les trois compétences habituelles de la commission paritaire, parallèlement à d'autres compétences dont le nombre dépend de la création ou non de commissions spécifiques prévues dans la convention. Ainsi, leur champ de compétences peut aller de la définition et l'évaluation des postes de travail aux questions liées à l'application des salaires conventionnels, en passant par un travail de lutte contre les discriminations, et de manière générale, toutes les actions liées à l'application de la convention[275].

Par conséquent, il appartient bien à la commission paritaire de disposer de compétences en rapport avec la résolution des litiges individuels, notamment si le litige découle de l'application ou de l'interprétation de la convention collective elle-même. La commission peut prendre en charge la conciliation ou la médiation, y compris régler le différend par l'intermédiaire d'une procédure d'arbitrage [articles 85.3 e) et 91.1 du Statut des travailleurs][276]. Cette compétence a été attribuée à la commission paritaire, par exemple, par les conventions collectives des établissements financiers de crédit[277], des courtiers en assurances

---

[273] Ojeda (1998 : 269 et 344).
[274] Ojeda (1998 : 344). Cf. Fernández Sánchez et Menéndez Calvo (2003) à propos des clauses conventionnelles relatives à la résolution non juridictionnelle des conflits. Les auteurs analysent, en particulier, la convention collective dans l'industrie chimique.
[275] Ojeda, *ibidem*.
[276] Alonso Olea et Casas Baamonde (2003 : 943 et 1029) et De Soto (2003 : 336 et 337). Certains arrêts rendus admettent la viabilité des arbitrages dans la résolution des conflits sociaux, tant dans le cadre d'une convention collective prévoyant ces arbitrages, parfois ceux de l'article 83 du Statut des travailleurs et parfois y compris dans le cadre de conventions collectives ordinaires en ce qui concerne les compétences d'administration *ex* articles 85.3 e) et 91.1 du Statut des travailleurs. C'est le cas des SSTSJ de Andalucía (Sevilla) du 17 avril 2001 (Ar. 2911), de Navarra du 29 juillet 1999 (Ar. 2489) et du 25 février 1999 (Ar. 5546). De manière un peu plus indirecte, les autres arrêts admettant la viabilité des arbitrages sont les SSTSJ de Andalucía (Granada) du 7 février 2001 (Ar. 2398), de Asturias du 20 novembre 1998 (Ar. 4500) et du Pays Basque du 24 mars 1998 (Ar. 1304).
[277] La disposition additionnelle 1, 3, b), de la convention donne à la commission paritaire compétence pour exercer des fonctions d'arbitrage et de médiation sur les questions qui lui sont soumises par les parties. La convention a été publiée au *BOE* du 6 avril 2004.

privées[278], ou relatives à la pratique de sports professionnels[279]. En règle générale, la soumission du litige à la commission paritaire est volontaire, conformément aux dispositions du Statut des travailleurs relatives aux procédures de résolution non juridictionnelle des litiges relatifs aux accords interprofessionnels et aux conventions collectives (art. 91.5 du Statut des travailleurs). La solution obtenue en commission paritaire ne doit pas constituer un obstacle, ni entraver l'exercice du droit individuel d'agir en justice, reconnu aux travailleurs par l'article 4.2 g) du Statut des travailleurs, dans le prolongement de l'article 24.1[280]. Le processus doit être accepté expressément par les parties, sans aucun caractère impératif[281]. Mais la conciliation ou la médiation peuvent toutefois être imposées par les accords interprofessionnels ou les conventions collectives réglementés par l'article 83 du Statut des travailleurs, en tant que démarche obligatoire préalable au recours à la voie judiciaire (art. 63 du Statut des travailleurs). Ces dernières années, plusieurs conventions collectives ont institué l'obligation de procéder à une réclamation préalable devant la commission paritaire, pour tout type de conflit, y compris les litiges individuels[282]. Dans ce cas, la réclamation devant la

---

[278] L'article 80.1 c) de la convention donne à la commission paritaire une compétence de médiation et, le cas échéant, d'arbitrage pour les litiges soumis de manière volontaire et conjointe par les parties et en rapport avec l'application ou l'interprétation de la réglementation sectorielle. La convention a été publiée au BOE du 22 mai 2003.
[279] Roqueta (1999) et De Soto (2003 : 336 et 337).
[280] Le *Tribunal Constitucional* a jugé que ces dispositions sont légitimes, dans le principe de l'autonomie collective et qu'elles sont compatibles avec le droit d'agir en justice (art. 24 CE), dans la mesure où elles n'excluent ni entravent le recours à la voie judiciaire, supposent un simple ajournement et constituent des démarches justifiées et adaptées de résoudre le litige de manière non juridictionnelle : cf. les SSTC 162/1989, du 16 octobre; 217/1991, du 14 novembre et 225/2001, du 26 novembre. Cf. les commentaires de Martín Valverde (1990) et de Alonso Olea (1992) et les observations de Rodríguez-Piñero (2003 : 40 et 41). Martín Valverde (1990 : 464) souligne que pour ne pas porter atteinte au droit d'agir en justice, les dispositions conventionnelles devraient s'adapter progressivement, à la fois en ce qui concerne la durée de la procédure et les démarches nécessaires à la réclamation préalable.
[281] Cf., pour tous, De Soto (2003 : 336). Ainsi le prévoient, par exemple, les conventions collectives des entreprises d'aliments pour animaux (art. 46.2) (BOE du 19 août 2003) ; des établissements financiers de crédit [disp. adit. 1, 3, b)] (BOE du 6 avril 2004) ; des abattoirs de volailles et de lapins (art. 55.2) (BOE du 2 décembre 2003) ; et des courtiers en assurances privées (art. 80) (BOE du 22 mai 2003). Cf., également, la convention collective des Ikastolas, Pays Basque (articles 9.3 et 12) (BOPV du 18 septembre 2003).
[282] Cf. Ojeda (1998 : 270) lequel cite, par exemple, l'article 6 de la XXIème convention collective interprovinciale de l'entreprise « *Nacional Bazán de construcciones navales militares, Sociedad Anónima* », selon lequel : « Tout événement impliquant des travailleurs à titre individuel ou collectif et supposant l'interprétation d'un des articles de la convention,

commission paritaire remplace la conciliation préalable et constitue le préalable au recours devant la juridiction sociale.

2.2. Les accords interprofessionnels pour la résolution des conflits

Depuis deux décennies, les organisations syndicales et patronales les plus représentatives ont signé des accords pour la résolution des conflits sociaux ayant la nature « d'accords interprofessionnels sur des objets précis » (art. 83.3 du Statut des travailleurs)[283]. Il s'agit de procédures autonomes, car elles émanent de la négociation collective[284]. Elles instaurent des procédures de conciliation, de médiation et d'arbitrage[285].

---

devra être préalablement soumis devant la commission mixte paritaire. Faute d'accord suite à cette démarche, il sera possible d'avoir recours aux instruments de médiation et d'arbitrage établis par les syndicats et l'organisation patronale, préalablement au recours à la juridiction sociale ». Une telle disposition, en matière de classification professionnelle, figure également dans la STS du 26 novembre 2002 (Ar. 2003/2700).

[283] L'article 83.3 du Statut des travailleurs dispose que la conclusion des accords interprofessionnels est soumise à la procédure prévue pour les conventions collectives. De ce fait, ils possèdent les caractéristiques normatives et d'application générale ou *erga omnes*, avec toutes leurs conséquences (STS du 22 septembre 1998, Ar. 7422) et notamment, l'applicabilité immédiate, sans qu'une ratification ou une adhésion à l'accord soient nécessaires, et sans qu'il soit nécessaire d'incorporer leur contenu dans les diverses conventions collectives statutaires ou extrastatutaires et autres actes conclus dans leur champ d'application (Sala et Alfonso (2001 : 18).

[284] Cf. Casas (1999), Valdés (2003 : 24 et 25), Rodríguez Fernández (2003 : 185, note 2) et Sesma (2005 : 26). L'expression « procédures autonomes » tient compte du rôle plus important joué par les partenaires sociaux dans la résolution des conflits.

[285] Alors que certains accords établissent en tant que procédures-types la médiation et l'arbitrage, sans envisager la conciliation, d'autres accords prévoient la possibilité de soumettre aussi bien le différend à la conciliation, la médiation ou l'arbitrage. À ce propos, il faut souligner que l'article 91 du Statut des travailleurs, autorisant l'existence d'accords interprofessionnels pour la résolution de conflits, fait uniquement référence aux procédures de médiation et d'arbitrage, et ne mentionne pas la conciliation. Néanmoins, malgré des différences très nettes en théorie entre la conciliation et la médiation, dans la pratique ces différences sont diluées : un organe de conciliation raisonnablement diligent fait généralement des propositions aux parties (Rodríguez Fernández, 2003 : 185). De plus en plus, la différence la plus importante est celle qui s'installe entre l'arbitrage et les autres procédures, qu'il s'agisse de la médiation ou de la conciliation. L'article 91 du Statut des travailleurs prévoit que les procédures de résolution des conflits peuvent être utilisées pour les litiges individuels, lorsque les parties s'y prêtent expressément. La loi 60/2003 du 23 décembre relative à l'arbitrage exclut de son champ d'application les arbitrages relatifs au travail (art. 1.4), mais demeure applicable à titre supplétoire (art. 1.3). Cette exclusion figurait déjà dans la loi relative à l'arbitrage de 1998 : Cf. Gaspar (1998 : 251 et suivants). L'article 4 du décret royal 5/1979, du 26 janvier, prévoyait une procédure judiciaire de tribunaux arbitraux en matière de travail, mais la norme ne fut pas élaborée. Cf. Lorca (2004) à propos d'un commentaire sur la loi relative à l'arbitrage, et Cruz (1995b : 35 et suivants),

Le règlement amiable des différends sociaux

Ces procédures ne s'appliquent pas toutes aux conflits de nature individuelle[286]. Au niveau national, l'accord interprofessionnel en vigueur est le troisième « *Acuerdo sobre Solución Extrajudicial de Conflictos Laborales* » (ASEC-III)[287]. Les dix-sept communautés autonomes disposent également d'accords de résolution autonome des conflits[288]. Tous les accords prévoient la création d'un comité ou d'une commission paritaire de suivi de l'accord et la participation paritaire du même nombre de représentants syndicaux et patronaux des organisations signataires, investis de fonctions d'interprétation, d'application et de suivi de l'accord. Presque tous les accords prévoient l'existence d'une fondation, publique ou privée, comme organisme gestionnaire des services de résolution des conflits. Dans certains cas, l'organisme gestionnaire fait partie de l'administration publique du travail de la communauté autonome, dans les *Consejos de relaciones laborales* des communautés autonomes. Quoiqu'il en soit, le recours aux procédures de médiation, d'arbitrage et de conciliation est gratuit pour les parties[289].

Desdentado (1996 : 258 et suivants) et De Soto (2003) à propos de l'arbitrage dans les litiges individuels du travail.

[286] Cf. Sala & Alfonso (2001 : 29 et suivants).

[287] L'ASEC a été signé en 1996 ; l'ASEC-II, en 2001, et l'ASEC-III, en 2005. L'ASEC-III est entré en vigueur le 30 janvier 2005, et prendra fin le 31 décembre 2008. Concernant le premier accord, cf. Sala et Alfonso (1996 : 195 et suivants), Lillo (1998) et AA.VV. (1999) ; à propos des principales nouveautés du dernier accord par rapport au précédent, cf. le résumé du *Consejo Económico y Social* (2005 : 2). Le texte de l'ASEC-III peut être consulté à : http://www.fsima.es/menu_solo.htm.

[288] Il s'agit des *Comunidades Autónomas de Andalucía, Aragón, Asturias, Islas Baleares, Islas Canarias, Cantabria, Castilla y León, Castilla-La Mancha, Cataluña, Extremadura, Galicia, La Rioja, Madrid, Murcia, Navarra, País Vasco* et *Valencia*. Le premier accord signé fut l'*Acuerdo interconfederal para la resolución extrajudicial de conflictos* (PRECO), de 1984, dans le Pays Basque. De même, les accords de Galice et de Catalogne ont précédé ceux de l'ASEC. Le texte des accords autonomes peut également être consulté à : http://www.fsima.es/menu_solo.htm.

[289] Dans leur étude, Sala et Alfonso (2001 : 113) concluent qu'il apparaît indispensable, tout au moins pour le moment, de conserver la gratuité de ces procédures. Ils ajoutent que le financement public devrait être plus généreux et devrait chercher des formules budgétaires plus souples que celles appliquées jusqu'à ce jour, car elles entraînent quelquefois des problèmes de trésorerie. Ils considèrent, cependant, que l'on pourrait commencer envisager l'utilité de faire payer d'autres services éventuels, tels que la location des locaux ou le conseil au cours des négociations. Passé un certain temps, il faudrait étudier à nouveau le financement de ces systèmes de résolution des conflits, mais en tenant compte du fait que, dès le moment où ceux-ci deviennent des alternatives d'autres instruments étatiques de résolution des conflits gratuits, tel que les procédures judiciaires, il est pratiquement impensable de modifier le caractère de gratuité de la résolution extrajudiciaire. Toutes les

La résolution amiable des litiges individuels en droit du travail espagnol

Les différences entre les accords interprofessionnels des diverses communautés autonomes sont si nombreuses qu'il est difficile d'établir une comparaison. Pour cette raison, à l'exposé des problèmes juridiques généraux que soulève la résolution des conflits individuels, il convient de tenir compte à la fois du cadre réglementaire posé par État et de la situation dans chaque communauté autonome. L'accord andalou relatif à la résolution des conflits individuels étant très récent et exhaustif, il peut servir à illustrer la réglementation conventionnelle[290].

Après l'étude du cadre juridique servant de base à la résolution autonome des litiges individuels (2.2.1), nous ferons référence aux règles de fond des systèmes (2.2.2), aux organismes de médiation, de conciliation et d'arbitrage (2.2.3), à l'ouverture et au déroulement de la procédure (2.2.4) et à la clôture de la procédure (2.2.5), ainsi qu'à la contestation des accords et décisions (2.2.6)[291]. Nous terminerons par une brève évaluation (2.2.7).

2.2.1. Le cadre juridique de la résolution autonome des litiges individuels

Dans la législation espagnole, la résolution autonome des litiges individuels peut être menée à bien dans le cadre des accords interprofessionnels évoqués par l'article 83.3 du Statut des travailleurs. C'est ce qui ressort de certaines dispositions, encore insuffisantes et incomplètes, que le législateur a progressivement introduites afin de renforcer ces procédures. À partir de 1990, l'article 63 LPL a admis que la démarche de conciliation préalable puisse être réalisée dans les organismes créés en vertu des accords sur des objets précis, conclus entre les organisations syndicales les plus représentatives au niveau national ou à celui de la communauté autonome. Visant le même but, la réforme

---

communautés autonomes sont favorables à la gratuité des procédures (Sala et Alfonso, 2001 : 126).
[290] Cf. la résolution du 2 septembre 2005, de la *Dirección General de Trabajo y Seguridad Social*, établissant l'inscription, le dépôt et la publication du Règlement développé dans l'accord interprofessionnel du 4 mars 2005, lequel établit un système de résolution des conflits individuels au sein du *Sistema Extrajudicial de Resolución de Conflictos Laborales en Andalucía* (SERCLA) (Boletín Oficial de la Junta de Andalucía, 22 septembre 2005).
[291] Cf., à ce sujet, l'avis, non publié, de Fernández López (2004), qui sert de base à l'introduction de la résolution des conflits individuels au sein du *Sistema Extrajudicial de Resolución de Conflictos Laborales en Andalucía* (SERCLA). Nous remercions le professeur Jesús Cruz Villalón, de la *Universidad de Sevilla*, de nous avoir permis de consulter le texte du rapport, outil qui était essentiel pour systématiser et élaborer les points ci-après.

du marché du travail de 1994 a également introduit des dispositions dans le Statut des travailleurs et dans la LPL.

L'article 91 du Statut des travailleurs permet de conclure des accords donnant lieu à des procédures de médiation et d'arbitrage pour la résolution de litiges reposant sur l'interprétation ou l'application des normes conventionnelles. Il dispose que « ces procédures peuvent, également, être utilisées pour les conflits d'ordre individuel, lorsque les parties s'y soumettent expressément ». Enfin, la disposition additionnelle 7ème de la LPL oblige à respecter les décisions rendues dans les procédures d'arbitrage, de la même manière que sont exécutées les décisions juridictionnelles. Malgré des défauts et des zones d'ombre, ces dispositions servent de base aux procédures de résolution autonome des litiges, dans la mesure où elles clarifient leur régime juridique et assurent le respect des solutions obtenues.

Les accords interconfédéraux peuvent être classés selon divers points de vue, en ce qui concerne la résolution des litiges individuels.[292] Le premier critère se rapporte au caractère obligatoire ou non des procédures établies. Il existe des modèles où les litiges peuvent être portés devant l'organisme concerné par la simple volonté des parties. Dans d'autres modèles, le recours au système conventionnel est rendu obligatoire, dans la mesure où le recours à la voie judiciaire a été remplacé par la conciliation administrative préalable. Parfois, les partenaires sociaux n'ont pas prévu la possibilité immédiate de recourir aux systèmes de résolution autonomes pour les conflits individuels et ont différé la réglementation à ce sujet.

Le deuxième critère concerne le niveau d'homogénéité entre les procédures pour la résolution des litiges. Certaines procédures déclarent expressément que la réglementation est commune pour les deux types de litiges, qu'ils soient individuels ou collectifs, avec tout au plus quelques nuances dans la réglementation établie à cet effet. D'autres systèmes élaborent une réglementation distincte, même si elle n'est pas exhaustive, pour les litiges individuels.

Enfin se pose la question de la compétence pour connaître des litiges individuels. Dans certains cas, encore marginaux, le système de résolution des litiges peut connaître de n'importe quelle procédure

---

[292] Je fais référence à Fernández López (avis non publié, 2004).

individuelle. Dans d'autres cas, la généralité existe, mais modelée par les normes de procédure : le recours à la procédure de résolution des litiges individuels est obligatoire, en tant qu'étape préalable à la voie judiciaire. Enfin, il existe des cas de figure pour lesquels un espace type pour la résolution autonome des conflits individuels se dessine, en marge, ou parallèlement à celui qu'établit la LPL au sujet de la conciliation préalable ou de la réclamation administrative préalable.

2.2.2. Les règles de fond du système de résolution des litiges individuels

Les règles de fond des procédures de résolution des litiges individuels sont déterminées de plusieurs manières dans les accords interconfédéraux. Tout d'abord, il y a des accords qui excluent les litiges individuels de leur champ d'application, ou qui ne les incluent pas parmi les différends qui peuvent être soumis à la procédure[293]. Généralement, les accords qui prévoient la résolution des litiges individuels n'incluent que quelques types de litiges, tels que ceux liés aux congés, à la classification professionnelle, ou à l'aménagement des horaires de travail pour des raisons de conciliation de la vie familiale et professionnelle[294] ; mais ils n'incluent pas les litiges importants comme les licenciements ou les sanctions disciplinaires[295]. C'est pourquoi les accords énoncent sous forme « positive » les conflits individuels dont ils peuvent connaître et sous forme « négative » ceux qui sont exclus. Ainsi, ils utilisent pour guide, mais seulement en partie, les dispositions de la LPL relatives à la conciliation préalable et à la réclamation administrative préalable[296].

---

[293] Ainsi, l'ASEC-III prévoit que l'accord n'inclut pas la résolution des litiges individuels (art. 4.3).

[294] Cruz (2003 : 17) a souligné que, dans ces cas, la logique des procédures extrajudiciaires peut être plus effective, souple et rapide, car, par la résolution de ces litiges, le juge du travail est plus proche de ce qui constitue une décision en équité, avec une plus grande liberté dans l'évaluation des intérêts en jeu. Cf. également Sala & Alfonso (2001 : 109).

[295] L'accord de Madrid exclut les litiges qui concernent exclusivement un travailleur et qui sont relatifs à la résiliation du contrat sous toutes ses formes, les sanctions disciplinaires, les rappels de salaires les demandes relatives à l'exercice de la liberté syndicale [art. 4 e)].

[296] Ainsi, en Andalousie, les litiges pouvant être soumis à la connaissance du SERCLA sont les suivants : demandes individuelles relatives à la classification professionnelle, à la mobilité fonctionnelle et aux emplois de catégories supérieure ou inférieure, les réclamations individuelles sur des modifications substantielles des conditions de travail, les réclamations individuelles relatives aux mutations et déplacements, la détermination de la période des congés, les désaccords relatifs aux congés, permissions et réductions de la journée de travail, y compris ceux relatifs à la garde des enfants ou autres membres de la famille. Au cours de la

Le règlement amiable des différends sociaux

Seuls, quelques rares systèmes prétendent couvrir tout ou la plus grande partie des types de litiges individuels[297].

2.2.3. Les organismes de conciliation, de médiation et d'arbitrage

La conciliation et la médiation sont menées à bien par un ou plusieurs tiers, ou par un organisme *ad hoc*, afin de tenter de rapprocher les parties et le cas échéant leur proposer des solutions, « informelles » ou légales. Dans les accords interconfédéraux, l'organisme de conciliation et de médiation revêt plusieurs formes[298].

Une première possibilité consiste à adopter un système de conciliation-médiation par un ou plusieurs médiateurs, désignés pour chaque litige. Les accords restent silencieux sur le caractère collégial ou non de la médiation, afin de permettre aux parties de choisir le système qui leur conviendra le mieux. Même dans le cas d'une médiation faisant intervenir plusieurs médiateurs, on laisse habituellement aux parties la possibilité de désigner un ou des médiateurs. Si les parties n'expriment aucun choix, c'est l'organisme gestionnaire de procédure qui désignera le ou les médiateurs. À cet effet, il existe habituellement une liste de médiateurs approuvée par les parties signataires de l'accord interconfédéral, le comité paritaire créé au sein de cet accord ou la commission de gouvernement (*Junta de gobierno*) de l'organisme gestionnaire de la procédure. Parfois, l'accord autonome vise à promouvoir l'existence d'un organisme de médiation permanent, sous

---

procédure devant le SERCLA, il est possible de traiter également les questions de rémunération ou les questions « économiques » découlant directement ou indirectement des domaines cités ci-dessus.

[297] C'est le cas des accords de Canarias et de Cantabria. Le premier tient compte du précepte de conciliation préalable avant le recours à la juridiction sociale, pour les conflits de travail individuels et pluriels, conformément aux dispositions de l'article 63 LPL [art. 3 a)]. Les seules exceptions sont, par conséquent, les conflits non soumis à la conciliation préalable et ceux soumis à la réclamation administrative préalable. Les signataires de l'accord assument l'engagement d'incorporer la totalité des cas de figure de conflits individuels dans les systèmes de conciliation, médiation et arbitrage du *Tribunal Laboral Canario*. Le second prévoit que peut se soumettre à la procédure de médiation-conciliation, de manière obligatoire à l'instance des parties, tout type de conflit juridique du travail, individuel ou pluriel, pour lequel est exigée la conciliation préalable au recours à la voie judiciaire, y compris les conflits qui peuvent s'accompagner de la fin de la relation de travail. Dans ces cas, l'intervention de l'organe est comparable à la tentative de conciliation devant l'Administration, prévue à l'article 63 LPL, le cas échéant et en fonction du type de conflit [art. 5.1 b)].

[298] Je résume les observations de Sala et Alfonso (2001 : 67 et suivants).

forme de « tribunal » en charge des affaires sociales ou « tribunal de médiation », où pour chaque litige, les parties désignent néanmoins les médiateurs qui le composent. En fin de compte, que l'on opte pour un organisme de médiation occasionnel ou permanent, le caractère collégial de la médiation n'est pas clairement défini dans ce premier modèle. Soit il n'existe pas d'organisme de médiation à proprement parler, mais plutôt des interventions ponctuelles d'un ou plusieurs médiateurs ; soit il existe un organisme « plus ou moins » permanent, et celui-ci est composé de plusieurs médiateurs, désignés spécifiquement pour le litige en question, mais sans qu'il soit nécessaire d'adopter une forme collégiale.

Une deuxième possibilité, similaire à la précédente, consiste à confier la conciliation-médiation à un organisme *ad hoc* pour chaque litige, agissant collégialement, sans caractère permanent, mais plutôt mis en place à chaque fois. Dans quelques cas particuliers, l'accord combine la possibilité de faire intervenir un seul médiateur et plusieurs médiateurs agissant collégialement.

Enfin, une troisième possibilité consiste à constituer un organisme permanent mis en place par les signataires de l'accord autonome, agissant sous forme collégiale, sans qu'aucun changement ne lui soit apporté d'un litige à l'autre. C'est la solution la plus formelle, qui fait intervenir le moins possible les parties. Cette solution a pour avantage la « professionnalisation » des membres de l'organisme conciliateur ou médiateur. Il présente l'inconvénient d'être parfois perçu par les parties comme moins impartial que s'ils avaient pu en désigner les membres. Par ailleurs, certains accords prévoient que la médiation peut également se faire devant la commission paritaire instituée par la convention collective. Celle-ci aura, au préalable, attribué ces fonctions en question à la commission paritaire. Dans ce cas, l'organisme médiateur est la commission paritaire elle-même, composée des mêmes membres et suivant son mode habituel de fonctionnement, conformément aux dispositions de la convention collective qui lui attribue ces fonctions. Ces modalités élargissent considérablement les pouvoirs des commissions paritaires.

Concernant l'arbitrage, la plupart des accords interconfédéraux admettent la désignation d'un ou plusieurs arbitres[299]. Dans le cas de la

---

[299] Cf. Sala et Alfonso (2001 : 79 et suivants).

désignation de plusieurs arbitres, les accords exigent qu'ils agissent conjointement, et le plus souvent, qu'ils soient en nombre impair. Lorsque les parties ne parviennent pas à s'entendre sur l'arbitre ou les arbitres à désigner, la plupart des accords prévoient des solutions de remplacement avec un arbitre ou, le cas échéant, avec un nombre impair d'arbitres. Certains accords permettent aux parties de décider que le même organisme ayant procédé à la tentative de conciliation-médiation soit désigné comme arbitre. Dans ce cas, la procédure est simplifiée. Lorsque les parties optent pour la désignation d'un ou de plusieurs arbitres, les accords mettent à leur disposition une liste ou « corps » d'arbitres, formé de personnes tenues d'être impartiales, et expertes dans le domaine du travail. Généralement, la désignation des arbitres doit se faire à partir de cette liste. Si les parties choisissent une personne ne figurant par sur la liste, elles doivent prendre à leur charge les frais de son intervention. La liste des arbitres est établie par les signataires de l'accord et, dans certains cas, elle est différente de la liste des médiateurs et conciliateurs. Les accords prévoient différentes modalités de désignation de l'arbitre et insistent sur l'exigence d'impartialité de ceux-ci[300].

Dans la pratique, les médiateurs et conciliateurs sont souvent des avocats, des conseillers du travail et de l'emploi, des techniciens de la sécurité et de la santé sur le lieu de travail, ou des membres d'associations d'entreprises. Les arbitres, quant à eux, sont en grande majorité des universitaires, des inspecteurs du travail et des avocats. Dans certains cas, il peut s'agir de magistrats ou de secrétaires-greffiers qui ne sont plus en exercice, des techniciens de l'administration civile et, plus rarement, des médecins, des ingénieurs ou des chimistes[301]. Il n'existe pas de statut particulier pour les médiateurs, conciliateurs et arbitres. Le nombre relativement restreint de litiges individuels résolus via les procédures autonomes ne permet pas aux médiateurs, conciliateurs et arbitres de s'y consacrer de manière exclusive. Ils perçoivent leur rémunération de l'administration publique concernée et sauf rares exceptions, ils ne bénéficient pas de formation spécifique[302].

---

[300] Cf. à ce propos, Sala et Alfonso (2001 : 80 et suivants).
[301] Données fournies par Sala et Alfonso (2001 : 124), suite à une enquête sur les organes de gestion des procédures de résolution des litiges du travail.
[302] Sala et Alfonso (2001 : 124).

2.2.4. Ouverture et déroulement de la procédure

Généralement, l'intervention préalable des commissions paritaires chargées d'appliquer la convention collective est rendue obligatoire par les divers accords relatifs aux conflits liés à la convention collective[303]. Pour cette raison, la procédure de médiation ou de conciliation ne peut pas être envisagée tant que les démarches devant la commission paritaire n'ont pas été épuisées.[304].

La procédure de résolution des litiges individuels est généralement de nature volontaire[305]. L'arbitrage, en particulier, ne peut avoir lieu que si les parties souscrivent une demande d'arbitrage[306]. L'article 91 du Statut des travailleurs dispose que dans tous les cas, pour que l'arbitrage d'un litige individuel soit valable, les parties doivent l'avoir expressément accepté. Les accords autonomes réaffirment unanimement cette condition[307]. L'engagement de la procédure a pour condition la signature d'un écrit par chacune des parties. Cette condition ne joue pas dans les

---

[303] Sala et Alfonso (2001 : 50 et suivants).

[304] Comme indiqué à l'article 6 de l'accord d'Andalousie, dans l'hypothèse où la convention applicable à l'affaire prévoirait une procédure devant la commission paritaire de cette convention, avant d'entamer d'autres procédures de résolution des conflits, cette première option devra être mise en œuvre. À cet effet, les intéressés devront épuiser les procédures conventionnelles établies, ou faire valoir devant le SERCLA qu'elles ont tenté de les épuiser ; cette condition sera considérée comme remplie si la commission paritaire de la convention ne règle pas l'affaire dans un délai maximum de dix jours ouvrable à compter du dépôt de la demande.

[305] Ainsi, les procédures réglementées par le *Reglamento del SERCLA* d'Andalousie sont de type volontaire et de ce fait, leur ouverture nécessite le consentement exprès des deux parties. Celui-ci est inutile si la convention collective applicable comporte un accord exprès dans une clause de soumission des litiges individuels au SERCLA, conformément aux termes et conditions de la convention applicable, ou si par accord entre l'entreprise et les représentants légaux des travailleurs, un accord exprès de soumission des litiges individuels au SERCLA est souscrit dans l'entreprise ou les établissements (« centres de travail ») mentionnés dans cet accord. À cet effet, l'accord devra être préalablement communiqué au SERCLA, les signataires devant en envoyer une copie (art. 2).

[306] Du point de vue de la doctrine constitutionnelle, il est difficile de considérer que l'arbitrage obligatoire, quelles que soient ses modalités, puisse être licite. Cf. STC 174/1995, du 23 novembre et dans la doctrine, Sala et Alfonso (2001: 55 et suivants).

[307] À ce propos, cf. De Soto (2003 : 330 et suivants). Ainsi, par exemple, le *Reglamento* du système de résolution des litiges individuels d'Andalousie précise que les parties peuvent avoir recours à la procédure d'arbitrage directement, si elles le souhaitent, ou suite à un accord conclu dans le cadre d'une procédure de conciliation-médiation. Dans les deux cas, les parties doivent souscrire aux modalités prévues (art. 12). En revanche, le caractère obligatoire des procédures de conciliation et de médiation dans les litiges juridiques individuels ne pose pas de problèmes de légalité constitutionnelle ou ordinaire.

cas où il existe un accord en vue de la soumission à l'arbitrage des litiges individuels, figurant dans la convention ou l'accord d'entreprise[308].

Le demandeur doit formuler sa demande par écrit, en indiquant identifiant les parties et en indiquant la catégorie et l'ancienneté du travailleur, la convention collective applicable. Il doit mentionner de manière claire et précise l'objet de sa demande et les arguments sur lesquels il se fonde[309]. À la réception de la demande écrite, si un défaut ou une omission est constatée, l'organisme saisi invitera les parties à corriger les défauts constatés dans un délai court et raisonnable. Faute de quoi le dossier sera classé sans suite, et les documents originaux retournés aux intéressés[310].

Le déroulement de la procédure évite les formalités inutiles. Après l'engagement de la procédure, l'organisme responsable communique le document d'ouverture et les pièces jointes au défendeur et aux éventuels intéressés, afin que ceux-ci comparaissent par l'intermédiaire d'un représentant ou avec l'assistance d'un conseil, et avec les documents qui leur sont utiles. En règle générale, les parties ne sont pas obligées de comparaître avec l'aide d'un avocat ou d'un conseiller du travail, mais ils peuvent le faire s'ils l'estiment nécessaire. L'organisme responsable cite les parties à comparaître dans un délai court. La comparution à la médiation et à la conciliation est obligatoire pour les parties. Faute de comparution du demandeur sans juste motif, on considère qu'il se désiste. Si la partie défenderesse ne comparaît pas, on considère que la tentative est caduque[311].

La procédure de médiation varie selon les systèmes. Certains ne disposent pas de formalités prédéterminées, pour d'autres on établit un nombre minimum de réunions. Dans le cas de figure où se superposent les procédures de conciliation et de médiation, cette dernière donne lieu à une proposition écrite du médiateur.

Lorsque celle-ci est prévue, la procédure d'arbitrage peut être initiée directement par les parties, ou faire suite à l'accord obtenu dans le cadre de la procédure de conciliation-médiation[312]. Les parties doivent accepter

---

[308] Cf. l'article 7.1 de l'accord d'Andalousie.
[309] Cf. l'article 7,2 de l'accord d'Andalousie.
[310] Cf. l'article 8 de l'accord d'Andalousie.
[311] Cf. l'article 9, paragraphes 1 et 2, de l'accord d'Andalousie.
[312] Cf. l'article 12 de l'accord d'Andalousie.

le règlement d'arbitrage, indiquer leur identité et préciser la demande, en apportant les éléments nécessaires à la résolution du différend. Suite au dépôt de la demande écrite, l'organisme responsable communique aux parties la liste des arbitres, afin que d'un commun accord, elles choisissent celui qui connaîtra de l'affaire. Suite à sa désignation, l'arbitre cite les parties et les intéressés à comparaître, autant de fois qu'il le juge nécessaire pour résoudre le différend[313].

La procédure gratuite de médiation, de conciliation ou d'arbitrage est régie par des principes de base qui garantissent le respect du caractère contradictoire de la procédure, notamment l'égalité et la défense des parties[314]. Sous diverses formulations, les accords interprofessionnels imposent les principes de l'oralité, de l'égalité, de l'immédiateté, de la célérité, de la contradiction et de droit à la défense ; des garanties équivalentes à celles issues du droit d'agir en justice (art. 24.1 CE)[315]. Ces principes ont un rôle important car ils servent d'avis pour combler les lacunes, pour éclaircir les points des accords qui souffrent par manque de clarté, ou encore pour servir d'orientation aux organismes médiateurs et arbitraux, dans le cas où les accords leur laissent une grande latitude pour fixer les formalités à suivre pour la médiation ou l'arbitrage[316]. Les parties doivent respecter le principe de la bonne foi[317]. Les parties, tout comme les membres des organismes de médiation, de conciliation et d'arbitrage, doivent respecter la confidentialité des informations portées à leur connaissance dans le déroulement de la procédure[318].

La législation en matière du travail en dit peu sur l'ouverture et le déroulement de la procédure. Le problème réside tout d'abord dans le

---

[313] Cf. l'article 12, 13 et 14 de l'accord d'Andalousie.
[314] Sala et Alfonso (2000 : 58 et suivants).
[315] Ainsi, l'accord d'Andalousie prévoit que les procédures devant la *Comisión de Conciliación Mediación* sont régies par les principes d'oralité, d'égalité, d'immédiateté, de célérité, de contradiction et de droit à la défense (art. 9.3). L'accord ajoute que le nombre de comparutions et d'audiences est déterminé par la *Comisión de Conciliación Mediación*, laquelle ordonnera le déroulement de la procédure dans le respect de ces principes. Et l'accord réitère les mêmes principes que pour la procédure d'arbitrage (art. 14). Cf. Chocrón (2000) à propos des principes de la procédure d'arbitrage.
[316] Sala et Alfonso (2001 : 59).
[317] Cf. Chocrón (2000 : 81) à propos de la protection du principe de bonne foi dans l'arbitrage.
[318] Cf. l'article 24.2 de la loi 60/2003, du 23 décembre 2003, relative à l'arbitrage.

fait qu'il n'existe pas de règle générale qui permette de considérer que l'ouverture d'une procédure prévue dans les accords professionnels le même effet interruptif qu'une demande en justice en ce qui concerne les délais de prescription et le délai péremptoire. La législation fait particulièrement défaut en ce qui concerne le délai péremptoire. Le calcul des délais de prescription est interrompu par la demande du créancier. Le fait de considérer que l'ouverture d'une procédure de médiation ou de conciliation équivaut à une demande en justice ne pose aucun problème. En revanche, le délai péremptoire, plus court, n'est pas interrompu et ne peut être suspendu que dans les cas fixés par la loi. Le problème se pose lorsqu'on est en présence d'une décision de l'employeur en rapport avec un licenciement, une sanction, une mutation et une modification substantielle des conditions de travail. Dans de telles hypothèses, l'action en justice est soumise à un délai péremptoire très court, de vingt jours ouvrables (art. 59 du Statut des travailleurs)[319]. Pour éviter l'irrecevabilité de la demande, les accords interprofessionnels ont choisi d'assimiler l'ouverture de la procédure à un dépôt de l'attestation de conciliation, préalable au procès[320].

2.2.5. L'issue de la procédure

Au terme de la procédure de médiation, le secrétaire de l'organisme prend acte de l'accord obtenu. Si un accord exprès est conclu, il est établi par écrit, en indiquant clairement et précisément les termes de l'accord et, le cas échéant, ses motifs[321]. Par ailleurs, suite aux étapes de présentation des arguments et des comparutions, l'arbitre rend sa sentence dans un délai court et raisonnable. Sauf accord contraire des parties, la procédure d'arbitrage ne peut pas dépasser un délai déterminé, par exemple, vingt jours ouvrables[322].

---

[319] Cf. Gil y Gil (2000) à propos des délais de prescription et péremptoires dans le contrat de travail.
[320] Ainsi, l'accord d'Andalousie prévoit que les procédures individuelles devant le SERCLA seront envisagées au même titre que la conciliation préalable au recours en justice, conformément aux dispositions de l'article 63 LPL. Par voie de conséquence, l'ouverture de la procédure suspend les délais péremptoires et interrompt les délais de prescription. L'accord ajoute que, dans tous les cas, la procédure devant le SERCLA sera considérée comme terminée, au terme de vingt jours ouvrables sans accord conclu ou décision rendue, sauf si les parties ne décident expressément le contraire (art. 3.2).
[321] Cf. Les articles 9,4 et 10,1 de l'accord d'Andalousie.
[322] Article 15 de l'accord d'Andalousie : après la présentation des arguments par les parties et leur comparution, l'arbitre doit prendre sa décision dans un délai maximum de cinq (5) jours

La résolution amiable des litiges individuels en droit du travail espagnol

Les accords interprofessionnels tendent à donner le maximum d'efficacité aux accords ou décisions obtenus dans le règlement des litiges individuels. En vertu des principes généraux du droit du travail, sont inaliénables les droits du travailleur qui trouvent leur source dans un accord de conciliation ou dans une sentence arbitrale[323].

S'il n'était réglementé que par les articles 1809 et suivants du code civil, l'accord de conciliation individuel pourrait poser de nombreux problèmes. Pour contourner cette difficulté, les accords autonomes déclarent que la procédure de conciliation équivaut à la conciliation préalable au recours judiciaire. Alors la force exécutoire est indiscutable. Il faut rappeler que, conformément à l'article 68 LPL, l'accord inscrit dans l'acte acquiert force exécutoire, sans besoin d'être ratifié par un juge[324].

La question de la force obligatoire de la sentence arbitrale dans les litiges individuels est plus complexe. L'insuffisance de la réglementation en la matière crée beaucoup d'incertitudes et fait de l'arbitrage une option risquée pour les parties. Pour parvenir à des solutions raisonnables, il est nécessaire de mener à bien une interprétation systématique des règles.

L'arbitrage est un acte d'autonomie, par lequel les parties délèguent la résolution du différend à un tiers, en lui conférant un pouvoir de décision. Pour les parties, la sentence arbitrale tranche le différend de manière définitive. De sorte que ces parties ne peuvent plus porter le litige devant les tribunaux, étant donné que le recours judiciaire a été exclu dès le départ. Les juridictions civiles reconnaissent au défendeur une « exception d'arbitrage », qui lui permet de s'opposer à ce que le demandeur porte l'affaire devant les tribunaux. L'intangibilité de la sentence arbitrale, une fois rendue, est d'ordre public[325].

---

ouvrables. La procédure d'arbitrage, sauf accord contraire des parties, ne peut pas dépasser vingt (20) jours ouvrables.
[323] Fernández López (avis non publié : 2004) souligne cette condition, qui n'est pas retenue dans les accords interconfédéraux.
[324] À titre d'exemple, l'article 11.2 de l'accord d'Andalousie prévoit que l'accord obtenu dans la procédure de conciliation-médiation aura la même valeur que la conciliation préalable au recours en justice prévue à l'article 68 LPL, à laquelle il se substituera.
[325] Cf. la STSJ de Navarra du 29 janvier 1999 (Ar. 154) qui indique que « l'immutabilité des décisions, tout comme l'immutabilité des jugements, est une question d'ordre public (*Sentencia del Tribunal Constitucional* 288/1993, du 4 octobre), et notamment, la modification du jugement par un recours en éclaircissement est contraire au principe du droit

Le règlement amiable des différends sociaux

En ce qui concerne les tiers, le régime juridique de la sentence arbitrale n'est pas aussi clair. Ainsi, l'article 33.9 du Statut des travailleurs prévoit que pour que la sentence arbitrale soit opposable au *Fondo de Garantía Salarial* (FOGASA), il faut que celui-ci ait pu comparaître dans la procédure d'arbitrage. Même si, dans la pratique, cette règle est seulement appliquée dans les affaires d'insolvabilité de l'employeur, la législation en matière du travail s'avère insuffisante à tous points de vue. Conformément à l'article 33.1 du Statut des travailleurs, le FOGASA ne garantit que les salaires consacrés par un jugement ou un accord de conciliation. Par conséquent, le Statut des travailleurs n'attribue pas de réelle valeur à la sentence arbitrale. Compte tenu de cet obstacle, il semble préférable pour les parties de ne pas avoir recours à l'arbitrage. Interpréter autrement les textes, en essayant d'harmoniser les paragraphes 1er et 9ème de l'article 33 du Statut des travailleurs, risque d'entrer en conflit avec la jurisprudence, qui a tendance à appliquer la loi de manière littérale.

L'exécution de la sentence arbitrale est soumise à la disposition additionnelle 7ème de la LPL, qui établit que conformément au livre IV de la loi, on considèrera comme équivalentes à des jugements définitifs, les décisions arbitrales définitives émanant de l'organisme dûment habilité par les accords interprofessionnels et les conventions collectives mentionnés à l'article 83 du Statut des travailleurs. Pour l'application de cette règle, le législateur retient un aspect de forme, et non de fond. Parmi tous les principes du Statut des travailleurs, le seul qui apporte un certain éclairage technique à propos du régime juridique de l'arbitrage dans les conflits individuels est l'article 91, *in fine*. Il permet d'instituer des procédures de résolution extrajudiciaires concernant les différends d'interprétation et les conflits collectifs, par les accords prévus à l'article 83 du Statut. Il dispose que la sentence arbitrale a la force exécutoire d'une convention collective. Il précise que ces procédures peuvent, également, être utilisées pour les litiges individuels, lorsque les parties l'acceptent expressément. Il va de soi que lorsque la procédure d'arbitrage s'applique à un litige individuel, il ne serait pas logique

---

d'agir en justice, compte tenu du caractère d'exception que les articles 267 de la *Ley Orgánica del Poder Judicial* et 363 de la *Ley de Enjuiciamiento Civil* attribuent au recours en éclaircissement (*Sentencias del Tribunal Constitucional* 122/1996, du 11 juillet et 208/1996, du 17 décembre) ». Cf. la STSJ d'Andalousie du 7 février 2001 (Ar. 2398) à propos du fonctionnement de l'exception d'arbitrage dans le domaine social.

d'interpréter la règle en ce sens que la sentence arbitrale aurait la même force obligatoire que dans les conflits collectifs et, encore moins qu'elle aurait la même force obligatoire qu'une convention collective. Il faut ici apporter une interprétation correctrice. L'efficacité de la décision sera donc celle qui correspond à la nature de l'objet du différend.

En définitive, une fois que la procédure d'arbitrage a été respectée, l'autorité de la sentence arbitrale est indiscutable. La sentence arbitrale aura force exécutoire, sans intervention judiciaire (art. 235.2 LPL). La force exécutoire est particulièrement intense (disposition additionnelle 7ème LPL). Cela est important, surtout si l'on compare avec l'efficacité relativement limitée prévue par l'article 68 LPL en matière de conciliations individuelles. Comme pour les jugements, les règles applicables à l'exécution dépendent de la nature de l'obligation imposée à son débiteur. Dans les litiges individuels, il est possible d'envisager toute une variété d'obligations de faire, de ne pas faire et de donner, qui seront toutes concernées par le vaste éventail de techniques exécutoires figurant dans la partie générale du livre IV de la LPL[326].

2.2.6. La contestation des accords et des sentences

La contestation des accords et des sentences arbitrales est un domaine qui ne peut pas être du ressort de la négociation collective, dans la mesure où elle appartient au champ d'action de la justice. Par conséquent, elle est réservée à la loi. Néanmoins, il n'est rare de trouver des dispositions relatives à la contestation des accords et des jugements arbitraux, dans les procédures autonomes de résolution des conflits.

En ce qui concerne les accords de conciliation ou de médiation, la règle est dans l'article 67 LPL, qui prévoit que les accords conclus en conciliation préalable pourront faire l'objet d'une action en nullité, pour les motifs reposant sur les règles de validité des contrats. L'action devra être exercée dans un délai de trente jours suivant l'adoption de l'accord[327]. Les accords interconfédéraux reprennent cette règle[328]. Cette

---

[326] À titre d'exemple de dispositions des accords autonomes, on peut citer l'article 18 de l'accord d'Andalousie, selon lequel le jugement arbitral sera exécutoire conformément aux règles prévues par la disposition additionnelle 7ème de la LPL.

[327] Le délai commence à courir à compter de la conclusion de l'accord : SSTSJ de Andalucía/Granada du 12 mars 2002 (Ar. 1510) et du Pays Basque du 23 juin 2000 (Ar. 1874). À propos de la procédure de contestation, cf. la STSJ de Andalucía/Sevilla du 15 octobre 1996 (Ar. 4900).

idée n'est claire qu'en apparence. La pratique des tribunaux démontre à quel point le domaine de la conciliation peut prêter à des controverses. Il existe une abondante jurisprudence sur la conciliation dans les litiges individuels.

La question de l'arbitrage est plus discutable[329]. À ce sujet, la législation est dispersée et redondante, ce qui complique l'interprétation. Les articles traitant de cette question sont les articles 40.2, 41.4, 85.1 et 91 du Statut des travailleurs. Le plus important de tous est l'article 91, selon lequel les décisions et les accords interprétant ou appliquant une convention sont susceptibles de contestation dans les mêmes conditions que pour les conventions collectives. En particulier, il est possible d'intenter une action à l'encontre de la sentence arbitrale, dans le cas où durant le déroulement de la procédure, les conditions et les formalités n'auraient pas été respectées, ou dans le cas où la décision porterait sur des points non soumis à l'arbitrage. Cette possibilité peut également être utilisée pour les litiges individuels, lorsque les parties l'acceptent expressément.

L'absence quasi complète de règles doit être comblée par les notions générales issues des lois. En ce qui concerne la contestation de la sentence arbitrale, deux options peuvent être retenues. La première option consisterait à admettre que la sentence puisse être contestée en utilisant la procédure judiciaire applicable à l'objet du litige, de sorte que parfois il s'agira d'une procédure ordinaire, parfois d'une procédure particulière, en fonction de l'objet du litige. Une deuxième possibilité consisterait à appliquer la même procédure à toutes les sentences arbitrales, quel que soit l'objet du litige. Cette deuxième solution est la meilleure. Même si elle est peu réglementée, la sentence arbitrale est un acte juridique à part entière, qui sert de solution à des conflits de toutes sortes, sans se confondre avec eux. C'est pourquoi il est préférable de choisir la procédure applicable en fonction de la nature de la décision, quel que soit son contenu. Cette solution se traduit dans les textes, lorsqu'ils évoquent l'arbitrage et le mode de procédure unique pour contester les sentences. S'agissant de contester une décision à portée

---

[328] Ainsi, l'article 11.1 de l'accord d'Andalousie établit que l'accord en conciliation pourra être contesté par la partie lésée, sur la base des causes de nullité des contrats, conformément aux conditions et au délai prévu par l'article 67 LPL.
[329] Cf. Fernández López (avis non publié : 2004), De Soto (2003 : 333) et Prados et Alameda (2003).

individuelle, l'absence de règle générale contraire incite à désigner la procédure ordinaire en droit du travail (art. 80 et suivants LPL)[330]. Le délai de contestation de la sentence est un autre des silences de la loi, qu'il faut combler par l'interprétation systématique des règles applicables. Par analogie, il convient d'appliquer les dispositions de l'article 67.2 LPL relatives à la conciliation. On peut raisonnablement considérer que le délai de contestation de la sentence est de trente jours à compter du moment où elle est rendue. En ce qui concerne les motifs de la contestation, la référence expresse à l'article 91 du Statut des travailleurs applicable aux procédures individuelles permet de préciser qu'il n'est pas possible de contester le fond, mais simplement la forme de la sentence ou le respect de la procédure[331].

2.2.7. Dernières observations

Par leur longue tradition, leur spécialisation et leur rapidité, les juridictions sociales disposent d'une grande efficacité, d'un enracinement et d'un prestige solides. Ce sont les juridictions parmi les plus appréciées des citoyens et des professionnels du droit ; ses principes sont bien définis[332]. La souplesse et la faculté d'adaptation des règles de

---

[330] Cf. Fernández López (avis non publié : 2004) et De Soto (2003 : (333) ; *contra*, Cruz (1995b : 98). À propos de la procédure de contestation ou, plutôt, de la portée de la contestation de la décision, affirmant la compétence de la juridiction sociale, cf. SSSJ de Andalucía/Sevilla du 17 avril 2001 (Ar. 2911) et de Canarias/Las Palmas du 25 juillet 2000 (Ar. 4437).
[331] Cf. Fernández López (avis non publié : 2004) et De Soto (2003 : 334 et 335). La STS du 18 janvier 1995 (Ar. 359) énumère les motifs de recours : audience, contradiction, défense, preuve suffisante, concordance, immutabilité de la décision et motivation du jugement. On obtiendrait peu de résultats si, au lieu d'un système souple et non juridictionnelle de résolution, nous avions une instance supplémentaire pour les recours ordinaires ou habituels : Cf. la STSJ de Navarra du 29 juillet 1999 (Ar. 2489), citant à l'appui les SSTC 13/1997, du 27 janvier ; 176/1996, du 11 de novembre ; 231/1994, du 10 juillet, et 288/1993, du 4 octobre. L'accord d'Andalousie comprend les règles ci-dessus. L'article 17 prévoit que la décision arbitrale pourra être contestée dans un délai de trente jours, pour les motifs suivants : dépassement du délai des formalités de la procédure arbitrale, non observation des garanties fondamentales de procédure à l'égard des parties et décisions prises par l'arbitre sur des questions non soumises à sa connaissance (art. 17). De même, l'article 16 indique que les parties pourront demander à l'arbitre d'éclaircir des points obscurs ou de corriger des erreurs de fond dans la décision, le jour ouvrable suivant la notification de cette décision. La sentence de l'arbitre, qui à aucun moment ne pourra altérer la teneur de sa décision, devra avoir lieu le jour ouvrable suivant le dépôt de la requête en éclaircissement.
[332] Cruz (2003 : 12).

procédure en droit du travail, appliquées aux particularités des différends sociaux, en font un moyen idéal de résolution des litiges individuels[333].

Le développement des procédures autonomes de résolution des litiges individuels a dû surmonter deux obstacles juridiques : le caractère inaliénable des droits des travailleurs et un cadre légal qui demeure insuffisant et fragmentaire. Ces procédures ont néanmoins reçu l'appui des communautés autonomes, intéressées par la création de modèles spécifiques de relations sociales, malgré la compétence limitée qui leur est attribuée par la Constitution dans ce domaine[334].

Aujourd'hui, les procédures autonomes ont une importance relative dans la résolution des litiges individuels. Certains accords les excluent de leur champ d'application. D'autres intègrent certains types de différends, tels que ceux relatifs aux congés ou à la classification professionnelle. Ainsi, on retient les litiges individuels portant sur des éléments non strictement juridiques, ou davantage en rapport avec les besoins des entreprises, pour laisser de côté les principaux litiges intervenant dans les relations de travail, à savoir les licenciements disciplinaires, la protection des droits fondamentaux ou la réparation des dommages. Compte tenu du nombre élevé de litiges individuels dans certaines communautés autonomes, il serait peu viable, tout au moins pour le moment, d'intégrer ces autres types de litiges dans leur champ d'application[335]. Cela étant, la résolution des litiges individuels peut, d'un autre côté, justifier l'existence même du système autonome, car les conflits collectifs se produisent peu à l'échelle de la communauté autonome[336]. Quoiqu'il en soit, l'évaluation de l'importance et du degré d'effectivité des procédures autonomes dans la résolution des conflits d'ordre individuel n'est pas une tâche facile. Parallèlement à la connaissance des normes conventionnelles, il est important de savoir comment elles s'articulent. Même ainsi, il est difficile d'avoir accès aux données. Certains organismes autonomes ne disposent pas de site Internet. Lorsqu'elles existent, les statistiques ne

---

[333] Cruz (2003 : 17).
[334] L'article 149.1, 7, CE dispose que l'État est seul compétent en matière de « législation sociale, sans préjudice de son exécution par les organes des communautés autonomes ».
[335] Cf. Sala et Alfonso (2001 : 109). C'est dans ce sens qu'ont répondu au questionnaire élaboré par les auteurs, les *Comunidades Autónomas de Andalacía, Madrid* et *Communidad Valenciana* (Sala et Alfonso, 2001 : 128).
[336] Cf. Sala et Alfonso (2001 : 128), qui répercutent l'avis des organes des *Comunidades Autónomas de Aragón, La Rioja* et *Navarra*.

sont pas exhaustives, ou actualisées, ou bien elles ne font pas de différence entre les différends individuels et collectifs, ou entre divers types de litiges individuels. Malgré la rapidité des procédures[337], on ignore la véritable importance quantitative et qualitative de la résolution des litiges individuels.[338]

Le rôle de plus en plus important joué par les modes autonomes de résolution des conflits découle d'une nouvelle manière d'envisager le rôle de l'autonomie privée, tant au niveau individuel que collectif, dans les relations de travail. Sur le plan individuel, la revalorisation du contrat de travail et de la liberté contractuelle augmente le pouvoir des parties, ce qui élargit l'espace laissé à la résolution négociée des différends sociaux[339]. Il est à prévoir que dans les années à venir, les procédures autonomes de résolution des litiges individuels s'affermissent. Afin de favoriser cette tendance, perçue en général comme un gage de modernité du système des relations de travail, le législateur devrait modifier le cadre juridique et, notamment, la réglementation des arbitrages relatifs au travail, peu utilisés dans la pratique[340]. À l'heure actuelle, la procédure d'arbitrage dans la résolution des litiges individuels pose un certain nombre de questions qui en font une option risquée pour les parties. C'est à la loi de clarifier certains aspects, tels que le choix de la procédure à suivre pour remettre en cause la sentence arbitrale, ou son opposabilité aux tiers.

---

[337] Les délais de règlement varient de trois à dix-sept jours (Sala et Alfonso, 2001 : 129).

[338] Fernández López (avis non publié : 2004) conclut que le nombre de litiges individuels réglés est très peu important. Elle indique par exemple qu'en Catalogne, le nombre de conciliations individuelles était de 20 à 30 par an. L'auteur cite, comme exception, le système madrilène, dans lequel les litiges individuels sont nettement plus nombreux que les conflits collectifs : en 2002, 5638 dossiers de médiation de litiges individuels ont fait l'objet d'une procédure, contre 74 pour les conflits collectifs. En revanche, selon Sala et Alfonso (2001 : 117 et 128), dans les communautés autonomes de Navarra, La Rioja et Aragón, le nombre de litiges individuels ayant fait l'objet d'une procédure est important, ainsi que le taux de réussite obtenu. Par exemple, en Navarre, on a enregistré 1516 dossiers en 1999, après déduction des désistements et non comparutions, 1113 ont fait l'objet d'une procédure et 97% de ceux-ci étaient d'ordre individuel. 13 décisions ont été rendues. Le pourcentage de résolution des litiges individuels a été de 71%.

[339] Nous reprenons les observations de Rodríguez-Piñero (2003 : 27).

[340] Cf. De Soto (2003 : 329). Cruz (2003 : 17) précise que la résolution des litiges individuels peut être canalisée, surtout, par la médiation ; mais il ne faut pas écarter l'arbitrage pour un certain type de travailleurs disposant d'un certain pouvoir contractuel en matière de litiges individuels. Escudero (2003 : 212) indique également que l'importance de l'arbitrage dans les litiges individuels et « pluriels » est « absolument résiduelle ou anecdotique ».

OUVRAGES CITES

AA.VV. (1999), *Solución extrajudicial de conflictos laborales*, Fundación SIMA, Madrid, 221 p.

ALONSO OLEA, MANUEL (1992), « Sentencia 217/1991, de 14 de noviembre. O de la consagración de la constitucionalidad de las comisiones paritarias verdaderas creadas en convenios colectivos verdaderos », ALONSO OLEA, MANUEL (1992), *Jurisprudencia constitucional sobre trabajo y seguridad social*, Tomo IX, 1991, Civitas, Madrid, 1992, p. 457 - 467.

ALONSO OLEA, MANUEL; CASAS BAAMONDE, MARÍA EMILIA (2003), *Derecho del Trabajo*, 21ª edición, Civitas, Madrid, 1251 p.

ALONSO OLEA, MANUEL ; MIÑAMBRES PUIG, CÉSAR ; ALONSO GARCÍA, ROSA MARÍA (2001), *Derecho procesal del trabajo*, 11ª ed., Civitas, Madrid, 440 p.

CASAS, MARÍA EMILIA (1999), « Los procedimientos autónomos de solución de los conflictos laborales en el Derecho español », AA.VV. (1999), *Solución extrajudicial de conflictos laborales*, Fundación SIMA, Madrid, p. 11-54.

CAVAS, FAUSTINO (2003), « Artículos 63 a 75 », MONTOYA, ALFREDO (dir.), *Comentarios a la Ley de Procedimiento Laboral*, 2ª edición, Aranzadi, Cezur Menor (Navarra), p. 209 - 242.

CHOCRÓN, ANA MARÍA (2000), *Los principios procesales en el arbitraje*, Bosch, Barcelona, 252 p.

CONSEJO ECONÓMICO Y SOCIAL (2005), « La solución extrajudicial de conflictos : perspectiva europea e implantación en España », *Observatorio de Relaciones Industriales*, número 78, febrero 2005, p.1-2.

CRUZ, JESÚS (1995a), « Les aspects procéduraux en droit du travail espagnol », AA.VV., *Évolution et tendances récentes du droit social espagnol*, *Bulletin de Droit Comparé du Travail et de la Sécurité Sociale*, COMPTRASEC, Université Montesquieu Bordeaux IV, p. 195 - 214.

CRUZ, JESÚS (1995b), *El arbitraje laboral en la reforma legislativa*, Tirant lo Blanch, Valencia, 108 p.

CRUZ, JESÚS (1999), « La resolución privada de los conflictos relativos a la negociación colectiva », AA.VV. (1999), *Solución extrajudicial de conflictos laborales*, Fundación SIMA, Madrid, p. 55 - 86.

CRUZ, JESÚS (2003), « Por el ensanchamiento de la mediación y el arbitraje en los conflictos laborales », *Monográfico sobre Mediación y Arbitraje en los Conflictos Laborales en homenaje al Profesor Don Manuel Alonso Olea, Temas Laborales*, n° 70, 2003, p. 9 - 19.

DE SOTO, SEBASTIÁN (2003), « El arbitraje en los conflictos individuales », *Monográfico sobre Mediación y Arbitraje en los Conflictos Laborales en homenaje al Profesor Don Manuel Alonso Olea, Temas Laborales*, n° 70, 2003, p. 325 - 344.

DESDENTADO, AURELIO (1996), « El tratamiento procesal de los procedimientos no jurisdiccionales de solución de conflictos laborales », in CACHÓN, PABLO y DESDENTADO, AURELIO, *Reforma y Crisis del Proceso Social (1994-1996). Los problemas de aplicación de las últimas reformas procesales : jurisdicción, procesos especiales y sistemas extrajudiciales*, p. 233 - 263.

ESCUDERO, RICARDO (2003), « Arbitrajes voluntarios y solución de conflictos laborales : un análisis a través del estudio de los laudos », *Monográfico sobre Mediación y Arbitraje en los Conflictos Laborales en homenaje al Profesor Don Manuel Alonso Olea, Temas Laborales*, n° 70, 2003, p. 207-248.

FERNÁNDEZ LÓPEZ, MARÍA FERNANDA (2004), *Solución extrajudicial de los conflictos individuales en el sistema andaluz de resolución de conflictos (SERCLA)*, avis non publié.

FERNÁNDEZ SÁNCHEZ, SONIA; MENÉNDEZ CALVO, REDEMIOS (2003), « Cláusulas convencionales sobre solución extrajudicial de conflictos », *Monográfico sobre Mediación y Arbitraje en los Conflictos Laborales en homenaje al Profesor Don Manuel Alonso Olea, Temas Laborales*, n° 70, 2003, p. 249 - 261.

GARCÍA QUIÑONES, JUAN CARLOS (2005), *La conciliación laboral*, Editorial Lex Nova, Valladolid, 735 p.

GASPAR, SILVIA (1998), *El ámbito de aplicación del arbitraje*, Aranzadi, Pamplona, 315 p.

GIL, JOSÉ LUIS (2000), *La prescripción y la caducidad en el contrato de trabajo*, Comares, Granada, 228 p.

GIL, JOSÉ LUIS (2003), *Principio de la buena fe y poderes del empresario*, Consejo Andaluz de Relaciones Laborales, Sevilla, 402 p.

GONZÁLEZ-POSADA, ELÍAS (1993), *El proceso de conflicto colectivo de trabajo. Significación y contenido general*, ACARL, Madrid, 142 p.

GUASP, JAIME (1998), *Derecho Procesal Civil*, Vol. II, 4ª edic. a cargo de ARAGONESES, Civitas, Madrid.

LANTARÓN, DAVID (2003), *Ordenación de la solución extrajudicial de los conflictos laborales*, Editorial Lex Nova, Valladolid, 1041 p.

LILLO, ENRIQUE (1998), « Los acuerdos patronal-sindicatos y la evitación del proceso laboral. Resultado de su aplicación. La intervención sindical previa en la resolución de conflictos y el papel de los servicios de mediación, arbitraje y conciliación administrativos », ESCRIBANO, FERNANDO (dir.), *Evitación del proceso*, Consejo General del Poder Judicial, Madrid, p. 233 - 298.

LOI, PIERA (2003), « La perspectiva comunitaria sobre los métodos alternativos de solución de conflictos laborales », *Monográfico sobre Mediación y Arbitraje en los Conflictos Laborales en homenaje al Profesor Don Manuel Alonso Olea, Temas Laborales*, n°70, 2003, p.43-57.

LORCA, ANTONIO MARÍA, *Comentarios a la nueva Ley de arbitraje 60/2003, de 23 de diciembre*, Instituto Vasco de Derecho Procesal (IVADP), San Sebastián, 623 p.

LUJÁN, JOSÉ (2003), « Artículos 76 a 101 », MONTOYA, ALFREDO (dir.), *Comentarios a la Ley de Procedimiento Laboral*, 2ª edición, Aranzadi, Cezur Menor (Navarra).

MARTÍN VALVERDE, ANTONIO (1990), « Sentencia 162/1989, de 16 de octubre. Temas varios (según el índice del comentario) en pleito de clasificación profesional », ALONSO OLEA, MANUEL (1990), *Jurisprudencia constitucional sobre trabajo y seguridad social*, Tomo VII, 1989, Civitas, Madrid, 1990, p. 457 - 467.

MONTERO, JUAN ; CARRATALA, JOSÉ LUIS ; MEDIAVILLA, MARÍA LUISA (2003), *Proceso laboral práctico*, Aranzadi, Cizur Menor (Navarra), 1099 p.

MONTOYA, ALFREDO (2003), « Artículos 1 a 35 », MONTOYA, ALFREDO (dir.), *Comentarios a la Ley de Procedimiento Laboral*, 2ª edición, Aranzadi, Cezur Menor (Navarra).

OJEDA, ANTONIO (1998), *Compendio de derecho sindical*, Tecnos, Madrid, 403 p.

PRADOS, FRANCISCO JAVIER ; ALAMEDA, MARÍA TERESA (2003), « La impugnación judicial de los laudos arbitrales laborales », *Monográfico sobre Mediación y Arbitraje en los Conflictos Laborales en homenaje al Profesor Don Manuel Alonso Olea, Temas Laborales*, n° 70, 2003, p. 345 - 372.

REGLERO, L. FERNANDO (2005), « Consecuencias económicas derivadas del accidente de trabajo. La responsabilidad civil », LILLO, ENRIQUE (dir.), *Aspectos económicos de la jurisdicción social*, Estudios de Derecho Judicial, n°66, Consejo General del Poder Judicial, p. 203-246.

RÍOS SALMERÓN, BARTOLOMÉ ; SEMPERE NAVARRO, ANTONIO V. (coords.) (2001), *Incidencia de la Ley de Enjuiciamiento Civil en el Procedimiento Laboral*, Aranzadi, Pamplona, 697 p.

RODRÍGUEZ FERNÁNDEZ, Mª LUZ (2003), « Conciliación y mediación en los conflictos colectivos laborales », *Monográfico sobre Mediación y Arbitraje en los Conflictos Laborales en homenaje al Profesor Don Manuel Alonso Olea, Temas Laborales*, n° 70, 2003, p.183-206.

RODRÍGUEZ-PIÑERO, MIGUEL (2003), « Indisponibilidad de los derechos y conciliación en las relaciones laborales », *Monográfico sobre Mediación y Arbitraje en los Conflictos Laborales en homenaje al Profesor Don Manuel Alonso Olea, Temas Laborales*, n° 70, 2003, p. 23-42

ROQUETA, REMEDIOS (1999), « La resolución extrajudicial de los conflictos laborales en el ámbito del deporte profesional », BORRAJO, EFRÉN (dir.), *Trabajo y libertades públicas*, La Ley, Madrid, p.179-197.

SALA, TOMÁS ; ALFONSO, CARLOS L. (1996), *Los procedimientos extrajudiciales de solución de los conflictos laborales establecidos en la negociación colectiva*, Tirant lo Blanch, Valencia, 341 p.

SALA, TOMÁS ; ALFONSO, CARLOS L. (2001), *Los Acuerdos estatal y autonómicos sobre solución extrajudicial de conflictos laborales. Análisis comparativo*, Consejo Económico y Social, Madrid, 131 p.

SESMA, BEGOÑA (2005), *La regulación normativa de los procedimientos autónomos para la solución de la conflictividad laboral. Un marco legal insatisfactorio*, Universidad de La Rioja, 146 p.

VALDÉS, FERNANDO (dir.) (2003), *Conciliación, mediación y arbitraje laboral en los países de la Unión Europea*, Ministerio de Trabajo y Asuntos Sociales, Madrid, 475 p.

VALDÉS, FERNANDO (2003), « Presentación », VALDÉS, FERNANDO (dir.) (2003), *Conciliación, mediación y arbitraje laboral en los países de la Unión Europea*, Ministerio de Trabajo y Asuntos Sociales, p. 23 - 27.

VALLE, JOSÉ MANUEL DEL ; RABANAL, PEDRO (2004), *Derecho de Seguridad Social. Parte general*, Ediciones Cinca, Madrid, 158 p.

Les procédures négociées de résolution des conflits collectifs en Espagne *

1. Le régime général des conflits collectifs en droit du travail

1.1. Terminologie

Dans le système espagnol des relations de travail, le phénomène des conflits collectifs est tout de suite associé à une réalité sociale bien connue et toujours présente dans l'action des partenaires sociaux. Du point de vue de la doctrine, on part du principe que le conflit social est latent dans la réalité quotidienne des relations sociales et, plus particulièrement et de manière plus accentuée, dans le cadre des relations de travail. Pour cette raison, la reconnaissance du conflit collectif en tant que réalité sociale est un préalable incontournable de n'importe quel système démocratique de relations de travail, et les pouvoirs publics ont pour mission non pas de le sanctionner, mais au contraire de l'admettre et, le cas échéant, de le codifier.

Du point de vue législatif, l'expression « conflit collectif » est régulièrement employée dans des textes de natures très diverses. Son utilisation est si naturelle, qu'aucun document ne juge utile de définir ou de délimiter le concept même de conflit collectif, puisqu'il semble évident et ne suscite aucun doute quant aux faits, situations ou comportements par lesquels il se traduit. En droit du travail espagnol on connaît seulement une procédure particulière appelée « procédure des conflits collectifs ». La réglementation, en délimitant le type de litiges pouvant être traités dans le cadre de cette procédure, définit indirectement ce qu'il faut entendre par « conflits collectifs ». L'une des conséquences de cette situation, c'est que certaines décisions de justice qui sont prises en appliquant et en interprétant cette procédure particulière sont, elles aussi, obligées de délimiter son champ

---

* Par JESÚS CRUZ VILLALÓN, Professeur de droit du travail et de la sécurité sociale à l'Université de Séville.

d'application, ce qui les oblige à s'engager dans une analyse très technique et précise, pour savoir si le litige en question constitue véritablement ou non un conflit collectif du travail. Néanmoins, cette procédure particulière, ainsi que son application jurisprudentielle, fait seulement référence à l'expression très concrète des conflits collectifs qui peuvent survenir dans le déroulement des relations de travail. En d'autres termes, on ne peut pas généraliser à partir d'un cas de figure particulier et, par conséquent, on ne devrait pas utiliser cette modalité procédurale particulière comme le moyen de définir la notion de « conflit collectif » dans la législation du travail.

La notion de conflit collectif fait référence à une réalité sociologique beaucoup plus large, soumise à la réglementation, mais sans qu'il soit généralement nécessaire de définir du point de vue juridique ce qui doit être compris par conflit collectif. Dans tous les cas, s'il fallait en donner une définition générale à quelqu'un ne connaissant pas le système espagnol, on pourrait dire que l'expression de « conflit collectif » fait référence à des situations très diverses et qu'elle est utilisée de manière générique, mais qu'elle ne prétend pas enfermer dans une définition limitative une réalité riche et complexe par sa diversité.

Si on devait trouver un dénominateur commun à toutes les formes de conflit collectif, on pourrait dire qu'il est constitué par l'apparition d'une divergence d'intérêts entre une communauté de travailleurs, dont l'action est menée par des représentants communs, et des employeurs ou leurs représentants. Ainsi, il convient de ne pas confondre le phénomène des conflits collectifs avec les institutions juridiques qui, dans ce domaine, sont chargées de reconnaître, de réglementer ou d'endiguer les conflits. Pour l'analyse juridique, on doit toutefois étudier ces institutions spécifiques, leur rôle dans les conflits collectifs et leurs effets.

De manière synthétique, on peut dire qu'il existe deux éléments pour définir le conflit collectif : un élément objectif et un élément subjectif. L'élément objectif se rapporte au fait d'attribuer le conflit collectif à un ensemble de travailleurs, ce qui permet de faire clairement la différence avec les litiges individuels. Parfois, notamment dans le cadre d'une procédure judiciaire, il est possible de constater une accumulation de litiges de nature individuelle qui, ensemble, finissent par former des conflits dits « pluriels ». Ces « conflits pluriels » s'entendent comme la somme simultanée de litiges individuels analogues, qui se traduisent par l'action concomitante de plusieurs salariés, sans que ceux-ci parviennent à la transformer en action collective. Dans tous les cas, il est évident que lorsque nous utilisons ces termes, nous nous trouvons quelquefois à la frontière entre les « conflits pluriels » et les conflits collectifs. C'est ici que l'élément subjectif a son importance, car il renseigne sur la forme d'extériorisation du conflit, de sorte que selon la manière dont une affaire est posée, elle peut avoir une portée strictement individuelle-« plurielle », ou au contraire avoir un caractère strictement collectif. Il va de soi que l'élément subjectif fait référence aux acteurs du conflit : d'un côté, ceux qui se présentent comme interlocuteurs de l'employeur ; de l'autre, l'employeur ou l'organisation patronale. Ainsi, ce qui caractérise aussi les conflits collectifs, c'est la représentation collective des travailleurs, qu'il s'agisse du syndicat, du comité d'entreprise ou de n'importe quelle autre représentation, plus ou moins formelle, des intérêts des travailleurs.

1.2. Les sources de réglementation des conflits collectifs

En dehors de la réglementation des procédures de résolution des conflits collectifs, les dispositions législatives et réglementaires ne sont pas très nombreuses. Le principe général régissant le conflit collectif est que l'*auto-tutelle* (ou principe de règlement non contentieux des différends) constitue une des bases de l'autonomie collective. C'est la raison pour laquelle la législation reconnaît, en suivant une ligne d'intervention minimale, la faculté pour les parties d'exercer des pressions mutuelles. Bien entendu, les principes essentiels d'un État de droit doivent être préservés, à savoir les principes de sécurité juridique, le maintien de l'ordre public, la préservation de l'exercice des droits fondamentaux de tiers et des libertés publiques, etc.

Du point de vue constitutionnel, on constate deux règles essentielles, en plus de la reconnaissance de la liberté syndicale. D'une part, la reconnaissance du droit de grève des salariés pour la défense de leurs intérêts, dans l'article 28.2 de la Constitution espagnole (CE), considéré comme un droit fondamental et une liberté publique, sous réserve que les pouvoirs publics garantissent le maintien des services essentiels à la collectivité. D'autre part, la reconnaissance, dans l'article 37.2 CE, du droit des travailleurs et des chefs d'entreprises d'adopter des mesures concernant les conflits collectifs, dans le cadre de la loi et sous réserve

Le règlement amiable des différends sociaux

des éventuelles limites de l'exercice de ce droit, y compris la garantie par les pouvoirs publics du maintien des services essentiels à la collectivité.

Dans le cadre de la législation ordinaire, la situation est particulière, car il existe un décret-loi royal qui prévoit l'exercice du droit de grève en même temps que le droit de fermeture de l'entreprise. Cette réglementation remonte à 1977, date importante dans la mesure où elle est antérieure à la rédaction et à l'entrée en vigueur de la Constitution espagnole de 1978. Cette date explique également que sa rédaction initiale ne soit pas suffisamment élaborée, au regard du modèle constitutionnel de liberté syndicale et de reconnaissance du droit de grève. La conséquence la plus importante est qu'il a fallu une intervention en profondeur de la jurisprudence, notamment du Tribunal constitutionnel, pour adapter cette réglementation pré-constitutionnelle aux critères constitutionnels propres à un État démocratique de droit, fondé sur le principe de l'autonomie collective des partenaires sociaux. Après l'entrée en vigueur de la Constitution, diverses tentatives sont intervenues pour élaborer de nouveaux textes, développant le texte constitutionnel, en conformité avec lui. Mais le consensus politique nécessaire ne s'est pas présenté. Le résultat est paradoxal : une réglementation provisoire qui dure indéfiniment et qui oblige à accompagner les dispositions législatives d'un important travail jurisprudentiel, allant souvent au-delà de la simple interprétation.

En dehors de cette situation, le gouvernement, dans le cadre de son mandat de garantie des services essentiels à la collectivité, a la possibilité d'instaurer un service minimum lors de certaines grèves. Même s'il ne découle pas de dispositions réglementaires, mais plutôt d'actes administratifs, le service minimum a une incidence importante sur la réglementation de la grève. C'est d'ailleurs l'une des questions les plus conflictuelles entre les organisations syndicales et les pouvoirs publics. Elle entraîne de fréquents recours contre les décisions gouvernementales. La définition du service minimum revient à l'autorité compétente, concernée par l'activité économique ou les services interrompus par la grève. Pour cette raison, ce n'est pas l'administration centrale de l'État qui est concernée. Ce sont les communautés autonomes qui assument cette tâche importante de détermination des limites de l'exercice du droit de grève, afin de maintenir les services essentiels à la collectivité.

Les procédures négociées de résolution des conflits collectifs en Espagne

Enfin, les conventions collectives ont une faible marge de réglementation du régime juridique des conflits collectifs, mis à part certains détails.

1.3. Principales règles applicables à la grève

La plupart des grèves se produisent lors de la négociation des conventions collectives. Elles sont en quelque sorte le résultat d'un blocage de la négociation. Cependant, il ne faut pas confondre cette réalité sociologique avec le régime juridique du droit de grève. En effet, le droit de grève est reconnu afin de protéger les intérêts professionnels des travailleurs, de sorte qu'il n'est pas conditionné à l'existence d'une négociation collective. Il n'existe pas de limitation de la grève en raison de son objet. Il n'existe pas de modèle contractuel du droit de grève et celle-ci peut se déclencher dans le contexte de n'importe quel conflit collectif de travail. Il existe bien entendu des interdictions vis-à-vis de certains appels à la grève très spécifiques, en raison de leur finalité. Notamment, sont interdits les trois types de grèves suivants : a) les grèves politiques qui visent à troubler l'ordre constitutionnel, à l'exception des grèves générales ou de pression sur les pouvoirs publics lorsque ces derniers prennent une décision ayant des répercussions dans le domaine des relations de travail ou de la protection sociale. b) les grèves de solidarité, tout en considérant comme licites les grèves concernant directement ou indirectement les intérêts corporatifs de ceux qui les provoquent ou les soutiennent. c) les grèves visant à remettre en cause, durant leur période de validité, les sentences arbitrales et les accords figurant dans les conventions collectives.

Il faut souligner, à propos de ce dernier cas de figure, que l'appel à la grève durant la période de validité d'une convention collective n'est pas interdit si celui-ci concerne un conflit collectif qui se situerait en marge des dispositions de la convention, ou si la grève n'a pas pour objectif délibéré de modifier les dispositions de cette convention collective. Ainsi, pour ne citer qu'un exemple parmi les plus courants, il peut arriver, dans le cadre d'un projet de restructuration d'une entreprise comportant des mesures de licenciement collectif, que le conflit entre les parties devienne plus aigu et débouche sur des grèves tout à fait licites, n'ayant aucun rapport avec les points négociés dans la convention collective en vigueur. Cette question est très étroitement liée au fait que le droit d'appeler à la grève n'est pas seulement reconnu au syndicat, mais l'est aussi au comité d'entreprise. On peut d'ailleurs constater dans la pratique un lien direct entre les processus de consultation des comités d'entreprise et le déclenchement des grèves.

Ainsi, le droit d'appeler à la grève et, plus généralement, de conduire la grève, est reconnu indistinctement aux syndicats, aux comités d'entreprise et aux assemblées générales des travailleurs. Ils peuvent tous appeler à la grève de leur propre chef, désigner les membres du comité de grève et assumer le rôle d'interlocuteur pour le déroulement de la grève. Le comité de grève détient les pouvoirs de gestion de la grève et fait office d'interlocuteur avec les représentants de l'employeur, afin de résoudre le conflit. Cependant, dans la pratique et dans l'immense majorité des cas, ce sont les organisations syndicales qui assument ce rôle et qui, de ce fait, jouent un rôle privilégié dans la conduite des grèves. Il est évident que dans le cas des grèves sectorielles touchant plusieurs entreprises, les organisations syndicales détiennent le monopole de la conduite des grèves. Par conséquent, la faculté d'appeler à la grève, qui est reconnue également au comité d'entreprise et à l'assemblée générale des travailleurs, se limite au cadre de l'entreprise. Toutefois, même dans le cas des grèves d'entreprise initiées par les comités d'entreprise, il ne faut pas oublier que ces comités d'entreprise sont très syndicalisés. Leurs membres ont souvent des liens étroits avec des organisations syndicales et, de ce fait, les syndicats finissent par jouer un rôle décisif.

Le système espagnol réglemente de manière très précise la détermination du syndicat le plus représentatif. Il confère certains pouvoirs exclusifs d'action syndicale aux organisations syndicales ayant une réelle représentativité dans le secteur d'activité concerné et, à l'inverse, prive de ces mêmes pouvoirs les autres organisations syndicales. Mais en ce qui concerne le déclenchement et la conduite de la grève, la détermination du syndicat le plus représentatif n'entre pas en jeu du point de vue juridique, dans le sens où n'importe quel syndicat, représentatif ou non, dispose de la faculté d'appeler à la grève. En fin de compte, ce qui est déterminant dans ce cas, c'est l'implantation effective du syndicat et la probabilité réelle que l'appel à la grève soit suivi ou non par les travailleurs appelés à y participer.

L'appel à la grève implique un appel général aux travailleurs, en vue de les voir cesser leur activité de production. Il repose sur le principe de la liberté du travail qui permet à chaque travailleur de décider volontairement de cesser ou non de travailler pendant la durée de la grève. Dans le cas où le travailleur décide de suivre la grève et, pour ce faire, s'absente de son travail, la loi prévoit que le contrat de travail est suspendu. Cette suspension dispense les parties des obligations de base découlant du contrat. D'un côté, le travailleur cesse d'exécuter ses tâches sans que l'employeur puisse le sanctionner et, de l'autre, l'employeur cesse de verser le salaire durant cette même période. Le travailleur se trouve alors dans une situation particulière vis-à-vis de la sécurité sociale, car durant cette période, celle-ci interrompt l'appel des cotisations dues par l'entreprise et par le travailleur. Sur le plan salarial, on applique le principe de proportionnalité, à savoir que la perte de rémunération doit être strictement proportionnelle au temps de l'interruption de l'activité. Sauf dans de rares exceptions, les organisations syndicales ne disposent pas de fonds leur permettant de fournir une aide économique aux grévistes en compensation de la perte de salaire. Ainsi, c'est généralement le gréviste qui assume lui-même la perte de rémunération découlant de la grève. Cela explique pourquoi les grèves sont généralement de très courte durée, ou revêtent des modalités particulières qui réduisent la perte de salaire, modalités qui sont qualifiées d'abusives et par conséquent, illégales : grèves du zèle, grèves tournantes, grèves limitées aux services stratégiques ou aux zones d'étranglement, etc.

Faisant exception au droit du travailleur de s'abstenir de travailler durant la grève, il existe cependant des cas particuliers dans lesquels les travailleurs sont obligés d'exécuter leurs tâches pendant la durée de la grève. Le premier cas concerne l'instauration d'un service minimum par l'autorité gouvernementale, afin de garantir le maintien des services essentiels à la collectivité et par là même, de permettre aux autres citoyens de jouir des droits et des intérêts protégés par la Constitution. Le deuxième concerne l'instauration conjointe, par l'entreprise et le comité de grève, du maintien des services nécessaires à la sécurité des personnes et des biens, à la maintenance des locaux et des machines, des matières premières et de tout ce qui peut être utile à la reprise de l'activité, une fois la grève terminée.

1.4. L'exercice du droit de *lock-out*

L'interruption de l'activité de production décidée unilatéralement par l'employeur dans le cadre d'un conflit collectif et, par conséquent, utilisée comme instrument supplémentaire de pression sur les travailleurs, est réglementée et réservée à des cas très restreints. Dans la pratique, les conflits aboutissant à la fermeture de l'entreprise par décision patronale sont très exceptionnels. Les entreprises ont plutôt intérêt à maintenir l'activité et à entretenir de bonnes relations avec les salariés non grévistes. De plus, les grèves se déroulent généralement dans des conditions qui ne justifient pas la fermeture de l'entreprise. Bien que la réglementation du *lock-out* figure dans le décret-loi royal de 1977, dans la pratique elle est essentiellement le résultat de travaux d'interprétation menés par le Tribunal constitutionnel.

La limitation du pouvoir du chef d'entreprise de fermer son entreprise découle de la reconnaissance du droit de grève par la Constitution comme un droit fondamental et une liberté publique. Sont donc illégales toutes les mesures patronales visant à faire obstacle ou à réduire l'effet de la pression inhérente à toute grève. En se fondant sur ce principe, le Tribunal constitutionnel a refusé d'introduire dans le modèle espagnol la thèse allemande de l'égalité des armes dans la lutte opposant les parties dans un conflit collectif. C'est également le Tribunal constitutionnel qui, en institutionnalisant des thèses empruntées à la doctrine française, a considéré le *lock-out* comme une mesure fondée sur l'attribution au chef d'entreprise d'un pouvoir de police garant de l'ordre public. Par conséquent, est licite la fermeture de l'entreprise pour chômage technique, considéré comme un arrêt total de l'activité dû à l'impossibilité de poursuivre celle-ci. De même, la fermeture est considérée comme licite lorsque la grève revêt une « modalité disproportionnée », c'est-à-dire lorsque les dommages économiques causés à l'entreprise seraient plus grands encore si l'employeur fournissait du travail aux non grévistes. Concrètement, la réglementation espagnole considère comme licite la fermeture de l'entreprise dans trois cas de figure : a) l'existence d'un risque certain de violence aux personnes ou de grave dommage aux biens ; b) une occupation illégale du lieu de travail ou de ses dépendances, ou le danger manifeste que cette occupation entraîne des risques équivalents à ceux cités au point précédent ; c) un nombre important d'absents ou des irrégularités dans le travail, qui empêchent gravement le processus normal de production.

Les procédures négociées de résolution des conflits collectifs en Espagne

2. Le cadre réglementaire des procédures de résolution des conflits

2.1. Sources de réglementation des procédures de résolution

La législation nationale espagnole ne possède pas de texte législatif qui, de manière globale et systématique, réglementerait tous les aspects des procédures autonomes ou négociées de résolution des différends sociaux, et notamment des conflits collectifs. Seules des dispositions isolées, éparpillées et décousues, figurant dans les divers textes, donnent ici et là des réponses aux principales questions du développement et des effets de ces procédures. L'essentiel de la réglementation actuelle résulte d'une réforme législative de 1994, et on peut dire que dans l'ensemble, il s'agit d'une réglementation ayant un niveau minimum de cohérence et ne présentant pas de contradictions particulières.

Les procédures de conciliation, de médiation et d'arbitrage, dans le cas de désaccords collectifs concrets entre les parties, sont prévues par différentes dispositions du Statut des travailleurs, notamment dans sa partie réglementaire relative à la négociation collective. Par ailleurs, le décret-loi royal de 1997 réglementant la grève et le lock-out, traite en partie de la procédure de médiation et d'arbitrage dans le cadre d'un conflit collectif. De même, la loi relative à la procédure en droit du travail (*Ley procesal laboral*) prévoit des règles applicables aux procédures négociées, notamment en ce qui concerne la distinction entre la solution négociée et l'intervention judiciaire, concomitante ou postérieure, avec une attention particulière portée à l'efficacité juridique des solutions obtenues par des procédures négociées et qui par la suite peuvent faire l'objet d'un contrôle judiciaire.

Dans tous les cas, le régime le plus complet, fini et systématisé de ces procédures négociées de résolution des conflits collectifs, existe dans notre système par le biais des Accords interprofessionnels signés entre les organisations syndicales et patronales les plus représentatives de chaque secteur. D'une part, il existe un accord de niveau national pour la résolution des conflits collectifs ayant cette portée territoriale ou géographique : il s'agit de l'accord sur la résolution non juridictionnelle des conflits du travail (*Acuerdo sobre solución extrajudicial de conflictos laborales* - ASEC). D'autre part, au niveau de chaque communauté autonome, des accords interprofessionnels ont été signés parallèlement par les organisations syndicales et patronales, afin d'établir des procédures autonomes de résolution des conflits collectifs lorsque ceux-ci ne dépassent pas le territoire de la communauté autonome ; il existe en tout 17 accords interprofessionnels de cet ordre. Même si du point de vue formel, ces 17 accords, auquel s'ajoute l'accord national, sont tous autonomes et indépendants, l'analyse de leurs contenus fait ressortir des ressemblances notables, de sorte qu'il y a plus de facteurs communs dans les principes de fonctionnement des procédures négociées que de différences. Ces différences se retrouvent davantage au niveau de la gestion institutionnelle que du déroulement des procédures elles-mêmes.

En règle générale, l'ensemble des dispositions évoquées dans le cadre des relations de travail, qu'elles soient du ressort de l'État ou de conventions, visent à offrir un cadre arrêté et complet, fixant pleinement le régime juridique de ces procédures négociées de résolution des conflits. Le schéma réglementaire est fondé sur une relation de complémentarité parfaite entre la réglementation d'État et les conventions collectives : la réglementation d'État établit les bases incontournables, en partant du principe que celles-ci sont ensuite complétées par les accords interprofessionnels. À l'inverse, la loi indique formellement que les règles de droit commun ne peuvent pas être appliquées à ces systèmes de négociation, dans le cadre des relations de travail. Concrètement, la réglementation de droit commun la plus significative, la loi d'arbitrage (*ley de Arbitraje)* exclut expressément de son champ d'application les arbitrages sociaux.

Dans ses lignes générales, la législation du travail est de ce point de vue presque autosuffisante, car les questions qu'elle peut soulever sont soit expressément résolues par la réglementation spécifique applicable, soit peuvent être déduites d'une interprétation. Néanmoins, on ne peut pas pour autant ignorer le fait que la législation constitue un tout, régi par des principes communs, cette situation ayant une incidence sur les relations entre les solutions obtenues par les accords et l'intervention judiciaire éventuelle. Ainsi, on peut également affirmer que les principes généraux qui inspirent ces procédures négociées ne se démarquent pas des principes communs à n'importe quelle autre procédure de médiation ou d'arbitrage dans le cadre du droit privé. Pour cette raison, on peut affirmer que la prise en compte de ces principes communs est souvent très utile dans le déroulement de ces procédures, lorsqu'il s'agit de combler des lacunes dans cette réglementation du travail « *ad hoc* ».

Les procédures négociées de résolution des conflits collectifs en Espagne

La vertu principale de ce système est que la réglementation se limite à l'incontournable et de ce fait, s'appuie sur un principe d'interventionnisme minimum, laissant aux partenaires sociaux le soin, non seulement de l'institution des procédures de résolution négociée des conflits collectifs, mais également celui de la fixation d'un cadre général de fonctionnement. Cela signifie que ce sont les partenaires sociaux eux-mêmes qui établissent les règles du jeu de ces procédures négociées. Parallèlement, ce mécanisme de mise en œuvre a pour effet positif de faire directement appel à l'implication des grandes organisations syndicales et patronales dans le lancement et le développement des procédures de négociation. Il entraîne indirectement, au sein des organisations, tout un travail interne visant à convaincre leurs propres structures de base du bien fondé et des vertus du recours à ces mécanismes de résolution amiable. Dans le cas précis de l'accord national interprofessionnel, sa mise en œuvre est encouragée par la règle selon laquelle l'application de ces procédures aux divers secteurs de production et aux entreprises n'est pas automatique, mais nécessite au contraire l'adhésion, par l'intermédiaire d'une convention ou d'un accord collectif explicite, au contenu de l'accord national.

Du côté des raisons qui ont conduit les partenaires sociaux à lancer ces procédures, elles sont très diverses et sont d'ordre matériel ou d'ordre formel. Ce qui semble évident, c'est que lorsque dans le cadre des accords interprofessionnels les parties qualifient les procédures de résolution d'« extrajudiciaires », cela laisse entrevoir une perception négative de leur part de ce qu'elles considèrent comme un interventionnisme excessif du judiciaire dans les différends sociaux, et plus particulièrement dans les conflits collectifs. Ainsi, la raison principale de cette situation s'explique par la perception négative et par la volonté de réduire ce que l'on qualifie traditionnellement de recours excessif au « judiciaire » dans les conflits collectifs de travail. En d'autres termes, on cherche à promouvoir des voies de résolution privilégiées par rapport à la voie judiciaire, permettant de résoudre à l'avance le conflit entre les parties et évitant ainsi l'intervention publique et unilatérale du juge du travail.

Mais ce ne sont pas uniquement des raisons visant à compenser les carences ou les défaillances du système judiciaire qui ont motivé ces procédures. Il existe également des raisons plus positives. En effet, on a cherché à renforcer et à compléter le système institutionnel découlant de la reconnaissance de la liberté syndicale et, par la même occasion, de l'autonomie collective. C'est pour cette raison qu'une grande partie de la doctrine a préféré qualifier ces procédures d'« autonomes », évitant le qualificatif d'« extrajudiciaires ». Le but visé est de renforcer le rôle des partenaires sociaux dans la résolution des conflits sociaux. Les organisations syndicales et les entreprises assument ainsi des niveaux de responsabilité plus élevés et disposent d'outils plus efficaces pour surmonter les divergences d'intérêts, toujours présentes entre elles.

Enfin, il faut garder à l'esprit que, dans un système démocratique, les pouvoirs publics cherchent constamment à pacifier les relations de travail, non par l'intermédiaire de solutions imposées, mais par l'ouverture permanente du dialogue social. Dans ce cadre, l'administration du travail s'est également montrée très intéressée par les outils de résolution des conflits collectifs. Aussi, bien que n'étant pas l'une des parties officielles aux accords, l'administration publique a souvent agi en coulisse des négociations, incitant les parties à mettre en œuvre des procédures de solution négociée. Elle a pour cela non seulement proposé son soutien politique, mais aussi mis à la disposition des parties les moyens techniques et économiques utiles à rendre viable le fonctionnement pratique de ces procédures de négociation.

Pour finir de dresser le tableau de l'ensemble de l'appareil réglementaire, tant au niveau de la réglementation nationale que des conventions aujourd'hui en vigueur, il convient de dire que le système répond à une philosophie générale d'encouragement et de promotion de la médiation et de l'arbitrage dans la résolution des conflits collectifs. L'énoncé des motifs de ces dispositions, ainsi que leur contenu, montrent que celles-ci visent avant tout à privilégier la solution négociée, notamment par l'intermédiaire de la médiation, laquelle constitue une alternative à la solution judiciaire ou à d'autres mesures plus préjudiciables et plus traditionnelles de pression sociale. En résumé, l'objectif des textes en question est de favoriser une culture de la négociation et de devenir une source d'inspiration pour la législation en la matière.

Il est vrai que cette culture de la négociation s'est progressivement consolidée dans le système des relations de travail en Espagne, depuis l'implantation du modèle démocratique, de même que les techniques de médiation et d'arbitrage se sont renforcées ces dernières années depuis la mise en œuvre des accords interprofessionnels régulant ces procédures.

Les procédures négociées de résolution des conflits collectifs en Espagne

Néanmoins, les résultats escomptés par les promoteurs de ces techniques de négociation n'ont pas toujours été atteints, car certaines pratiques du passé sont encore fortement ancrées parmi les partenaires sociaux. Pour cette raison, dans la pratique, la culture de la négociation souffre encore d'importantes carences et insuffisances.

En effet, il ne faut pas oublier que l'Espagne hérite d'un système historique de relations de travail, dans lequel les pouvoirs publics jouaient un rôle très important, contrôlant d'une manière non négligeable l'évolution des relations de travail. En particulier, l'administration publique a toujours joué dans ce système un rôle très marqué de tutelle et de surveillance de l'action des partenaires sociaux. Cette situation a parallèlement conduit à la persistance d'une culture selon laquelle, en cas de blocage des conflits entre les partenaires sociaux, ceux-ci ont recours, de leur propre initiative ou sur une recommandation de tiers, à l'Administration du travail qui joue dans ce cas un rôle déterminant. Le rôle de l'Administration ne consiste alors certes pas à imposer sa solution, dans la mesure où elle ne dispose pas du pouvoir (juridique) de résoudre le conflit. Toutefois, la marge d'influence (politique) des autorités du travail demeure très forte, si bien que même si la solution est toujours négociée, elle subit une grande distorsion du fait de l'intervention des pouvoirs publics. Il va de soi que, dans de telles hypothèses, les formules de médiation et d'arbitrage prévues par les accords interprofessionnels ne sont plus utilisées.

2.2. L'étendue de l'application des procédures négociées

Malgré leur courte existence et leur récente entrée en vigueur, on peut dire que les accords interprofessionnels de résolution des conflits collectifs mentionnés ci-dessus ont bénéficié d'une large acceptation parmi les partenaires sociaux. Ainsi, l'utilisation de ces procédures est très fréquente. Les parties y ont recours lorsqu'elles sont face à un blocage, ou ne parviennent pas à sortir de manière satisfaisante du conflit collectif. De même, le taux de résolution au moyen de ces procédures est assez élevé, du moins lorsqu'on le compare au passé.

Il faut néanmoins apporter deux nuances à cette affirmation. En premier lieu, ces accords interprofessionnels prévoient généralement deux types de procédures : la médiation et l'arbitrage. Or, bien que la médiation soit largement répandue dans les procédures, le recours à l'arbitrage pour la résolution des conflits collectifs rencontre une plus forte résistance.

Le règlement amiable des différends sociaux

Même si le système d'arbitrage dans les conflits collectifs de travail n'est pas inconnu, il reste relativement marginal, tant au niveau du nombre de compromis d'arbitrage conclus entre les partenaires sociaux, qu'au niveau de l'importance des affaires que les parties décident de soumettre à l'arbitrage.

En deuxième lieu, on constate que dans le modèle espagnol, il tend à se dégager une nette différence entre, d'un côté, les conflits collectifs « juridiques », ou « d'interprétation » et, de l'autre, les conflits collectifs « d'intérêts ». Or, le succès des accords de procédures de médiation négociées entre les parties est plus élevé lorsque ceux-ci concernent les conflits d'intérêts. À l'inverse, l'échec est plus frappant lorsqu'il s'agit de conflits « juridiques » ou « d'interprétation ». Ceci s'explique, à notre avis, par le fait que la médiation dans les litiges continue d'être perçue par les partenaires sociaux comme une simple démarche préalable à l'intervention judiciaire. Ainsi, dans ces conflits, les représentants collectifs des travailleurs et des patrons continuent à préférer que la solution vienne du juge, au lieu d'être eux-mêmes les acteurs de la solution négociée et en fin de compte, être directement responsables du résultat.

Quant aux types de conflits collectifs pouvant être soumis à ces procédures de médiation et d'arbitrage, les accords interprofessionnels prévoient généralement une liste de conflits éligibles. Bien que la liste soit courte et formellement limitative en ce qui concerne le nombre des cas de figure, elle est suffisamment importante pour pouvoir affirmer que la plupart des conflits collectifs de travail qui surviennent habituellement dans les relations de travail peuvent être canalisés par l'intermédiaire de ces procédures. Presque tous les types d'accords interprofessionnels disposent de listes analogues et les cas cités dans l'accord national peuvent à eux seuls servir à illustrer l'ensemble des conflits potentiels prévus par ces accords interprofessionnels.

Concrètement, les conflits susceptibles d'être soumis aux procédures de médiation et d'arbitrage sont les suivants : a) conflits collectifs d'interprétation et d'application, d'une réglementation nationale et convention collective, ou d'une pratique ou décision patronale ; b) les conflits survenus durant la négociation d'une convention collective ou d'un accord collectif, assortis du blocage de la négociation en cours ; c) les conflits aboutissant à l'appel à la grève ou suscités par la détermination des services de sécurité et de maintenance en cas de grève ; d) les conflits découlant de désaccords survenus dans la période de consultation des représentants des travailleurs, dans le cadre d'un projet de restructuration d'entreprise comportant des licenciements, des mises à pied ou des modifications substantielles des conditions de travail ; e) les différends collectifs pouvant surgir lors de l'application et l'interprétation d'une convention collective.

2.3. Le domaine des conflits faisant l'objet des procédures et démarches préalables

En ce qui concerne l'ampleur des conflits, les accords interprofessionnels n'établissent pas de différence de principe. Ils couvrent autant les conflits relatifs à une seule entreprise que ceux de nature sectorielle. La portée territoriale du conflit est également indifférente. Cela dit, concernant la portée géographique, il faut rappeler qu'en fonction de leur extension ou non au-delà du territoire de la communauté autonome, les conflits sont traités selon les règles prévues par les accords interprofessionnels de l'une ou l'autre des communautés.

En présence de conflits collectifs relatifs à l'interprétation ou l'application d'une convention collective, il est obligatoire que toutes les conventions incluent dans leurs clauses l'institution d'une commission paritaire disposant des compétences de suivi et d'application de la convention collective durant leur période de validité. Ainsi, les accords interprofessionnels sont utiles dans ce type de conflits d'interprétation de la convention, car ils exigent comme démarche préalable à la soumission des procédures de médiation et d'arbitrage, que les parties soumettent le différend à la commission paritaire, afin de tenter une solution directe de la part des représentants des négociateurs (syndicats et patrons), rendant de ce fait l'intervention de médiateurs ou d'arbitres inutile.

Ainsi, en cas de conflits collectifs découlant de l'interprétation et de l'application d'une convention collective dans le cadre de l'entreprise, l'institution de la commission paritaire peut jouer un rôle fondamental. Dans cette hypothèse, l'efficacité du travail de la commission paritaire est importante, pour deux raisons : d'abord, parce que ses membres sont souvent ceux qui ont négocié la convention ; ensuite, parce que leur proximité par rapport aux problèmes de l'entreprise leur permet d'aborder les conflits collectifs avec une meilleure connaissance de leurs causes.

Par ailleurs, en ce qui concerne les conflits découlant d'une négociation collective en cours, et notamment, du blocage de cette négociation, il convient de rappeler que la réglementation prévoit également la possibilité pour les parties de désigner un président chargé d'organiser le débat et de mener la négociation. Même si la désignation d'un président est possible pour la négociation de n'importe quelle convention collective, dans la pratique celui-ci est surtout désigné dans le cadre de la négociation d'une convention d'entreprise. Il est intéressant de souligner qu'indépendamment des fonctions et compétences que leur attribuent la loi et les parties, dans le déroulement de nombreuses négociations, ces présidents assument des tâches de médiation. Le mécanisme de médiation suit une logique comparable à ce qui est habituel dans ces procédures de résolution de conflits collectifs, où l'intervention d'un tiers permet des possibilités de rapprochement des positions des parties en présence.

En dehors de ces exemples concrets, rares sont les expériences d'implantation institutionnalisée de mécanismes de résolution interne de différends collectifs au sein des entreprises. On peut simplement indiquer que dans certaines grandes entreprises, notamment des entreprises publiques ou plus ou moins contrôlées par l'administration publique, on a pu constater quelques tentatives de résolution de conflits collectifs. Néanmoins, la période d'expérience la plus riche en ce sens, qui remonte aux débuts des années quatre-vingt, a progressivement disparu en raison, entre autres, du puissant processus de privatisation de ce type d'entreprises. Parallèlement au dépérissement progressif ou à la perte de valeur de ces procédures internes autrefois appliquées dans les grandes entreprises, l'utilisation des procédures de médiation et d'arbitrage s'est généralisée *via* les accords interprofessionnels que nous évoquions.

2.4. Typologie des procédures de résolution les plus fréquentes

La doctrine, comme les partenaires sociaux, reconnaît l'existence de trois types de procédures distinctes : la conciliation, la médiation et l'arbitrage. La différence entre la conciliation et la médiation est nette du point de vue théorique, alors que dans la pratique cette différence se dilue progressivement. En d'autres termes, la différence la plus importante est celle qui s'installe de plus en plus entre l'arbitrage et les autres procédures, qu'il s'agisse de la médiation ou de la conciliation. C'est pour cela que les accords interprofessionnels tendent à ne tenir compte que de deux procédures extrajudiciaires de résolution des conflits collectifs. Indépendamment des noms attribués par les divers textes conventionnels, dans le fond le sens demeure le même. D'un côté, une procédure de médiation par le biais d'un tiers ayant le pouvoir de coordination dans le déroulement de la procédure de négociation, et ayant la faculté de faire des propositions concrètes pour suppléer à la difficulté des parties à faire des contre-propositions, mais sans que ce médiateur ait le pouvoir de régler le différend et de trancher. De l'autre côté, une procédure d'arbitrage avec les caractéristiques inhérentes à ce mécanisme, à savoir l'obtention par les parties en conflit d'un compromis d'arbitrage, au travers duquel les parties délimitent l'objet de leur désaccord, désignent un tiers en tant qu'arbitre et surtout, attribuent à cet arbitre le pouvoir de résoudre le différend par la solution qui lui paraîtra la plus appropriée, en prononçant une sentence arbitrale.

3. Les rapports entre le processus judiciaire et la négociation

Entre le processus judiciaire et les procédures de résolution négociée des conflits collectifs, on constate des relations, des situations de concurrence, de complémentarité et, quelquefois, de contradiction. Cette question étant fondamentale, les relations entre les deux formules sont précisées dans le détail par la législation nationale, notamment en matière de droit du travail.

Ainsi, la première différence à établir est la distinction habituelle entre conflits « juridiques » et conflits « d'intérêts ». En effet, l'activité juridique, centrée sur la résolution de litiges par l'application de la réglementation à un cas concret, doit se limiter aux conflits « juridiques » : elle n'est pas compétente pour traiter d'éventuels conflits d'intérêts.

En ce qui concerne les conflits « juridiques », ils peuvent donc être résolus par le juge du travail ou par l'intermédiaire des procédures négociées. Il s'agit donc de modes alternatifs de résolution des conflits collectifs d'interprétation. A priori, les parties en conflit sont libres de résoudre leurs désaccords par le moyen de leur choix. Cependant, la législation en matière de travail s'efforce d'encourager la solution négociée, tout en essayant de limiter le recours à l'autorité judiciaire. Pour parvenir à cet objectif, la règle principale est que préalablement au recours judiciaire, les parties doivent soumettre leur désaccord à une procédure de conciliation ou de médiation, de sorte que le juge ne peut être saisi, tant que les parties n'ont tenté aucun arrangement par l'une ou l'autre de ces procédures. Bien entendu, il n'y a que l'application de la procédure de médiation ou de conciliation qui soit obligatoire. On oblige les parties à tenter un rapprochement de leurs positions par l'intermédiaire de ces procédures négociées, mais elles restent toujours libres de se soumettre à la procédure négociée à titre de simple démarche préalable à la plainte judiciaire.

Ainsi, une fois que l'absence d'accord entre les parties est constatée, le recours au juge du travail est libre. En cas d'échec de la solution négociée, les parties sont pleinement libres de recourir à la voie judiciaire, d'y présenter toutes leurs demandes, sans que celles-ci soient conditionnées par les faits survenus durant la phase précédente de tentative de médiation. En particulier, les éventuelles transactions proposées par l'une des parties en vue d'obtenir un accord lors de la médiation et les droits implicites de l'autre partie, n'obligent pas les parties à les maintenir dans la phase suivante, devant le juge. Ainsi, les éléments acceptés dans la première phase ne peuvent pas influencer la procédure judiciaire. Cela vise précisément à encourager le rapprochement des positions et la réussite de la solution négociée qui, si elle échoue, ne pourra pas « contaminer » l'éventuel débat judiciaire. Une fois le dossier de procédure déposé et la demande correspondante dûment présentée, le juge est de son côté tenu de lancer la procédure judiciaire et de rendre sa décision. Cette obligation découle d'impératifs constitutionnels, dans la mesure où la Constitution espagnole fait du droit d'accès aux tribunaux une priorité. Dans tous les cas, tout dépend de l'état d'esprit des parties vis-à-vis de la procédure négociée en tant que préalable à la voie judiciaire, et aussi de l'habileté et de la capacité de rapprochement du tiers intervenant.

Par ailleurs, au sein du processus de travail et dans le cadre d'une deuxième tentative de conciliation, on prévoit également la présence judiciaire, de sorte que c'est le juge du travail qui essaie d'obtenir un accord volontaire entre les parties, afin d'éviter une décision unilatérale. Mais il faut souligner que cette conciliation, qui a lieu dans le cadre d'une procédure judiciaire n'est pas expressément prévue dans le cas des conflits collectifs. D'ailleurs, rares sont les réussites de cette deuxième tentative d'accord entre les parties. Lorsque celles-ci aboutissent à un accord, elles y parviennent dans la phase précédant la procédure judiciaire, c'est-à-dire lors de la première tentative de médiation ou de conciliation et avant que soit formée la demande en justice.

Les remarques ci-dessus concernent exclusivement les procédures de médiation ou de conciliation, l'arbitrage étant régi tout à fait différemment. En effet, la procédure arbitrale se substitue complètement à la solution judiciaire, dans la mesure où la sentence arbitrale résout le différend et interdit toute possibilité de recours ultérieur par la voie judiciaire. Pour cette raison, la procédure d'arbitrage est fondée sur le strict principe de la démarche volontaire et n'est possible qu'à la suite d'un compromis d'arbitrage, par lequel les parties décident de se soumettre à la décision de l'arbitre. Cela emporte renonciation au recours judiciaire, ce qui explique que cette procédure doit être volontaire. À l'inverse, ni la loi ni aucune juridiction ne peuvent obliger les parties à se soumettre à une procédure d'arbitrage.

Toutefois, il existe un cas très particulier de litige, pour lequel la législation espagnole prévoit l'obligation de soumettre la question un arbitre. Il s'agit des affaires relatives à des conflits intersyndicaux dans le cadre des élections aux comités d'entreprise. La législation du travail établit un régime très précis de déroulement de la procédure électorale de désignation des représentants des travailleurs dans l'entreprise, avec des garanties importantes, visant à régir la concurrence entre les diverses candidatures syndicales. En effet, la réglementation prévoit que les réclamations fondées sur des irrégularités dans le processus électoral sont soumises obligatoirement à un arbitre, sans que la conclusion préalable d'un compromis d'arbitrage entre les parties soit nécessaire. Que les personnes concernées le veuillent ou non, elles doivent obligatoirement faire appel à ce système unique d'arbitrage. Afin de concilier cette règle avec le droit d'agir en justice, il est possible de contester la sentence arbitrale devant le juge. Ce contrôle judiciaire est exhaustif, c'est-à-dire qu'il portera aussi bien, en ce qui concerne la forme, sur le déroulement de la procédure arbitrale, que sur des questions de fond quant au contenu de la décision et sa conformité au droit. Aujourd'hui, tout le monde en Espagne accepte cette formule d'arbitrage obligatoire, qui au terme de dix ans d'expérience a produit un résultat très positif. Cette formule est acceptée par tous les intéressés et rares sont les litiges qui s'ensuivent.

Le règlement amiable des différends sociaux

En ce qui concerne les conflits « d'intérêts », la question du choix entre la formule négociée et la formule judiciaire ne se pose pas. Les juges exercent une activité juridictionnelle et de ce fait, ne peuvent pas intervenir dans les conflits d'intérêts. C'est pour cette raison que dans ces conflits, il y a moins d'interférences entre ce qui relève du judiciaire et ce qui peut être résolu par la médiation ou l'arbitrage. En d'autres termes, en cas de blocage de la négociation d'une convention collective, les parties ne peuvent pas faire appel au juge du travail pour que celui-ci résolve leur désaccord. Elles devront chercher la solution directement par elles-mêmes ou par l'intervention d'un tiers, par des procédures de négociation, qui par définition devront être volontaires. L'intervention du juge peut venir *a posteriori*, après avoir trouvé une solution *via* les procédures de négociation. Il convient de retenir deux cas de figure, qui s'appliquent également à la résolution des conflits collectifs « juridiques ».

En premier lieu, il se peut que la solution dégagée par la médiation ou par la sentence arbitrale ne soit pas respectée par l'une des parties. Cette situation soulève des questions d'efficacité juridique et de recours judiciaire, sujets que nous n'aborderons pas ici, dans la mesure où ils seront traités plus loin.

En second lieu, il se peut que l'une des parties conteste la régularité du déroulement de la procédure de négociation, ce qui peut remettre en cause la force obligatoire ou la validité de l'accord ou la sentence arbitrale, et qui peut déboucher sur une contestation judiciaire. Comme l'exigent les principes fondamentaux de tout État de droit, aucun domaine concerné par l'intervention juridique ne peut échapper au contrôle judiciaire ; ce qui implique la reconnaissance du fait que la contestation judiciaire est toujours possible. Bien entendu, le contrôle judiciaire de n'importe quelle procédure de médiation ou d'arbitrage doit être centré sur le respect des garanties de procédure ; la capacité de contrôle par le juge de la solution de fond est plus limitée. En particulier en ce qui concerne les conflits d'intérêts, le contrôle judiciaire doit nécessairement se restreindre aux garanties de procédure, sans aller jusqu'à l'analyse du contenu proprement dit de l'accord, étant donné que celui-ci est fondé sur des critères d'opportunité, ou d'équité, et n'est donc pas révisable judiciairement. On peut même affirmer que dans les conflits juridiques, la capacité de révision du fond par le juge reste bien limitée. Si c'est un accord qui est intervenu, la solution est le résultat de la volonté libre des parties, et s'il s'agit d'une sentence arbitrale, les parties ont également participé volontairement et choisi de déléguer le règlement du différend à un tiers qui est l'arbitre, en s'engageant par avance à se soumettre à sa décision. Ce n'est donc que dans le cas particulier de l'arbitrage obligatoire en matière électorale, que la révision judiciaire peut réellement porter sur le contenu de la sentence arbitrale.

4. Les rapports entre l'administration du travail et la négociation

Comme il a été évoqué ci-dessus, dans le système espagnol des relations du travail, il existe une tradition de fort interventionnisme administratif, notamment en ce qui concerne les conflits collectifs. Le développement du modèle démocratique s'est accompagné du repli progressif de cet interventionnisme administratif si fortement ancré. Du point de vue technique, c'est avant tout le principe de la démarche volontaire inspirant les procédures négociées qui a limité clairement les possibilités d'ingérence de l'administration du travail dans ce domaine. En ce sens, le principe de la démarche volontaire suppose que la mise en œuvre et le déroulement des procédures négociées dépendent de la libre décision des parties au conflit, représentants collectifs des travailleurs et des patrons. À l'inverse, l'administration du travail ne peut pas imposer aux partenaires sociaux de soumettre un conflit à une procédure de médiation ou d'arbitrage : ces procédures ont lieu seulement sur initiative des partenaires sociaux. L'exemple le plus éloquent réside dans le fait que la législation pré-constitutionnelle de 1977, régulant le droit de grève et la procédure unique de conflit collectif, prévoyait le traitement de certains conflits par-devant l'autorité publique, et si ces conflits ne se résolvaient pas par le libre accord entre les partenaires sociaux, ils devaient donner lieu à une solution imposée par l'administration *via* un « arbitrage » rendu par cette même autorité. Ce système d'« arbitrage » imposé par l'administration du travail a été déclaré inconstitutionnel par un arrêt très connu du Tribunal constitutionnel, rendu en 1981. À partir de ce moment-là, le pouvoir d'imposer la procédure arbitrale et la solution administrative a disparu.

Malgré cette règle, la réglementation du droit de grève prévoit un cas très particulier, qui doit être pris comme une exception à la règle. On reconnaît à l'autorité gouvernementale le pouvoir de décider de soumettre le conflit collectif entre les parties à un arbitrage obligatoire, dans les cas très particuliers de grève entraînant de graves préjudices à l'économie nationale et aux droits des citoyens, compte tenu de la durée de la grève, de ses conditions et des blocages entre les parties. L'arbitrage imposé peut être adopté par l'administration centrale de l'État, ou par la communauté autonome, selon le service public concerné et la portée territoriale de la grève. L'autorité publique ne résout pas directement la question, mais se limite à imposer l'arbitrage et à désigner un arbitre impartial qui n'est pas un responsable politique appartenant à l'administration. Ce pouvoir d'imposer l'arbitrage face à un blocage des parties au cours d'une grève n'a été utilisé que ponctuellement. Bien que le principe soit connu par les parties et par l'administration, cela n'a eu lieu que dans des situations vraiment extrêmes et très peu nombreuses, notamment dans les cas de grèves du transport aérien des passagers et pour le service public d'enlèvement des déchets.

En dehors de ces cas exceptionnels, l'administration continue de jouer un rôle important dans certains types de conflits collectifs. Cela se manifeste surtout, une fois de plus, dans la pratique quotidienne des relations de travail, sans qu'il existe pour autant de dispositions particulières en ce sens. Ce sont les partenaires sociaux eux-mêmes qui, face à leur propre incapacité à résoudre un conflit, ont recours volontairement à l'administration, afin que celle-ci agisse en tant que médiateur librement désigné par eux. Et dans ce genre d'hypothèse, il faut savoir que l'administration peut parfois sortir du simple rôle d'un médiateur et devenir un véritable acteur de la négociation à trois, dans une sorte de négociation tripartite. En particulier, lors de conflits découlant d'une situation de crise dans une entreprise ou un secteur concernés par des restructurations ou des licenciements, on fait appel à l'administration.

L'objectif est que l'administration intervienne et décide de mettre en œuvre certaines actions économiques permettant de favoriser le processus de reconversion de l'entreprise ou du secteur, tout en veillant au respect des limites imposées par le droit communautaire en matière de concurrence commerciale, et en évitant que son intervention soit considérée comme une aide de l'État aux entreprises. Par ailleurs, l'administration veille au maintien de la paix sociale. Ayant tout intérêt à endiguer certains types de conflits collectifs, elle se propose dans de nombreux cas comme médiatrice, indépendamment du fait qu'il n'y ait pas de procédure « *ad hoc* » à cette fin. Enfin, il faut savoir que certains conflits collectifs concernent des entreprises privées gestionnaires de services publics, par le biais de concessions administratives ou de processus d'externalisation du travail de l'administration. Même si les parties en conflit sont alors des membres d'entreprises privées, l'administration est indirectement concernée : d'où son intérêt à participer à la résolution d'un conflit dans lequel elle est un « médiateur » très particulier.

En revanche, lorsque le conflit est traité au moyen de procédures négociées établies par les accords interprofessionnels sur la résolution des conflits collectifs, ces procédures se présentent comme des modes privés de résolution. Par conséquent, ces procédures sont gérées directement par les représentants des travailleurs et des employeurs, sans intervention officielle de l'administration du travail. Il faut noter toutefois que, surtout dans les communautés autonomes, ces accords interprofessionnels ont été signés, à l'origine, sur proposition de l'administration du travail. En fin de compte, même sans pouvoirs décisionnels formels, dans la pratique la présence de l'administration est assez vérifiable. Par sa tâche de tutelle dans la gestion des procédures, elle finit par avoir une influence plus importante que ce que le caractère privé de ces procédures négociées pourrait laisser supposer.

Enfin, il faut indiquer que le recul de la présence traditionnelle de l'administration du travail dans les conflits découle également du principe de la séparation des pouvoirs. La séparation des pouvoirs signifie ici que le contrôle de la légalité des procédures négociées dans un État de droit doit revenir au pouvoir judiciaire. Et à l'inverse, cette séparation des pouvoirs implique que l'administration ne puisse pas détenir le pouvoir de contrôle sur les procédures négociées. Ce qui arrive parfois, c'est que les solutions adoptées au moyen de ces procédures négociées soient traitées de la même manière que la convention collective, notamment en ce qui concerne leur forme et leur autorité. Concrètement, pour identifier la solution dans la convention collective, l'accord ou la sentence arbitrale doivent être déposés auprès de l'administration du travail, cette dernière se chargeant de la publication officielle. Cette démarche d'enregistrement et de publication entreprise par l'administration est strictement réglementée, sans aucune marge d'appréciation discrétionnaire. Le plus significatif est que, si au cours de cette démarche, l'administration constate une irrégularité ou une infraction à la loi dans les solutions obtenues par médiation ou arbitrage dans le cadre d'une convention collective, dans la mesure où l'autorité administrative ne dispose pas d'un pouvoir de contrôle de la légalité, la seule possibilité qui lui est offerte est de transmettre l'affaire au juge, afin que par une procédure d'office, ce soit l'autorité judiciaire qui effectue le contrôle de la légalité nécessaire.

5. Les principes de base de la législation nationale en la matière

Il n'existe aucune disposition légale ou conventionnelle expresse indiquant les principes qui inspirent le système de résolution négociée des conflits collectifs. Tout au plus peut-on trouver sur certains documents que les procédures doivent être menées selon les principes de gratuité, de rapidité, d'égalité, d'audition des parties, de contradiction et d'impartialité, dans le respect de la législation en vigueur et des principes constitutionnels. Les textes d'application codifient dans le détail le régime juridique et, à leur tour, sont la source de nouveaux principes qui nourrissent les premiers. Mais c'est surtout la prise en compte institutionnelle du phénomène qui marque ses principes généraux. En effet, les procédures négociées s'appuient nettement sur deux piliers. D'un côté, l'autonomie collective des représentants des travailleurs et des employeurs ; de l'autre, l'ensemble des principes juridiques relevant habituellement de l'intervention judiciaire.

D'un côté en effet, les procédures négociées puisent dans l'autonomie collective et par conséquent, dans la liberté dont disposent les partenaires sociaux de résoudre leurs différends collectifs. De ce point de vue, la liberté contractuelle constitue le principe qui offre la plus grande marge de manœuvre aux partenaires sociaux dans la régulation et la résolution des conflits, tout en marquant les limites à ne pas franchir dans le déroulement de la négociation. Dans la mesure où ces procédures s'insèrent parfois dans un processus préalable de négociation collective, les règles générales de comportement des parties au cours de la négociation d'une convention collective peuvent être transposées, par analogie, au déroulement de la médiation et la conciliation. Par exemple, on peut reconnaître l'existence d'une règle générale de négociation conforme au principe de bonne foi contractuelle, qui doit s'appliquer à la négociation dans le cadre d'une médiation ou d'une conciliation collective. De ce principe de bonne foi, la doctrine déduit généralement que les parties ont le devoir de communiquer les pièces qui, le cas échéant, pourront corroborer leurs positions, et de formuler les raisons sur lesquelles elles se fondent. Ces éléments ne s'appliquent pas uniquement aux procédures négociées ; le tiers faisant office de médiateur ou d'arbitre devient le garant des comportements loyaux des partenaires sociaux en conflit.

Plus concrètement, cette obligation générale de loyauté implique que l'une des parties ne puisse entreprendre des mesures parallèles ou alternatives qui puissent compromettre la réussite de la solution négociée, ou provoquer une atmosphère contraire au rapprochement des parties. Or il existe une sorte d'incompatibilité entre d'un côté, l'attitude que l'on peut attendre des parties dans le déroulement de la négociation, et d'un autre côté les pressions qu'elles exercent l'une sur l'autre, à savoir la grève ou le *lock-out*. On est alors amené à considérer que ces procédures négociées sont une alternative aux mesures de grèves, et les rendent inutiles. C'est ainsi que dans presque tous les accords interprofessionnels, il est généralement prévu qu'avant à l'appel à la grève, il faudra rechercher un accord par la médiation collective. Il est également prévu que l'engagement d'une procédure de médiation empêche l'appel à la grève et l'adoption de mesures de *lock-out* patronal, ainsi que les actions judiciaires, administratives ou autres.

D'un autre côté, même s'il s'agit de procédures de résolution privées, fondées sur le principe de l'autonomie de la volonté, sans caractère juridictionnel, on leur applique cependant, par assimilation, tout un ensemble de principes juridiques relevant habituellement de l'intervention judiciaire. Bien que de manière nuancée, on leur applique notamment les principes visant à garantir l'impartialité du médiateur ou de l'arbitre et à garantir aux parties une égalité dans la défense de leurs positions.

Dans ce contexte, il est toujours fondamental de respecter le principe d'égalité et de contradiction entre les parties, afin d'éviter que l'une ou l'autre des parties se retrouve sans moyens de défense. D'ailleurs, il est admis que la procédure doit être contradictoire à toutes les phases ; les règles civiles de droit commun y sont applicables et le respect du principe de la contradiction, sous toutes ses formes, est exigé.

Dans la plupart des cas, la transgression de ces règles se répercute sur le déroulement normal de la procédure. La sanction la plus courante sera l'absence de validité, ou la nullité, de la solution trouvée par les parties. C'est donc à l'autorité judiciaire de contrôler les infractions à ces règles et de statuer, le cas échéant, sur la validité de la solution trouvée. À partir de là, peu importe de savoir quelles sont les responsabilités personnelles de ceux qui, dans le déroulement de ces procédures, sont allés à l'encontre des garanties de procédure. La réglementation ne dit pratiquement rien sur la question de la responsabilité des négociateurs et porte son attention sur la force obligatoire de la solution trouvée et la possibilité de la contester devant le juge. On peut, tout au plus, relever que les règles de droit commun de la responsabilité contractuelle, établies en droit civil, peuvent s'appliquer en la matière. La liberté d'action de l'administration du travail est également très réduite dans le domaine des responsabilités. Bien que le pouvoir de sanction de l'administration du travail soit très large dans le système espagnol, et malgré tous les types d'infractions répertoriés dans le domaine des rapports collectif, elle ne prévoit pas de conditions expresses relatives aux procédures négociées. Aussi, dans la pratique, il est difficile d'imaginer qu'une sanction administrative puisse devenir une condition de la responsabilité civile en cas de violation de la procédure de négociation. Puisqu'il en est ainsi de la sanction administrative, l'hypothèse de la sanction strictement pénale se réduit à une hypothèse d'école.

6. Les caractéristiques générales du tiers, médiateur ou arbitre

Ces procédures négociées étant régies par le principe de la liberté contractuelle, en principe la désignation du tiers intervenant l'est également. Néanmoins, dans un souci d'efficacité et de rapidité, notamment dans les systèmes qui découlent des accords interprofessionnels, il est mis à la disposition des parties une liste prédéterminée de médiateurs. Ainsi, le schéma habituel consiste à sélectionner au préalable les médiateurs qui interviendront dans les conflits éventuels à venir, de sorte que lorsqu'un conflit survient, les représentants collectifs désigneront les médiateurs dans la liste. Il est important de souligner que cette liste est établie par ceux qui gèrent le système, à savoir les syndicats eux-mêmes et les organisations patronales signataires de l'accord.

Dans le cas précis des arbitrages, la liberté de désignation de l'arbitre par les parties est renforcée. En effet, la solution matérielle du conflit est déléguée à cet arbitre : cela suppose un haut degré de confiance en sa personne. De nombreux systèmes fonctionnent pourtant avec une liste préétablie au sein de laquelle doit être choisi l'arbitre, lorsqu'on souhaite que la question soit soumise à une décision par libre compromis arbitral

Dans l'hypothèse (inhabituelle) où les parties n'ont pas désigné le tiers (médiateur ou arbitre), il est prévu que sa désignation soit faite par le Service chargé de gérer la procédure, si les parties ne s'y opposent pas.

Ce principe de liberté bénéficie également au tiers. De sorte que le médiateur, tout comme l'arbitre, doit accepter la désignation faite par les parties, et conserve à tout moment le droit de renoncer à sa fonction.

La réglementation n'aborde pas très en détail les caractéristiques personnelles et professionnelles du médiateur ou de l'arbitre, mais en règle générale c'est impartialité qu'on attend de lui, ce qui laisse entrevoir son profil-type. Concernant les médiateurs, on exige surtout qu'ils soient étrangers au conflit, et qu'aucun intérêt personnel ou professionnel direct ne puisse affecter ou conditionner leur activité de médiation.

Le nombre de conflits collectifs traités par ces procédures étant relativement limité, il ne justifie pas que des médiateurs ou des arbitres se consacrent professionnellement à temps plein, ou de manière prioritaire à ces tâches. Cela implique qu'on doit faire appel à des personnes ayant d'autres occupations professionnelles. Il n'est pas facile de trouver des spécialistes qui ne soient pas liés pour des raisons d'intérêts à l'une des parties.

Dans le cas de la médiation, on utilise le plus souvent un système de médiation plurielle, comportant plusieurs médiateurs pour un même conflit, avec un médiateur désigné pour représenter les travailleurs et un autre pour représenter les patrons. On peut faire appel aux services d'anciens syndicalistes ou d'anciens conseillers d'entreprises, qui en raison de leur solide expérience, jouissent d'un réel prestige et de la confiance nécessaire pour jouer le rôle d'intermédiaires. On peut aussi avoir recours à des professionnels du droit, plus ou moins liés professionnellement aux positions des uns et des autres. Dans les deux cas, le risque évident est que chaque médiateur, en fonction de la partie qui les a désignés, ait tendance à agir en faveur des positions de l'une des parties ; on aboutit alors à une procédure peu efficace du point de vue du rôle fondamental du médiateur, à savoir le rapprochement des parties. En fin de compte, du point de vue pratique, tout dépend du prestige du médiateur et de la conscience qu'il a de son rôle dans la procédure en question. Du point du vue formel, ce qui compte, c'est que la solution matérielle du conflit dépend de ce que décident les parties. Étant donné que c'est par leur accord qu'elles font de la médiation une réussite ou un échec, les conditions d'impartialité totale du médiateur s'avèrent moins déterminantes.

En revanche, là où il est indispensable de respecter totalement le principe d'indépendance et de neutralité du tiers, c'est dans le cas de l'arbitrage. Il est évident que dès le moment où, pour une meilleure solution au conflit, les parties s'en remettent à la pleine décision de l'arbitre, les garanties de neutralité de l'arbitre doivent être extrêmes, sans aucune exception possible. Il s'ensuit une plus grande difficulté à sélectionner les personnes pouvant intervenir en tant qu'arbitres. Tout d'abord, même si le choix d'une composition collégiale ou plurielle est admis, la plupart du temps on désigne une seule personne. Dans les cas où sont désignés trois arbitres, ce qui est très exceptionnel, on a affaire à des situations particulièrement complexes et il n'est pas exclu que l'on aboutisse au cas de figure où c'est un de ces trois arbitres qui finit par résoudre l'affaire, tandis que les deux autres demeurent sur leurs positions antagonistes. Par ailleurs, concernant l'arbitrage, il n'est pas non plus possible de constituer un corps de professionnels dédiés presque exclusivement à ces tâches d'intermédiaires, ce qui oblige à faire appel à des spécialistes ayant une autre activité professionnelle. Dans la pratique, il est courant de faire appel à des universitaires et dans une moindre mesure, à des inspecteurs du travail.

Il en résulte que les médiateurs, et surtout les arbitres, sont souvent des diplômés en droit, issus de diverses professions juridiques ou au minimum, experts dans le domaine des relations de travail. Mais ce profil professionnel du médiateur et de l'arbitre, même généralisé, n'est pas considéré comme une exigence légale. La réglementation de ces procédures négociées laisse cette question ouverte, permettant en principe à une personne de n'importe quelle profession la possibilité d'agir en tant que tiers, médiateur ou arbitre. Ce n'est que dans le cas très particulier de l'arbitrage des élections professionnelles que l'on impose une spécialisation spécifique : on exige alors que l'arbitre soit un diplômé en droit ou en relations du travail.

Les procédures négociées de résolution des conflits collectifs en Espagne

En ce qui concerne la rémunération et, par conséquent, les coûts économiques de fonctionnement de ces systèmes négociés de résolution des conflits de travail, on part du principe que la procédure judiciaire de résolution des conflits de travail est gratuite pour les parties. Bien qu'étranger aux procédures négociées proprement dites, ce fait les conditionne indirectement. En effet, la gratuité de la procédure devant les juridictions sociales est établie depuis très longtemps. Dès lors qu'on établit, et surtout qu'on encourage, tel ou tel système de règlement extrajudiciaire des conflits de travail, qui par le principe de l'autonomie collective est susceptible de diminuer les litiges judiciaires, ces systèmes devraient bénéficier de tous les avantages dont la procédure de droit commun dispose déjà et devraient donc être gratuits pour les parties.

Néanmoins, le financement du système est la condition de son efficacité et de sa crédibilité, au regard de ses besoins. Il en résulte que si l'administration du travail est intéressée, comme c'est le cas, par le développement des procédures négociées, c'est à elle de financer le fonctionnement de ces systèmes, y compris la rémunération des médiateurs et des arbitres. La garantie de l'impartialité et du professionnalisme des tiers nécessite un niveau de rémunération correct et c'est l'administration publique qui finit par assumer ces coûts. À ce sujet, même si les accords interprofessionnels sont signés exclusivement par les organisations syndicales et patronales les plus représentatives, derrière elles se trouve également l'administration du travail, qui s'engage notamment à rémunérer les médiateurs et arbitres. La relation avec eux n'est pas stable et continue, de sorte que même s'ils figurent dans la liste des médiateurs et des arbitres, leur rémunération varie au cas par cas. Elle est parfois augmentée, au regard du nombre de salariés concernés.

Il reste à souligner que ces procédures sont gérées administrativement via un organisme « *ad hoc* » créé à cet effet, disposant d'une personnalité juridique distincte, sous la forme d'une fondation ou d'un organisme équivalent. Ainsi, du point de vue formel, les fonds apportés par l'administration publique à ce type de fondation sont versés sous forme de subvention publique. De même, les tiers, médiateurs et arbitres sont en rapport direct avec les organismes qui gèrent les procédures, c'est d'eux qu'ils reçoivent leur mission, c'est avec eux qu'ils établissent une relation contractuelle informelle ; et c'est encore d'eux qu'ils reçoivent leur rémunération.

On peut donc affirmer qu'il s'établit une convention de prestation de services professionnels entre le médiateur ou l'arbitre d'un côté, et l'organisme qui gère les procédures de l'autre. Il y a une seule relation contractuelle pour chaque médiation et chaque arbitrage. L'acceptation de la mission fait office d'engagement de médiation et de passation de contrat avec l'organisme. En revanche, il n'existe en principe pas de relation contractuelle, ni avec les parties, ni avec l'administration.

7. La procédure de solution négociée

Le déroulement pratique de la procédure de solution négociée est souvent souple, de sorte que ses règles sont peu nombreuses. Pour l'essentiel, la réglementation fait référence à la mise en œuvre de la procédure et à la force obligatoire de la solution, mais n'aborde pas la phase intermédiaire, alors que c'est à ce moment là que l'action des parties est la plus importante : gestion des délais, modes de négociation et conclusion de l'accord.

Cette souplesse donne au médiateur un rôle capital, notamment pour le déroulement de la médiation. En effet, il est prévu que la procédure de médiation doit se dérouler selon les modalités retenues par l'organisme de médiation. Ainsi, le médiateur dispose de larges pouvoirs pour mener le processus ; c'est lui qui décide de convoquer les parties aux séances de discussion ; c'est lui qui fixe l'ordre du jour (points à traiter en réunion, priorité des points, orientation du débat). Le médiateur préside les réunions, donne la parole, structure le débat et interrompt les séances quand il le juge opportun. Il établit des dialogues directs et individuels avec chaque partie ou des discussions communes et en présence de tous, etc. Bien entendu, dans l'exercice de toutes ces fonctions il doit évaluer les propositions de chaque partie, se rapportant à l'objet de la médiation.

Les accords ne traitent généralement pas des devoirs de confidentialité ou de réserve qu'implique le rôle du tiers, médiateur ou arbitre, pendant son intervention et après celle-ci. Mais il est communément admis que les informations fournies seront traitées de manière confidentielle. L'absence de dispositions particulières à ce sujet provient du fait que l'objet de la discussion dans ce type de procédures est publiquement connu. En réalité, les parties apprécient la publicité de leurs positions et de leurs arguments. Il en découle que les faits et documents portés à la connaissance du tiers n'ont pas souvent un caractère confidentiel dont la divulgation publique pourrait causer un préjudice à l'une des parties.

Dans tous les cas, le comportement du médiateur dans ses relations avec les parties doit être soumis, non seulement au principe d'impartialité, mais également au principe de droit commun de bonne foi contractuelle. Ce qui peut constituer un point sensible pour les parties, en raison des conséquences négatives sur leur image, c'est la divulgation des offres qu'elles transmettent unilatéralement au médiateur et les résistances à les accepter, dont les raisons peuvent être peu compréhensibles pour le public. Sur ce plan, l'obligation de réserve et de discrétion du tiers prend toute son importance, dans le cadre de son devoir de bonne foi contractuelle. Une incidence négative peut résulter du non respect de cette obligation, sur l'issue de la procédure, sur les positions que les parties pourront prendre par la suite dans le rapport de forces, et même, le cas échéant, sur le débat judiciaire ultérieur. Il en va de même, si par la violation de son devoir de confidentialité, le médiateur finit par favoriser l'une des parties au conflit.

Par ailleurs, dans certaines situations particulières, on pourrait imaginer que dans le cadre de son intervention, le tiers, médiateur ou arbitre, aie connaissance de l'existence d'actes illicites commis, par exemple, par l'une des parties au conflit. Dans cette situation, on peut imaginer un certain conflit intérieur, entre d'un côté le devoir de secret imposé au médiateur et de l'autre côté le devoir public de surveillance et de sanction des infractions. De ce point de vue, il faut tenir compte du fait que le tiers agit dans le cadre d'une procédure privée, ce qui implique qu'il n'est pas investi d'un pouvoir public et qu'il n'agit pas par délégation de l'administration publique. Aussi, le tiers est un sujet privé qui exerce des pouvoirs privés. Par conséquent, les devoirs de dénonciation des infractions auprès de l'autorité judiciaire, exigés d'une autorité ou d'un fonctionnaire public, ne peuvent pas s'appliquer au médiateur ou à l'arbitre.

Cette souplesse et cette absence relative de réglementation dans l'organisation de la procédure, notamment en ce qui concerne la médiation, sont également liées à la recherche d'un règlement rapide. Cela étant, même si l'on part du principe que l'action du médiateur doit être immédiate et la plus efficace possible quant à la solution recherchée, il n'existe pas de règle concernant la durée, ou de délais spécifiques pour la conduite de la procédure. On considère que le médiateur commence son action aussitôt après sa désignation et c'est aux parties de décider du temps nécessaire aux démarches de médiation.

Dans certains cas, il faut toutefois tenir compte d'impératifs extérieurs, qui obligent à respecter un délai maximum pour la médiation, sauf si les parties au conflit décident librement de son report. Ces impératifs extérieurs sont de deux types.

Le premier concerne les conflits suite à un appel à la grève. Dans la mesure où la médiation interrompt le processus d'appel à la grève, on considère que cette médiation doit être de courte durée. Dans ce cas, la médiation ne peut pas durer plus de 72 heures, sauf accord entre les parties.

Le deuxième intervient lorsque le conflit collectif est dit « juridique », et par conséquent constitue une phase préalable à un recours en justice. Dans ce cas, il est admis que la partie intéressée peut déposer une demande en justice, si au terme d'un délai de trente jours, aucun accord n'est intervenu. C'est une manière indirecte de fixer un délai maximum pour la médiation, sauf si les parties en décident autrement.

La règlementation relative à la procédure d'arbitrage est généralement beaucoup plus précise, dans la mesure où on délègue à un tiers la résolution de la question de fond, *via* une sentence arbitrale dans un délai déterminé et difficilement prorogeable. Dans ces cas, les délais imposés à l'arbitre sont non seulement péremptoires, mais de plus, au terme de ces délais, le compromis d'arbitrage devient sans effet et par conséquent, toute sentence arbitrale intervenant hors délai peut être attaquée.

La réglementation de ces procédures ne comporte aucune condition légale ou conventionnelle quant au caractère public ou non de la procédure. Bien entendu, toutes les représentations collectives qui pourraient être concernées par la solution possible de l'affaire, *via* la médiation ou l'arbitrage, peuvent demander à comparaître en tant que parties. Elles peuvent alors déposer, solliciter des mesures d'administration de la preuve et présenter des requêtes. Mais en dehors des représentations collectives intéressées, on considère que la procédure est de nature privée. Par conséquent, sauf acceptation expresse des parties, aucune autre personne ne peut exiger d'assister aux comparutions. Par exemple, même si à titre individuel les travailleurs ou les patrons se considèrent concernés par la solution qui sera adoptée, ceux-ci sont déjà représentés par leurs organisations respectives et, de ce fait, n'ont pas le droit d'y assister. Les situations peuvent donc être très différentes selon le conflit en cause.

Les parties intervenant dans les processus de médiation et d'arbitrage sont autorisées à être accompagnées des conseillers techniques, juridiques, économiques, ou autres, qu'elles jugent nécessaires, y compris les délégués syndicaux qu'elles jugent utiles pour une meilleure défense de leurs positions. Dans la pratique, selon la nature et l'importance du conflit, les possibilités sont très nombreuses. Dans l'ensemble, on peut affirmer que la présence de conseillers juridiques est la plus habituelle dans les arbitrages. Mais on voit également des cas où les représentants collectifs des travailleurs ou des patrons, compte tenu de leur expérience, se suffisent à eux-mêmes pour intervenir dans une procédure souple et qui s'adapte facilement à leurs besoins.

Dans la mesure où ces procédures sont gérées par les principes d'égalité et de contradiction entre parties, et malgré le fait que cette condition ne figure pas expressément dans les textes de référence, on considère généralement que si l'une des parties envisage de recourir à un professionnel du droit comme conseiller, elle doit le notifier à l'avance à l'autre partie. Ainsi cette dernière pourra faire de même, considérant le caractère juridique que, de ce fait, peuvent revêtir les discussions. Il s'agit d'une règle prévue formellement par les règles de procédure juridictionnelle, qui par extension, s'applique également aux procédures de médiation et d'arbitrage.

Dans la mesure où les parties peuvent assister à toutes les démarches de médiation accompagnées des conseillers qu'elles estiment nécessaires, le médiateur ou l'arbitre n'a plus à conseiller les parties sur leurs droits ou sur la stratégie idéale à adopter pour défendre leurs positions dans la médiation ou l'arbitrage. La maturité des parties au conflit et les conseillers qui les accompagnent sont là pour cela. Ceci dit, le médiateur, tout comme l'arbitre, assume le rôle du tiers qui doit garantir l'égalité et la contradiction entre les parties durant la procédure. Pour cette raison, il doit informer les deux parties de manière précise sur le déroulement de la procédure, de même que s'il constate des risques d'inégalité ou l'incapacité à assumer sa défense de la part de l'une des parties, il doit prendre toutes les mesures correspondantes afin de corriger le déséquilibre éventuel, sans pour cela abandonner sa neutralité ou son impartialité sur le fond.

En revanche, le déroulement de ces procédures ne prévoit pas formellement, ni dans la pratique, la présence des représentants de l'administration du travail. Dans la forme, il s'agit de médiations et d'arbitrages privés, raison pour laquelle la présence de membres de l'administration n'a pas de sens en tant que telle. Dans des cas très particuliers, il peut être nécessaire que certaines personnes interviennent en tant que témoins, afin de préciser des faits, et que parmi celles-ci figurent certains fonctionnaires publics en raison de leur connaissance de l'affaire. Mais il s'agit d'une hypothèse très exceptionnelle, et peu probable dans ce type de médiation ou d'arbitrage, où les faits importent relativement peu dans la résolution de l'affaire.

8. Les actes juridiques établis dans le cadre d'une solution négociée

Lorsque la procédure négociée donne lieu à un accord, elle est formalisée par un document ayant une valeur juridique indiscutable. L'effet juridique varie, selon qu'il s'agit d'une médiation ou d'un arbitrage. Nous devons donc les analyser séparément, même si la portée juridique de la solution obtenue est, dans une grande mesure, la même.

Lorsqu'il s'agit d'une médiation, le médiateur dispose du pouvoir de faire une recommandation personnelle aux parties pour résoudre le conflit. Dans les cas plus institutionnalisés et formalisés, il s'agit d'une recommandation unique formulée en fin de procédure : après avoir entendu les positions et les arguments des parties, cette recommandation peut être établie par écrit, afin que chaque partie se prononce pour ou contre la proposition du médiateur. Cependant, dans la législation espagnole, la médiation suit généralement un principe de flexibilité qui s'oppose à une trop forte institutionnalisation de la procédure et plus concrètement, des propositions du médiateur. Même dans la variante où l'aspect formel est le plus marquant, à savoir la médiation entre des fonctionnaires et l'administration publique en tant qu'employeur, on n'exige pas que la proposition du médiateur soit formulée par écrit. De même, le médiateur est libre de formuler des solutions partielles, des recommandations ponctuelles ou des propositions globales, selon les cas. Ce qui est important, c'est qu'à la fin du processus, par ses recommandations ou propositions, le médiateur réussisse à rapprocher les positions des parties. Les textes s'appliquant aux procédures de médiation établissent expressément que le médiateur doit formuler des propositions visant à résoudre le conflit, en envisageant même la possibilité de soumettre les différends à un arbitrage. Dans tous les cas, il est évident que ce sont les parties qui ont le dernier mot quant à l'issue du conflit, en fonction de leur volonté de parvenir à un accord, sans que le médiateur puisse leur imposer quoi que ce soit. La seule obligation des parties est de répondre expressément aux propositions du médiateur, par leur acceptation ou leur refus.

À partir des propositions du médiateur et du comportement finalement adopté par les parties, il existe trois cas de figure possibles. Dans le premier cas de figure, les parties parviennent à un accord sur le fond de l'affaire, sur la base de la proposition du médiateur, sans oublier, bien entendu, que les parties demeurent libres de modifier les propositions du médiateur. Dans le deuxième cas de figure, les parties ne parviennent pas à s'entendre sur le fond de l'affaire, mais acceptent de soumettre la question en tout ou partie à un arbitrage. Dans le troisième cas de figure, les parties ne parviennent à aucun accord.

Dans le premier cas de figure, il est prévu que les parties procèdent à la formalisation de leur accord par écrit, celui-ci recevant la qualification juridique d'« accord ». La législation attribue à cet accord un effet juridique contraignant, et ceci par deux voies différentes.

D'une part, l'accord obtenu par médiation aura le même effet qu'une convention collective, sous réserve des exigences de représentativité légale des parties. À ce propos, il faut rappeler que dans la législation espagnole, la convention collective est appliquée comme un règlement. De plus, elle s'applique à l'ensemble des travailleurs et employeurs d'un même secteur, indépendamment de leur appartenance aux organisations signataires de l'accord. En effet, si les signataires de l'accord ont une représentativité de majorité absolue, l'accord s'applique aux personnes représentées dans l'accord, mais aussi aux non adhérents et aux non grévistes. Ceci étant, même si la convention collective est assimilée à un règlement dans le droit espagnol, cette convention conserve son caractère de contrat privé et de ce fait, ne peut obliger directement les pouvoirs publics, notamment les organismes de l'administration publique. Cela n'exclut pas le fait qu'elle puisse les obliger indirectement, par le biais de ce qui est prévu par le droit commun du travail. Par exemple, dans le cas d'un accord sur le départ obligatoire à la retraite des travailleurs, il va de soi que cet accord aura pour effet de déclencher les obligations correspondantes de reconnaissance des retraites de sécurité sociale.

Par ailleurs, valent titres exécutoires les accords obtenus dans une conciliation constituant une démarche préalable au recours judiciaire, dans le cas où ces accords résolvent le conflit collectif juridique ou d'interprétation. Dans ce cas, les dispositions de l'accord ont force exécutoire entre les parties, sans besoin de ratification judiciaire. En conséquence, dans l'hypothèse du non respect de l'une des parties des dispositions de l'accord obtenu par médiation, la loi prévoit la possibilité d'un recours judiciaire pour l'autre partie et les personnes lésées, afin que le juge du travail sanctionne le comportement de la partie en question, la condamne immédiatement à remplir ses obligations et, le cas échéant, à des dommages et intérêts. Cependant, la législation espagnole ne prévoit aucune sanction administrative ou pénale spécifique dans cette hypothèse de non respect de l'accord. Même si, théoriquement, il serait possible d'identifier certains types d'infractions administratives ou pénales, celles-ci restent théoriques et sont rarement mises en pratique.

Quant au deuxième cas de figure, même si la médiation et l'arbitrage constituent des procédures autonomes pouvant se dérouler indépendamment l'une de l'autre, la pratique la plus courante est que les parties tentent la médiation dans un premier temps. Les parties peuvent avoir recours directement à la procédure arbitrale et il existe même des situations où de manière anticipée, les parties s'engagent à avoir recours à l'arbitrage en cas de conflit qu'elles ne parviennent pas à résoudre par elles-mêmes au sein de l'entreprise. Néanmoins le plus souvent les parties tentent d'abord de résoudre l'affaire par la médiation, et si elles ne parviennent pas à résoudre complètement leur différend par cette procédure, elles ont quelquefois recours à l'arbitrage, dans un deuxième temps. L'accord de médiation consiste alors à désigner l'arbitre.

Enfin, le troisième cas de figure correspond à la situation où les parties ne parviennent pas à se mettre d'accord, tant sur le fond que sur la forme. La tentative de médiation est alors terminée et on constate l'impossibilité d'un accord. À partir de ce moment, plusieurs possibilités de conduite à adopter se présentent pour chacune des parties. S'il s'agit d'un conflit collectif d'interprétation, les parties peuvent résoudre l'affaire dans le cadre d'une procédure judiciaire, ce qui constitue la méthode la plus courante. S'il s'agit d'un conflit d'intérêts, la situation reste bloquée. Il est possible que le rapport de forces évolue et se manifeste par de nouvelles actions, ou que soient menées de nouvelles tentatives de rapprochement, par d'autres moyens que ceux employés jusque-là.

En ce qui concerne l'arbitrage, le compromis d'arbitrage implique que la procédure débouche sur une sentence arbitrale. Celle-ci, tout comme l'accord de médiation, dispose d'un effet juridique contraignant pour les parties. En pratique, la sentence dispose de la même force juridique que la convention collective, sous réserve que les signataires détiennent la représentativité légale. Les points déjà évoqués à propos de la médiation s'appliquent également à la sentence arbitrale. Par ailleurs, conformément aux règles de procédure, les décisions arbitrales définitives, prises dans le cadre des accords interprofessionnels, sont comparables aux jugements définitifs. On leur attribue la même force obligatoire et il est possible d'exiger application devant les juridictions.

En ce qui concerne les documents et la formalisation des actes juridiques, leur régime est comparable à celui des conventions collectives. Cela implique que non seulement les décisions doivent être établies par écrit, mais qu'elles doivent également être déposées pour leur enregistrement auprès de l'administration du travail, qui de son côté se charge de leur publication dans les journaux officiels correspondants. On garantit ainsi le plus haut niveau de sécurité juridique et de publicité à l'égard des tiers, ainsi que cela est pratiqué dans le système espagnol des relations de travail.

La force obligatoire de l'accord et de la sentence arbitrale a pour conséquence non seulement l'obligation de la respecter, mais également une obligation de se comporter loyalement dans le cadre de leurs rapports sociaux. En effet, une fois de plus, il faut rappeler le régime attribué à la médiation et à la sentence arbitrale, qui sont assimilées à une convention collective. Comme nous l'indiquions au début de cette étude, la législation espagnole considère comme illégales les grèves ayant comme objectif ou finalité la modification des dispositions de la convention collective. On en déduit que les grèves visant à réclamer à l'autre partie la modification des points faisant l'objet d'un accord de médiation ou d'une sentence arbitrale sont également illégales. À titre d'exception à la règle générale, le Tribunal constitutionnel a précisé que seraient licites les grèves ne visant que la seule interprétation du texte, ou dans les cas où, « toutes choses égales par ailleurs », se produiraient des changements imprévisibles et importants justifiant leur modification. Pour le reste, comme dans le cas des conventions collectives, l'accord de médiation et la sentence arbitrale peuvent avoir une durée de validité limitée. Au terme de cette durée, chacune des parties a le droit de réclamer des modifications. Ces solutions spécifiques à la grève peuvent être étendues, en application du principe de la bonne foi contractuelle, à toutes les autres formes de pression entre les parties qui entraîneraient la réapparition du conflit résolu par l'accord ou la sentence.

Par ailleurs, il n'y a pas non plus de raison d'avoir recours à la voie judiciaire pour faire juger une affaire qui a déjà été résolue par la procédure négociée. La sentence arbitrale et l'accord de médiation ayant un caractère obligatoire, il n'y a pas de raison de soumettre à nouveau la question au juge du travail. Même dans le cas d'un conflit d'interprétation ou d'application, si celui-ci a été résolu par un accord de médiation ou par une sentence arbitrale, le fait de soumettre à nouveau l'affaire au juge n'a aucune portée, puisque le caractère obligatoire et la valeur exécutoire de l'accord et de la sentence sont reconnus.

En revanche, la réglementation prévoit l'hypothèse où certaines personnes manifesteraient leur désaccord par rapport à la solution adoptée dans l'accord de médiation ou la sentence arbitrale, et intenteraient un recours judiciaire pour remettre en cause la légalité de l'une ou de l'autre de ces décisions. En ce qui concerne les accords de médiation, il est prévu qu'ils peuvent être contestés par les personnes susceptibles d'être lésées, devant le juge ou le tribunal correspondant, par l'exercice d'une action en nullité fondée sur les conditions de validité des contrats. De son côté, dans la mesure où elle est traitée au même titre qu'une convention collective, la sentence arbitrale est soumise à une modalité spécifique prévue dans la législation du travail, qui permet de contester la légalité et le caractère préjudiciable des dispositions d'une convention collective. Toutefois, en principe, la contestation de la sentence arbitrale ne peut se fonder que sur des questions de forme, et l'arbitrage ne peut pas être remis en cause quant à son contenu. En pratique, la sentence arbitrale peut être contestée lorsque la procédure a porté atteinte à des garanties essentielles, en causant un préjudice, ou lorsque la sentence arbitrale dépasse l'objet pour lequel elle a été demandée et peut de ce fait être considérée « *ultra vires* ».

*La médiation des différends du travail au Québec :
de la tradition vers de nouvelles directions* *

On dit que la conciliation constitue le mécanisme non conflictuel de règlement des différends de travail le plus ancien au Québec[341]. On peut certes aussi avancer que la médiation y est aujourd'hui - et de loin - le mode de résolution le plus utilisé des conflits ou des litiges du travail. Ces deux affirmations décrivent une réalité qui demeure largement méconnue et qui mérite d'être explorée. C'est l'objet de ce texte.

Du point de vue québécois, il semble bien qu'aucune caractéristique conceptuelle ne permette de distinguer la conciliation de la médiation, du moins dans le domaine du travail salarié. Dans les deux cas, il s'agit essentiellement « d'une procédure visant à rapprocher les parties dans un conflit, à faciliter le dialogue et à les aider à se mettre d'accord »[342]. Le comportement du tiers intervenant pour favoriser la résolution du litige, son caractère plus ou moins proactif, ou encore la formulation de recommandations ou d'hypothèses de règlement ne sont aucunement le propre de l'un ou l'autre des deux termes. En fait, dans la réalité québécoise, leur utilisation différenciée relève exclusivement du contexte dans lequel intervient le mode de résolution qu'ils désignent. En somme, on parle tantôt de conciliation, tantôt de médiation, au gré des lois qui recourent au mécanisme et des institutions qui l'appliquent. Pour les fins de ce texte, le terme médiation est utilisé indistinctement, à moins que le contexte exige de faire autrement.

---

* Par DIANE VEILLEUX, *Professeure agrégée, École de relations industrielles, Faculté des arts et des sciences de l'Université de Montréal* et GILLES TRUDEAU, *Professeur titulaire, Faculté de droit de l'Université de Montréal.*

[341] C. Ross, « La conciliation, un mode de règlement encore mal connu », R. Blouin (dir.), *Vingt-cinq ans de pratique en relations industrielles au Québec*, Les Éditions Yvon Blais inc., Cowansville, 1990, p. 397 - 417, à la p. 401.

[342] G. Dion, *Dictionnaire canadien des relations du travail*, Les Presses de l'Université Laval, Québec, 1976, à la p. 81 ; G. Hébert, *Traité de négociation collective*, Gaëtan Morin éditeur, Boucherville, 1992, 1242 p., à la p. 813 ; Ross, *loc.cit.* note 341, à la p. 399.

De même, l'objet de la médiation requiert des précisions. Traditionnellement, la médiation n'intervenait, au Québec, que dans le cadre des « différends », c'est-à-dire les conflits survenant entre les parties lors de la négociation collective des conditions de travail[343]. Ce n'est plus le cas aujourd'hui. La médiation est utilisée pour favoriser la résolution de litiges les plus divers dont la nature varie selon qu'ils surviennent dans un cadre ou l'autre. En fait, aucun litige n'est exclu *a priori* : la médiation est imposée ou suggérée pour favoriser le règlement de désaccord survenant dans les rapports collectifs ou dans la relation individuelle de travail. Son recours permet de conduire à la résolution pacifique tant des conflits d'intérêts que des conflits de droit. Elle est exercée aussi bien à la table de négociation que dans l'antichambre des juridictions du travail. Par souci de commodité, le terme « différend » sera ici utilisé dans son sens le plus large pour désigner toute matière qui peut faire l'objet des formes de médiation qui sont abordées dans les prochaines pages.

Ces pages entendent donner un aperçu général de la médiation comme mécanisme de résolution des différends survenant dans le cadre du travail salarié au Québec. Une première partie (1) présentera la genèse et l'étendue d'application d'un mode de résolution des différends qui fut l'objet des premières initiatives législatives québécoises et canadiennes en matière de relations de travail. Les objectifs de la médiation, quelle que soit la nature des différends qui lui sont confiés, seront par la suite abordés (2). Enfin, la dernière partie s'intéressera aux motifs pouvant inciter les parties au différend à y recourir (3). Cette description analytique permet, ultimement, de contribuer à la réflexion sur le rôle, les possibilités et les limites du recours à la médiation dans la recherche d'un règlement à l'amiable des différends survenant dans le domaine du travail salarié.

---

[343] Pour la définition de « différend », v. Dion, *op.cit.*, *supra* note 342, à la p. 125.

1. La genèse et l'étendue de la médiation des différends du travail

Si la médiation est aujourd'hui si fortement institutionnalisée au Québec dans le domaine du travail, c'est qu'elle a toujours été partie intégrante de l'encadrement juridique des relations du travail. Les deux institutions se sont développées au même rythme, toujours intégrées l'une à l'autre. Ainsi, la médiation est apparue au Canada (et au Québec) dès la fin du 19ème siècle, lors des premières interventions de l'État relatives aux relations collectives du travail et aux différends qui leur sont propres (1.1). Par la suite, surtout à compter des années '80, la médiation a été appliquée à d'autres types de différends, alors que la loi a élargi son emprise à d'autres domaines des rapports de travail (1.2).

1.1 La médiation, partie intégrante de l'encadrement des différends dans les relations collectives

Comme partout ailleurs, le mouvement syndical, la négociation collective et les différends ouvriers apparaissent et se développent au Canada dans la foulée de la première vague de l'industrialisation, vers le milieu du 19ème siècle. Les organisations ouvrières qui se manifestent alors sont déclarées illégales et criminelles, conformément au droit hérité de la métropole britannique qui est en vigueur à l'époque partout au Canada[344]. Les pressions politiques engendrées par l'application d'une politique aussi répressive entraînent une décriminalisation du mouvement ouvrier. C'est ainsi qu'à partir de 1872, le législateur fédéral écarte progressivement l'application de la théorie de la conspiration criminelle à la grève et au piquetage pacifique[345].

À la même époque, différentes provinces canadiennes sont amenées à se préoccuper des conflits ouvriers de plus en plus fréquents à survenir.

---

[344] M.-L. Beaulieu, *Les conflits de droit dans les rapports collectifs du travail*, Presses de l'Université Laval, Québec, 1955, 540 p., pp. 45-47.
[345] Le législateur fédéral détient la compétence constitutionnelle exclusive en matière criminelle. Il adopta en 1872 les deux lois suivantes : *Acte concernant les associations ouvrières*, S.C. 1872, c. 30 et *Acte pour amender la loi criminelle relative à la violence, aux menaces et à la molestation*, S.C. 1872, c. 31. Ces lois étaient très semblables à celles adoptées l'année précédente en Grande-Bretagne. Elles ne s'appliquaient toutefois qu'aux syndicats qui acceptent de s'enregistrer auprès du gouvernement. Ce n'est qu'en 1892 que le bénéfice de la libéralisation du droit criminel fut élargi à l'ensemble du mouvement syndical canadien. Voir : H. D. Woods, *Labour Policy in Canada*, Toronto, Macmillan, 1973, à la p. 40 ; G. Trudeau, « La grève au Canada et aux États-unis : d'un passé glorieux à un avenir incertain », (2004) 38 *Revue juridique Thémis*, n° 1, 1, à la p. 14.

Le règlement amiable des différends sociaux

Elles s'inspirent toutes des initiatives législatives observées ailleurs dans le Commonwealth, notamment en Australie, pour adopter des lois permettant l'intervention d'une tierce partie neutre pour aider à régler pacifiquement les différends ouvriers, particulièrement ceux menaçant des secteurs névralgiques de l'économie. De la même façon, reproduisant en cela une loi anglaise de 1896, l'État fédéral adopte l'*Acte de conciliation de 1900* [346] qui permet au ministre du Travail de nommer un « conseil de conciliation », de son propre chef, s'il appréhende un conflit ouvrier, ou à la requête de l'employeur ou des travailleurs. La conciliation demeure dans tous les cas strictement volontaire, aucune obligation légale n'imposant aux parties d'y participer. L'opprobre peut toutefois peser lourd sur la partie qui refuse l'invitation du ministre à s'y soumettre. On rapporte que les possibilités de la loi furent largement utilisées, et que le ministère fédéral du Travail effectua plusieurs conciliations chaque année, à l'initiative tantôt du ministre, tantôt de l'une ou l'autre des parties[347]. La même loi prévoit par ailleurs la nomination d'un arbitre par le ministre, un pouvoir qui ne fut jamais utilisé dans les faits.

Ainsi se dessine une approche typiquement canadienne par laquelle l'État intervient directement dans les négociations collectives et les conflits ouvriers, en suggérant ou même, éventuellement, en imposant des mécanismes de conciliation et d'arbitrage dont les décisions ou recommandations sont tantôt volontaires, tantôt obligatoires. Regardons d'un peu plus près les principales lois fédérales et québécoises s'inscrivant dans cette tendance.

Cette politique canadienne, ancrée dans le souci de protéger l'intérêt public, se concrétise dans une loi que le Parlement fédéral adopte en 1907. La *loi des enquêtes en matière de différends industriels, 1907* [348] rend obligatoire une étape de conciliation avant le déclenchement de toute grève ou *lock-out*. Cette obligation ne s'applique qu'aux entreprises dont la continuité de la production représente un enjeu important pour

---

[346] S.C. 1900, c. 24. Il est important de noter que la loi crée aussi un ministère du Travail. Voir : R. Chartier, « La loi des différends ouvriers de Québec (1901-1909) », (1962) 17 *Relations industrielles/Industrial Relations*, n° 2, 159, pp. 159 – 160 ; J. A. Dickinson, « La législation et les travailleurs québécois 1894-1914 », (1986) 41 *Relations industrielles/Industrial Relations*, n° 2, 357, pp. 359 et suiv.
[347] H. D. Woods, *op. cit.* note 345, pp. 50 s.
[348] S. C. 1907, c. 20.

l'intérêt public. La loi spécifie que l'une ou l'autre des parties à un différend de travail survenant dans une telle entreprise peut demander au ministre du Travail de former un conseil de conciliation et d'enquête auquel sera référé le conflit. Le conseil est composé de trois membres nommés par le ministre : chaque partie au différend suggère le nom d'un conciliateur qui, ensemble, identifient le troisième conciliateur. Leur rémunération est assurée par le gouvernement. De plus, tout arrêt de travail (par grève ou lock-out) est déclaré illégal s'il est déclenché avant que l'étape de la conciliation ne soit terminée. La loi ne distingue pas entre la conciliation et l'enquête. Le conseil de conciliation doit remettre ses recommandations au ministre mais ses conclusions ne lient aucunement les parties. Quant aux entreprises n'opérant pas un service public, la conciliation demeure strictement volontaire. La loi précise en effet que dans ce cas, un conseil de conciliation ne sera nommé que lorsque les deux parties au différend en feront conjointement la demande[349].

Cette loi représente un choix politique clair de la part du législateur fédéral. Elle ne prohibe pas le recours à la grève ou au *lock-out* mais elle le suspend jusqu'à la rencontre de certaines conditions. Avant l'adoption de la loi, deux voies s'offraient aux parties à un différend industriel : le régler par une entente ou recourir à la grève ou au lock-out. La loi de 1907 modifie cette dernière option dans les services publics : le recours aux moyens de pression économique est retiré aux parties tant qu'elles n'auront pas tenté de résoudre leur différend par la conciliation. Dans cette mesure, la conciliation devient un passage obligé pour accéder légalement aux moyens de pression économiques. Par ailleurs, même si l'État affiche toujours sa neutralité à l'égard du mouvement ouvrier, la loi de 1907 n'est pas sans lui donner une nouvelle arme stratégique, du moins indirectement. En effet, la médiation, devenue obligatoire à la requête d'une seule partie dans les services publics, implique nécessairement que l'employeur transige, par l'intermédiaire d'un tiers il est vrai, avec le syndicat. La loi aménage ainsi un espace de négociation qui risquerait autrement de demeurer inexistant. À l'extérieur des services publics, en effet, souvent seul le recours à la grève permet d'espérer la reconnaissance syndicale et une éventuelle négociation, une

---

[349] H. D. Woods, *op. cit.* note 345, pp. 56 s.

stratégie aux résultats aléatoires, compte tenu de la faiblesse de la plupart des syndicats[350].

Quelques années auparavant, en 1901, le Québec avait adopté la *loi des différends ouvriers de Québec* en s'inspirant de la loi de la Nouvelle-Zélande de 1894[351]. Par contre, le caractère volontaire des mesures retenues par la loi québécoise semble davantage correspondre à l'expérience française de 1892. Une démarche en deux étapes est proposée pour amener les parties à régler leur différend à l'amiable. Sur demande des deux parties ou de l'une d'entre-elles, un conseil de conciliation est nommé. Il est composé de quatre membres, chaque partie nommant deux conciliateurs. Le gouvernement paie leur rémunération et leurs frais. En cas d'échec de la médiation, le différend peut être soumis au conseil d'arbitrage dont la décision ne revêt aucun caractère obligatoire.

Dépourvue de toute forme de coercition, la démarche du conseil de conciliation risque d'être peu effective. Pour remédier un tant soit peu à la situation, dès 1903, le greffier des conseils de médiation et d'arbitrage, chargé de l'administration de la loi, se voit conférer le pouvoir d'intervenir *proprio motu* dans le cas de différend ou de menace de différend pour tenter une conciliation. Il demeure qu'en tout état de cause, le poids de son intervention semble souvent passé inaperçu[352].

L'incertitude qui prévaut au pays quant à l'appartenance de la compétence constitutionnelle en matière de relations du travail cause problème, et la constitutionalité de la loi fédérale de 1907 est contestée devant les tribunaux. Le Conseil privé de Londres tranche la question en 1925 et invalide la loi : les relations du travail relèvent de la compétence exclusive que les provinces détiennent en matière de droit civil[353]. Le législateur fédéral ne peut dorénavant intervenir à cet égard qu'envers les entreprises dont les activités relèvent de sa propre compétence, comme le transport aérien, maritime et ferroviaire, la radio et la télévision ou les banques, ce qui concerne moins de 10% de la main-d'œuvre canadienne. Dans les années suivant la décision du conseil privé, les provinces

---

[350] *Id.*, à la p. 62.
[351] S.Q. 1901, c. 32. Voir Beaulieu, *op.cit.* note 345, pp. 95 et s. Chartier, *loc.cit.* note 346, pp. 162 et s.
[352] Chartier, *loc.cit.* note 346, à la p. 165.
[353] *Toronto Electric Commissioners* c. *Snyder*, [1925] A.C. 396.

coopèrent avec Ottawa pour étendre l'application de la loi fédérale, ou de ses principes, dans leur propre champ de compétence. Ainsi, le Québec adopte une loi en 1932 qui applique les principes de la loi fédérale aux entreprises d'utilité publique dans la province.

La description des initiatives gouvernementales poursuivies au Canada et au Québec au cours des premières décennies du 20ème siècle permet de comprendre les caractéristiques essentielles de la médiation telle qu'elle se pratique encore de nos jours dans le domaine du travail. Ces caractéristiques reflètent un modèle mis en place par le gouvernement, administré et financé par celui-ci, pour amener les parties à négocier et à convenir d'un règlement à l'amiable de leur différend, le tout dans le but ultime de préserver la paix industrielle. Le modèle, purement volontariste à ses débuts, devient progressivement plus coercitif. Il s'applique généralement à tout différend ouvrier, soit un désaccord s'inscrivant dans le cours de relations patronales-syndicales et portant sur toute question liée aux conditions de travail des travailleurs.

Tant au niveau fédéral que québécois, 1944 marque un changement fondamental dans la façon dont l'État règlemente les relations de travail. Délaissant une stratégie fondée sur la neutralité, voire l'abstentionnisme, et orientée essentiellement vers la sauvegarde de la paix industrielle, le législateur entreprend de promouvoir le droit d'association et la négociation collective pour améliorer le sort de la classe ouvrière. Cette stratégie incorpore à la fois les caractéristiques du *Wagner Act* américain de 1935 et celles de la loi fédérale canadienne de 1907 à l'égard de la médiation et de la grève. Les principales composantes de la politique mise en place au Québec par la *loi sur les relations ouvrières*[354], et dont la plupart prévalent toujours aujourd'hui[355], sont les suivantes :

- Le droit d'association reconnu aux travailleurs ;

- La protection à l'encontre des pratiques déloyales qui inhibent l'exercice du droit d'association ;

- Un système administré par une agence gouvernementale pour définir, au niveau de l'établissement ou de l'entreprise l'unité de négociation, et accréditer le syndicat qui y est représentatif ;

---

[354] S.Q. 1944, c. 30, insérée dans les Statuts refondus du Québec de 1941 au chapitre 162A.
[355] La *loi sur les relations ouvrières* a été refondue au sein du *code du travail* adopté en 1964 et formant actuellement le chap. C-27 des lois refondues du Québec.

- Le monopole de représentation accordé au syndicat majoritaire au sein de l'unité de négociation ;

- L'obligation de négocier de bonne foi les conditions de travail faite à l'employeur et au syndicat accrédité ;

- Le droit de recourir à la grève ou au *lock-out* uniquement dans le cadre de la négociation de la convention collective ou de son renouvellement et, jusqu'en 1977, après avoir franchi une procédure obligatoire de médiation ;

- L'application obligatoire de la convention collective à tous les salariés inclus dans l'unité de négociation, qu'ils soient ou non membres du syndicat accrédité ;

- À compter de 1961, l'arbitrage obligatoire de tout litige découlant de l'application et de l'interprétation de la convention collective (litige communément appelé le grief), et l'interdiction de recourir à la grève ou au *lockout* pour toute la durée de la convention collective.

En recourant à l'accréditation du syndicat représentatif et en imposant l'obligation de négocier de bonne foi, le nouveau régime légal cherche à éviter les conflits liés à la reconnaissance syndicale. Dès lors, contrairement à la situation qui prévalait antérieurement, à tout le moins dans les services publics, la médiation n'a plus à intervenir pour amener les parties à négocier : la loi s'en charge directement. Toutefois, la médiation devient un préalable obligatoire à l'exercice du droit de grève et de lock-out. En vertu de la loi québécoise de 1944, chaque partie peut demander l'intervention d'un conciliateur du service de la conciliation et de l'arbitrage du ministère du Travail après une période de trente jours de négociation infructueuse. Si le résultat de la médiation s'avère négatif, le ministre nomme un conseil d'arbitrage selon les prescriptions de la vieille loi sur les différends ouvriers de 1901 qui prévaut toujours. Ce n'est que si le conflit de négociation demeure présent après l'intervention du conseil d'arbitrage que le droit de grève et de *lock-out* est acquis. Quant au grief, c'est-à-dire la mésentente relative à l'application ou à l'interprétation de la convention collective en cours, il ne peut faire l'objet d'une grève avant l'intervention d'un conseil d'arbitrage dont la décision demeure non obligatoire. À noter que la loi n'impose pas la médiation avant l'arbitrage et le recours éventuel à la grève dans le cas du grief. Un amendement important à ce sujet est apporté à la loi en

1961 : le droit de grève est aboli pendant la durée de la convention collective, et tout grief doit être obligatoirement dévolu à un arbitre dont la décision est obligatoire.

Le remplacement, en 1964, de la *loi des relations ouvrières* par le *code du travail* ne modifie en rien le rôle de la médiation des différends du travail au Québec. Les conflits d'intérêts, soit ceux liés à la négociation des conditions de travail à incorporer dans la convention collective, peuvent faire l'objet d'une grève ou d'un lock-out. Ceci n'est toutefois possible qu'après une étape de médiation obligatoire dont l'administration relève du ministère du Travail. Par contre, l'intervention d'un conseil d'arbitrage, subséquente à l'échec de la médiation, est abolie. Quant aux conflits de droit découlant de la convention collective, c'est-à-dire les griefs, ils ne peuvent qu'être soumis à l'arbitrage. Le législateur n'envisage pas de les soumettre au processus de la médiation.

Un changement significatif survient dans ce régime en 1977 alors que la médiation obligatoire comme condition d'obtention du droit de grève ou de *lock-out* est abandonnée[356]. Plusieurs critiques avaient décrié cette obligation, soutenant que souvent les parties ne se soumettaient à la médiation que dans l'unique but d'acquérir le droit de recourir aux moyens de pression économiques. Dorénavant, et c'est toujours le cas aujourd'hui, la médiation peut être demandée par l'une ou l'autre des parties à « toute phase des négociations » pour « les aider à effectuer une entente »[357]. Par ailleurs, le ministre du Travail peut imposer d'office la médiation aux parties[358]. Le code spécifie que les parties sont tenues d'assister aux séances que le conciliateur assigné à leur dossier convoque[359].

Depuis 2002, un nouvel organisme, la Commission des relations du travail, est chargé de l'administration du *code du travail*. Il s'agit d'un tribunal administratif, doté de très larges pouvoirs d'intervention et de sanction, qui, outre les demandes d'accréditation syndicale, dispose de façon finale de toute plainte ou recours formé en application du *code du*

---

[356] *Loi modifiant le code du travail et loi du ministère du Travail et de la Main-d'œuvre*, L.Q. 1977, c. 41. Voir Ross, *loc.cit.* note 341, pp. 404 et suiv.
[357] *Code du travail*, L.R.Q c. C-27, (ci-après *C.t.*), art. 54.
[358] *Id.*, art. 55.
[359] *Id.*, art. 56.

travail[360]. Rappelons que celui-ci, contrairement au code du travail français par exemple, ne s'intéresse qu'aux rapports collectifs du travail, et se limite à établir le cadre procédural à l'intérieur duquel la négociation collective des conditions du travail peut intervenir. La fonction juridictionnelle de la Commission est exercée par des commissaires qui, généralement, siègent seuls. La Commission intervient aussi par l'entremise d'agents de relations du travail qui sont chargés de faire enquête, et parfois même de la médiation, dans les dossiers d'accréditation et d'agir comme médiateur dans tous les autres dossiers soumis à la Commission. En effet, le *code du travail* précise que si les parties y consentent, leur affaire peut être soumise à un membre du personnel de la Commission (*i.e.* les agents de relations du travail) pour tenter d'en arriver à un règlement[361]. Ces dossiers soulèvent généralement un problème d'application du code dans le cadre de rapports collectifs du travail, comme des allégations de manœuvres d'intimidation à l'égard de l'exercice du droit d'association, de refus de négocier de bonne foi ou d'un arrêt de travail illégal. Le mandat de l'agent est de tenter de régler le litige dont la Commission est saisie, et non pas l'ensemble des désaccords qui peuvent subsister à la table de négociation. En ce sens, la médiation effectuée par l'agent de relations du travail vise un conflit de droit qui s'inscrit dans un contexte pré-décisionnel. Il s'agit là d'un tout nouveau rôle confié à la médiation dans le cadre des rapports collectifs du travail.

Avant de terminer cette section sur la médiation des différends liés aux rapports collectifs du travail, il faut regarder de plus près la situation particulière des services publics. Il s'agit des entreprises, relevant de l'État ou du secteur privé, qui assurent des services directement aux citoyens, comme les établissements de santé, les municipalités, les entreprises de transport par autobus, d'enlèvement des ordures ménagères, etc. De 1944 à 1964, la loi prohibait la grève et le *lock-out* dans ces secteurs[362]. Le *code du travail* de 1964 modifia cette politique, et accorda le droit de grève aux salariés des services publics. Les difficultés particulières des relations de travail dans ces secteurs, particulièrement lorsque l'État est l'employeur, y justifièrent

---

[360] *Id.*, art. 112 et suiv.
[361] *Id.*, art. 121.
[362] *Loi concernant les différends entre les services publics et les salariés à leur emploi*, S.Q. 1944, c. 31. Ces différends étaient résolus par un système d'arbitrage obligatoire.

l'aménagement d'un régime spécifique de la grève. C'est ainsi qu'aujourd'hui, la grève dans ces secteurs est généralement assujettie au maintien de services essentiels dont la définition doit être négociée au préalable par les parties[363]. À défaut, un tribunal administratif, le conseil des services essentiels, la détermine. Un médiateur du conseil des services essentiels intervient dans cette négociation pour aider les parties à trouver une solution à cet égard qui soit respectueuse de la loi. Un médiateur du conseil intervient aussi quand une grève illégale survient et que le service au public exige une reprise rapide du travail. Dans ces deux cas, la médiation revêt un caractère particulier car, au-delà des intérêts privés des parties, c'est le maintien des services auxquels la population a droit qui est en jeu.

Cette section établit comment la médiation des différends liés au travail salarié s'est développée dans un contexte de rapports collectifs au Québec. La médiation y vise essentiellement à aider les parties à régler les divergences qu'elles rencontrent dans la négociation des conditions de travail devant mener à la conclusion de la convention collective qui leur sera applicable. Cette médiation est insérée dans un cadre juridique et institutionnel qui s'est lentement mis en place tout au cours du 20ème siècle. Depuis une trentaine d'années maintenant, la médiation des différends du travail connaît un essor remarquable qui l'entraîne dans des domaines qui lui étaient complètement inconnus auparavant, notamment dans celui de la relation individuelle de travail. C'est l'objet de la section qui suit.

1.2. La médiation dans les rapports individuels de travail

À partir de 1944, la principale politique de l'État concernant la protection des travailleurs et l'amélioration de leurs conditions de travail consista à favoriser l'implantation de la négociation collective. La loi n'intervenait pas directement dans la détermination des conditions de travail, si ce n'est que pour imposer quelques normes minimales d'application universelle et d'ordre public. Cette situation a changé significativement à compter de 1975, alors que parallèlement à la promotion de la négociation collective, l'État est intervenu de plus en plus significativement dans le contenu même des conditions de travail. Ainsi, l'objet des normes minimales du travail fut élargi et varié. La loi

---

[363] Voir les articles 111.015 et s. du *Code du travail*.

accorda notamment une protection légale beaucoup plus significative à l'encontre du congédiement sans cause. La reconnaissance des droits fondamentaux au travail, y compris l'accès à l'égalité en emploi, fut systématiquement poursuivie et la protection des salariés contre les lésions professionnelles devint un objectif prioritaire de l'État[364]. La gamme des mécanismes et des recours disponibles pour veiller à l'application de ces nouveaux droits et normes s'élargit d'autant. Dans tous les cas, le législateur aménagea l'intervention possible d'un médiateur pour tenter d'amener les parties à régler à l'amiable leur contentieux. Il s'agissait là d'un tout nouveau rôle confié à la médiation, puisqu'elle devait dorénavant s'adresser à des conflits de droit survenant entre un employeur et un salarié individuel[365].

Les pages qui suivent proposent un panorama des principaux lieux où une telle médiation est disponible. Quelques mots au sujet du contenu de chacun des régimes légaux discutés aident à comprendre l'objet et le rôle qui relèvent de la médiation dans le cadre de leur administration. Sont successivement abordés les régimes des droits fondamentaux au travail, des normes du travail et de la santé et la sécurité du travail[366].

Les droits fondamentaux au travail. Qualifiée de loi quasi-constitutionnelle, la *charte des droits et libertés de la personne*[367] s'applique aux relations entre les personnes privées physiques ou morales et à celles entre le gouvernement et ses administrés relevant de la compétence québécoise. Dans le domaine du travail, l'importance de

---

[364] Sur cette modification dans l'orientation des politiques étatiques à l'égard des travailleurs en emploi, voir M.-F. Bich, « Droit du travail : genèse et génération » H. P. Glenn (dir.), *Droit du travail québécois et français : communauté, autonomie, concordance*, Les Éditions Yvon Blais inc., Cowansville, 1993, pp. 515-565.

[365] L'ensemble de ces droits s'applique aussi aux salariés assujettis à une convention collective. Toutefois, pour faire valoir ses droits, un tel salarié doit nécessairement soumettre le problème à son employeur par l'entremise de son syndicat représentatif. Si le litige ne se résout pas à ce niveau, le syndicat doit le déférer à un arbitre de griefs pour adjudication. Voir à ce sujet D. Veilleux, « L'arbitre de grief face à une compétence renouvelée… », (2004) 64 *Revue du Barreau*, 217 ; G. Trudeau, « L'arbitrage des griefs au Canada : Plaidoyer pour une réforme devenue nécessaire », (2005) 84 *Revue du Barreau canadien*, 249.

[366] Ce panorama s'inspire largement de celui fait par Diane Veilleux dans « La médiation des conflits de droit relatifs aux conditions de travail - Le cas du Québec », (2002) *Bulletin de Droit comparé du Travail et de la Sécurité sociale*, 23. Il en reprend de larges extraits.

[367] L.R.Q., c. C-12 (ci après *CDLP*). L'article 52 *CDLP* accorde préséance à cette loi sur toute autre loi, même celles qui lui sont postérieures, à moins que ces dernières ne prévoient s'appliquer nonobstant la *CDLP*.

la charte est majeure à cause de la nature des droits qu'elle protège. Au sein de ceux-ci, le droit à l'égalité figure parmi les plus importants. Ainsi, il est interdit à l'embauche ou en emploi, d'exercer une discrimination fondée sur l'un des quatorze (14) motifs prévus dans la loi, dont le sexe, la religion, la race et le handicap. Parmi les autres droits protégés, mentionnons le droit à la vie privée, à la dignité et à la réputation.

Le législateur a confié l'administration et la surveillance de la mise en œuvre de la charte à la Commission des droits de la personne et des droits de la jeunesse (CDPDJ). Outre les autres fonctions qui lui sont dévolues par le législateur québécois, cet organisme doit « favoriser un règlement entre la personne dont les droits auraient été violés ou celui qui la représente et la personne à qui cette violation est imputée »[368]. Le législateur met donc le règlement à l'amiable des conflits de droit au premier plan des responsabilités de la CDPDJ.

Pour accomplir cette tâche, la CDPDJ offre un service de médiation dans le processus d'enquête visant à vérifier les allégations de la plainte et à rechercher les faits prouvant l'atteinte à un droit protégé par la charte, ainsi que le préjudice subi par la victime présumée. L'enquête se déroule selon un mode non contradictoire au cours de laquelle les parties ont l'opportunité de présenter leur point de vue et leur version des faits. Le début de l'enquête est aussi l'occasion pour informer les parties qu'elles peuvent procéder en tout temps pendant l'enquête à un règlement à l'amiable si elles le souhaitent, et qu'elles peuvent à cet égard bénéficier de l'assistance de l'enquêteur qui tient aussi un rôle de médiateur.

Les normes du travail. La loi sur les normes du travail[369] établit un large éventail de conditions minimales de travail d'application obligatoire. L'administration du régime est confiée à la Commission des normes du travail (CNT), dont une partie importante du mandat consiste à recevoir les plaintes des salariés s'estimant lésés relativement à l'application des normes du travail. La loi indique que la CNT doit « tenter d'amener les employeurs et les salariés à s'entendre quant à leurs mésententes relatives à l'application de la présente loi et des règlements »[370]. On distingue quatre types de plaintes : les plaintes à caractère pécuniaire, les

---

[368] *CDLP*, art. 71(2).
[369] L.R.Q., c. N-1.1 (ci-après *LNT*).
[370] *Id.*, art. 5 (5).

plaintes à l'encontre d'une pratique interdite, les plaintes à l'encontre d'un congédiement sans cause juste et suffisante et les plaintes pour harcèlement psychologique. La procédure de médiation prévue dans la *LNT* s'applique seulement dans les trois derniers cas.

Les plaintes pécuniaires ne se prêtent pas à une médiation dans la mesure où elles portent sur des normes de travail d'application stricte ne pouvant donner lieu, en règle générale, à une évaluation subjective. Ces normes concernent le salaire, les heures supplémentaires, les congés annuels, les jours fériés, la fête nationale, les congés sociaux et parentaux, le préavis de fin d'emploi ou le versement de l'indemnité en tenant lieu et d'autres normes comme les périodes de repos et l'uniforme de travail. Il irait à l'encontre de la loi si la CNT acceptait que des plaintes soient réglées en deçà des seuils minima prévus alors qu'elle a pour mission de les faire respecter. Toutefois, ceci n'empêche pas la CNT de viser le règlement des plaintes pécuniaires sans intervention juridique. Elle préconise en effet une entente à l'amiable, toujours dans le respect des dispositions de la loi, avant qu'elle ne ferme le dossier d'enquête. Cela peut notamment survenir en permettant aux parties impliquées de réévaluer leur position respective à la lumière d'une information pertinente. Si la plainte n'est pas réglée à cette étape, la CNT peut intenter une action civile en faveur du salarié lésé devant l'instance judiciaire compétente.

Dans les cas de plaintes contestant une pratique interdite ou un congédiement sans cause juste et suffisante, la procédure de médiation est expressément prévue dans la loi. Les pratiques interdites visent toutes décisions de l'employeur ayant pour effet de rompre définitivement le lien d'emploi ou de le suspendre ou qui impose un changement d'occupation ou encore qui constitue une mesure discriminatoire ou de représailles pour l'un ou l'autre des motifs prévus par la loi. Parmi ceux-ci, on trouve l'absence pour cause de maladie ou d'accident, l'exercice d'un droit prévu par la loi, le fait pour une salariée d'être enceinte, l'atteinte de l'âge de la retraite, le fait pour un salarié d'être sous le coup d'une saisie-arrêt ou d'être débiteur d'une pension alimentaire. Le salarié qui se croit victime d'une pratique interdite peut porter plainte à la CNT.

Un salarié ayant au moins deux (2) ans de service continu chez le même employeur peut aussi adresser une plainte à la CNT s'il croit avoir été congédié sans une cause juste et suffisante. La loi interdit à l'employeur de mettre fin à l'emploi d'un salarié, à moins qu'il n'ait un motif sérieux et grave justifiant l'imposition d'une mesure aussi sévère que la fin d'emploi. La plainte à l'encontre d'une pratique interdite et celle à l'encontre d'un congédiement sans cause juste et suffisante donnent ouverture à une réclamation en réintégration d'emploi avec remboursement du salaire perdu depuis la date de l'imposition de la mesure contestée.

Dès réception de la plainte, la CNT charge un médiateur d'offrir aux parties l'aide nécessaire pour tenter de régler la contestation à leur satisfaction, une offre que chacune d'elles peut rejeter. Si la médiation ne se solde pas par une entente, la CNT peut offrir gratuitement les services d'un avocat de son contentieux qui se chargera de représenter le salarié qui a déféré sa plainte pour adjudication. À ce stade, le litige peut faire l'objet, si les parties y consentent, d'une autre médiation offerte cette fois-ci par la Commission des relations du travail qui, en plus de ses fonctions relatives aux rapports collectifs de travail[371], est chargée de trancher diverses plaintes, dont notamment celles pour pratique interdite et celles pour congédiement sans cause juste et suffisante.

Depuis 2002, la *LNT* confère à tout salarié le droit à un milieu de travail exempt de harcèlement psychologique, et il appartient à l'employeur de prendre tout moyen raisonnable pour qu'il en soit ainsi[372]. Plusieurs hypothèses peuvent survenir lorsque la CNT reçoit une plainte pour harcèlement psychologique. Elle s'assure tout d'abord de son admissibilité. Si tel est le cas, et si la plainte est jointe à une autre de pratique interdite ou de congédiement sans cause juste et suffisante, la CNT offre la médiation aux parties. Si cette médiation est refusée, si elle ne produit pas les résultats escomptés ou s'il s'agit d'une plainte unique de harcèlement, un enquêteur intervient pour documenter le dossier tout en tentant d'y déceler une possibilité de règlement. La CNT peut aussi proposer aux parties une médiation conduite par le service de conciliation et de médiation du ministère du Travail, celui-là même qui est chargé de la médiation des différends émanant de la négociation collective. En cas d'absence de règlement, la plainte est déférée à la

---

[371] Voir *supra*, note 360 et le texte l'accompagnant.
[372] Art. 81.19, *LNT*. Le harcèlement psychologique est défini à l'article 81.18 de la façon suivante : « […] une conduite vexatoire se manifestant soit par des comportements, des paroles, des actes ou des gestes répétés, qui sont hostiles ou non désirés, laquelle porte atteinte à la dignité ou à l'intégrité psychologique ou physique du salarié et qui entraîne, pour celui-ci, un milieu de travail néfaste ».

Commission des relations du travail pour adjudication, et devant laquelle le salarié pourra être représenté sans frais par un avocat de la CNT. Là encore, un agent de relations du travail de la Commission des relations du travail pourra tenter d'amener les parties à conclure un règlement à l'amiable avant adjudication.

Le régime de la santé et la sécurité au travail. Au Québec ce régime est administré par la Commission de la santé et la sécurité du travail (CSST), un organisme public responsable de la mise en œuvre de la *loi sur la santé et la sécurité du travail*[373], visant les aspects préventifs en matière de santé et sécurité au travail, et de la *loi sur les accidents du travail et les maladies professionnelles*[374]*,* instituant un régime d'indemnisation et de réadaptation en cas de lésions professionnelles.

En tant que gestionnaire du régime, la CSST rend des décisions en matière d'indemnisation. À ce niveau décisionnel, le législateur n'a pas prévu de procédure de médiation puisque la CSST est elle-même impliquée dans le dossier, étant l'agent payeur. Les décisions administratives qu'elle rend peuvent cependant être contestées devant la Commission des lésions professionnelles (CLP) qui offre une procédure de conciliation.

Il faut mentionner que la CSST agit comme adjudicateur dans le cas de plainte d'un salarié contestant une fin d'emploi, une suspension d'emploi, un déplacement ou toute autre mesure discriminatoire ou de représailles au motif qu'il a exercé un droit résultant de la *LSST* ou de la *LATMP*. Si le travailleur y consent, la CSST peut tenter une médiation, la loi n'exigeant pas le consentement des deux parties pour que la médiation soit initiée. C'est pourquoi, dans la pratique, le médiateur dira que la médiation a échoué lorsque l'employeur la refuse. En l'absence d'une entente entre les parties, le médiateur peut agir comme décideur dans le même dossier. Cette décision, comme les décisions administratives de la CSST, peut être portée en appel devant la Commission des lésions professionnelles (CLP). Il s'agit d'un tribunal administratif spécialisé compétent pour décider des recours formés à l'encontre des décisions rendues par la CSST. Le processus de médiation volontaire aménagé à la *LATMP* y est considéré comme un mode privilégié de règlement à l'amiable des contestations dont elle est saisie.

---

[373] L.R.Q., c. S-2.1 (ci-après *LSST*).
[374] L.R.Q., c. A-3.001 (ci-après *LATMP*).

La médiation des différends du travail au Québec (…)

Ce tour d'horizon des droits individuels reconnus aux travailleurs salariés par la législation québécoise et de leurs mécanismes d'application illustre à quel point la médiation s'inscrit aujourd'hui comme une voie incontournable de règlement des différends que l'application de ces droits soulève. Ce faisant, la médiation sort de ses sentiers traditionnels, pour s'aventurer du côté des conflits individuels portant sur des questions de droit. Cette évolution n'est pas sans soulever plusieurs questions quant aux objectifs dont la loi confie la réalisation à la médiation.

2. Les objectifs en vue

La médiation, à titre de politique publique, participe à divers objectifs sociaux et économiques. Pour les fins de ce chapitre, nous retenons les quatre objectifs suivants : assurer de saines relations du travail et promouvoir la paix industrielle (2.1) ; favoriser le règlement négocié en tant que mode de régulation sociale (2.2) ; trouver des solutions pratiques et concrètes aux différends (2.3) ; rendre l'accès à la justice plus rapide et moins onéreux (2.4). Ces objectifs, pourrait-on dire, ne sont pas l'apanage de la médiation puisqu'ils sont poursuivis par diverses politiques publiques. L'intérêt est de cerner l'espace de négociation que la médiation génère relativement à l'atteinte de ces divers objectifs. En fait, comment la médiation participe-t-elle à l'atteinte de chacun des objectifs précédemment énoncés ?

2.1. Assurer de saines relations du travail et le maintien de la paix industrielle

Les relations du travail portent une part immanente de situations potentiellement ou réellement conflictuelles compte tenu des intérêts, des droits et des caractéristiques particulières des acteurs en présence. L'important est de pouvoir identifier ces situations et les résoudre sans qu'elles ne se transforment en l'expression d'un simple rapport de force entre les parties qui s'opposent. Dans la mesure où l'on s'entend pour dire qu'un différend doit mener à un rapport de sens et non à un rapport de force, on recherchera des processus susceptibles de contenir celui-ci et d'y mettre un terme[375]. Quelle est donc la pertinence de la médiation par

---

[375] Au sujet des notions de conflits pouvant mener à un rapport de force et pouvant mener à un rapport de sens, v. Marc Thomas, « Choisir les stratégies adaptées pour gérer les

rapport à d'autres processus institutionnels existants et ayant eux aussi pour objectif de proposer aux parties aux relations de travail un espace de discussion et d'échange en vue du règlement du différend qui les oppose ?

La négociation collective. Processus institutionnel important puisqu'elle permet la conclusion d'une convention collective de travail, la négociation collective contribue par sa nature même à de saines relations de travail. Nous avons déjà expliqué que le législateur a créé un espace propice à la négociation collective en reconnaissant le monopole de la représentation syndicale et l'obligation de négocier de bonne foi à des périodes déterminées. La négociation collective est un processus de résolution des différends qui permet aux parties, elles-mêmes, d'établir les règles de fonctionnement et de décider de la solution résultant de leurs échanges mutuels. On peut d'ailleurs penser que l'obligation de négocier de bonne foi avec le syndicat représentatif, instituée au Québec et au niveau fédéral canadien en 1944, a modifié le rôle joué par la médiation dans les rapports collectifs du travail. Antérieurement, celle-ci était souvent pour les parties l'occasion de débuter une négociation dans les faits. Depuis, il s'agit pour la médiation d'investir l'espace de négociation déjà instituée par la loi, pour amener les parties à négocier plus effectivement et à régler leur différend sans recours aux moyens de pression économiques. La médiation s'avère donc un mécanisme susceptible d'augmenter l'efficacité de la négociation collective.

Contrairement à la négociation collective qui reste basée sur la communication bilatérale, la grève et le lock-out, qui entraînent l'arrêt de travail des salariés visés, marquent un point d'achoppement, sinon de

---

conflits », (2005) 3 *Revue de Prévention et de Règlement des Différends*, 77, pp. 79 et 80. Un conflit peut mener à un rapport de sens dans la mesure où il entraîne les parties dans un échange, une négociation où les points de vue divergents sont véritablement abordés, plutôt que dans un affrontement, un recours au rapport de force brut, sans recherche active d'un compromis mutuellement satisfaisant. L'analogie avec la négociation collective peut être utile ici : pendant une ronde de négociation, les parties échangent leurs points de vue. Sur certaines conditions de travail, elles seront d'accord, alors que sur d'autres elles auront des désaccords qui vont engendrer véritablement la négociation. Par définition, la négociation existe dans la mesure où les points de vue divergent. S'ils sont les mêmes, on n'a pas à négocier. Or la négociation offre l'opportunité d'en venir à des échanges, des discussions porteuses d'idées, des façons de faire auxquelles les deux parties vont adhérer parce qu'elles leur apparaissent acceptables. La négociation véritable conduit ainsi à instaurer un rapport de sens.

rupture dans la négociation. Généralement accompagnés de piquetage et de boycott, la grève et le *lock-out* peuvent être considérés comme des moyens d'expression, à dimension unilatérale, et visant à marquer le rapport de force des parties en présence. Ils sont la manifestation d'un manque, voire d'une perte de contrôle des parties sur leur négociation, et incidemment, de la faiblesse de l'une par rapport à la force de l'autre. La grève et le *lock-out* peuvent aussi être l'occasion de manifestations violentes et de dérapages soit en paroles, soit en gestes ou en actions, susceptibles d'éloigner de plus en plus les parties du centre de leurs discussions. Le recours à une telle expression du rapport de force fait souvent l'objet de critiques parce qu'il cadre plus ou moins avec la représentation des relations de travail que l'on veut rationnelles, égalitaires et économiquement performantes. Le débat perturbé par une grève ou un *lock-out* soulève, en outre, la crainte qu'il perde son sens au travers de manifestations, aussi légitimes puissent-elles être, s'il n'est pas restitué dans un processus de communication favorable à la discussion plutôt qu'à l'affrontement.

Lorsque les parties ne maîtrisent plus leur processus de négociation ou encore qu'elles appréhendent des difficultés à ce niveau, la médiation leur offre la possibilité de rétablir ou de découvrir un canal de communication pouvant les ramener dans un processus de « négociation raisonnée »[376], et les conduire à la résolution de leur différend. C'est alors le médiateur qui prend charge du processus dans le but de remettre les parties en contrôle de leur propre négociation. La démarche est d'ordre circulaire puisque la détermination des conditions de travail relève fondamentalement des parties à la négociation. La médiation favorise, de toute évidence, dans ces circonstances, la paix dans les relations du travail parce que d'une part, elle offre aux parties un processus qui leur permet de débattre dans l'optique de créer un rapport de sens et d'autre part, elle favorise la continuité dans les relations de travail. C'est pourquoi, on adhère aisément à sa pertinence comme mode de résolution des différends à l'intérieur du processus de la négociation collective.

---

[376] R. Fisher et W. Ury, *Comment réussir une négociation*, Éditions du Seuil, Paris, 1982, à la p. 15. Voir les commentaires de Nabil N. Antaki concernant la théorie de la négociation raisonnée développée par les auteurs précités, *Le règlement amiable des litiges*, Les Éditions Yvon Blais inc., Cowansville, 1998, pp. 53-56.

Les systèmes de justice. La même analyse apparaît de prime abord moins pertinente lorsqu'on situe la médiation par rapport aux systèmes de justice. Ce sont des processus qui ont été institués eux aussi en vue de contenir des différends que l'on peut qualifier de conflits puisqu'ils sont rendus au niveau contentieux. Devant le tribunal, qu'il soit judiciaire ou administratif, le débat reste contenu, mais essentiellement dans ses dimensions juridiques. Les parties à un litige sont invitées à communiquer par l'entremise d'une procédure judiciaire dont le respect est assuré par le juge qui préside. Celui-ci décidera, en définitive, de la solution de droit à leur problème. Pourquoi restituer le différend ou le litige dans un processus de médiation, alors qu'un tribunal aurait pu contenir le débat et y mettre un terme par la décision rendue ?

N'est-ce pas d'abord accepter que le tribunal ne soit pas la seule voie utile pour établir un rapport de sens face au droit applicable, et postuler que les parties intéressées au litige pourront le dégager en bénéficiant de l'assistance nécessaire ?[377] De plus, la représentation qu'on se fait aujourd'hui de la justice judiciaire et de la justice administrative n'est peut-être pas étrangère à l'intérêt suscité par la médiation comme mode alternatif de résolution des conflits de droit dans les relations du travail.

Tout aussi importants que soient la loi et les tribunaux qui ont charge de l'appliquer, le débat devant ces derniers peut être perçu, à tort ou à raison, comme l'expression d'un rapport de force entre les parties en présence par la voix de leurs représentants. La décision du tribunal contribue aussi à cette image de rapport de force dans la mesure où elle entraîne un gagnant et un perdant. En outre, le tribunal s'emploie à dégager un rapport de sens dans l'énoncé de ses motifs, mais celui-ci tient essentiellement aux règles de droit applicables et aux faits mis en preuve.

Vu sous cet angle, le processus judiciaire ou quasi-judiciaire laisse inexploitée, dans plusieurs cas, une aire de débat que seulement les parties en présence pourraient occuper en vue de trouver elles-mêmes un rapport de sens au litige qui les anime. Elles peuvent, en effet, avoir des intérêts qui vont au-delà d'un rapport de sens strictement juridique ou

---

[377] De façon générale, voir à ce sujet : Antaki, *idem*, pp. 11-19 ; Louise Otis, « La justice conciliationnelle : l'envers du lent droit », (2003) 63 *Éthique publique*, 63 ; Georges A. Legault, « Enjeux éthiques de la conférence de règlement amiable », (2005) 3 *Revue de Prévention et de Règlement des Différends*, 3, pp. 10-11.

encore elles peuvent attribuer au droit un rapport de sens différent de celui du juge. En les conviant à une médiation, on engage les parties dans un processus de communication qui leur permet à la fois de voir plus clairement la portée des droits en litige et leur intérêt à en assurer elle-même le respect, sans l'intervention d'un tribunal[378].

En offrant la médiation dans un tel contexte, on institutionnalise un espace de négociation qui n'existait pas. Certes, les parties à un litige ont toujours la possibilité de le régler entre elles lorsqu'elles le souhaitent. Toutefois, elles se situent alors dans un espace « privé » de négociation. L'aménagement d'un espace « public » de négociation donne le signal aux parties qu'elles ont un rôle primordial à jouer dans la quête d'un rapport de sens eu égard aux droits en vigueur. Conçue sous cet angle, la médiation institutionnelle favorise l'établissement de saines relations du travail puisqu'elle permet de contenir le conflit de droit et de le résoudre sur la base d'un rapport de sens aux yeux des parties intéressées.

2.2. Favoriser le règlement négocié en tant que mode de régulation sociale

Lorsqu'on envisage la médiation par rapport à la négociation d'une convention collective de travail, il n'y a de contradiction, ni réelle, ni apparente, dans les buts visés par le processus de médiation. Dans un cas comme dans l'autre, on veut qu'une convention collective soit conclue. Le rôle du médiateur ne porte pas à ambiguïté puisque les parties restent libres de décider des paramètres du règlement négocié[379]. Le résultat de

---

[378] « Le conflit appréhendé en médiation ne se résume pas quant à lui au litige entre les parties et à la seule normativité juridique comme cadre de référence de la décision des parties. Il embrasse ou peut embrasser un ensemble de normativités, telles les normativités sociales, morales, techniques ou même juridiques que les règles de preuve ne permettent pas de retenir ». Ces propos sont de Louise Lalonde, « Médiation et droit : opposition, intégration ou transformation ? Le continuum dans la pratique civile et commerciale de la médiation », *Développements récents en médiation 2001*, Les Éditions Yvon Blais inc., Cowansville, 2001, à la p. 87. Voir aussi : J.-F. Roberge, « Comment diagnostiquer la substance d'un conflit en médiation ? », (2003) 1 *Revue de Prévention et de Règlement des Différends*, 35, pp. 37-38.

[379] L'article 62 du *code du travail* prévoit le contenu de la convention collective dans les termes suivants : « La convention collective peut contenir toute disposition relative aux conditions de travail qui n'est pas contraire à l'ordre public, ni prohibé par la loi ». Dans un article publié en 1990 (*loc. cit.* note 1, à la p. 411), Claudette Ross constatait que les conciliateurs en matière de négociation collective adoptaient une approche accommodative par rapport à l'entente négociée. Elle définit cette approche comme étant celle où « le conciliateur rechercherait l'entente entre les parties, quel qu'en soit le contenu ». Elle

la médiation est donc celui attendu par le législateur, lequel confie aux parties à la négociation le soin de déterminer les conditions de travail qui ont force obligatoire en vertu de la loi.

La médiation institutionnelle soulève plus de questionnement quant au résultat escompté lorsqu'on l'envisage par rapport aux systèmes de justice. Elle introduit une dimension de pluralisme juridique dans des systèmes qui reposent fondamentalement sur le respect de la règle de droit issue de la loi et de la jurisprudence.

En effet, le médiateur, en plus d'être un facilitateur[380], peut être appelé à jouer un rôle de conformateur à la loi[381] en informant les parties à un litige des règles de droit en vigueur et qui les concernent. L'espace de négociation créée par la médiation permet aux parties d'avoir une connaissance commune des règles de droit pertinentes à leur cas, sans avoir à s'adresser à un tribunal. Le médiateur peut aussi agir en tant qu'agent de transformation de perceptions[382] en vue d'objectiver de part et d'autre les faits qui opposent les parties. Ces dernières n'ont peut-être pas toutes les deux la même connaissance, ni la même compréhension des faits qui les opposent. L'importance qu'elles accordent à certains faits par rapport à d'autres peut aussi diverger. En tentant d'unifier la représentation que se font les parties, à la fois de leurs droits respectifs et des faits vécus, le médiateur les oriente, vraisemblablement, vers un rapport de sens. Il peut aussi inviter les parties à s'exprimer par rapport à leurs besoins, leurs intérêts afin qu'elles en viennent à identifier des solutions acceptables à leurs yeux[383]. Le rôle du médiateur peut ainsi varier sur le spectre de l'amiable composition. Toutefois, lorsqu'il intervient sur ce spectre, plusieurs le mettent en garde de donner son

---

distingue cette approche de l'approche normative où « le conciliateur se devrait d'assurer l'adéquation du contenu de l'entente avec l'intérêt public, [...] ; le conciliateur aurait donc à évaluer le mérite des positions respectives des parties ». L'approche situationnelle est celle où « le conciliateur adopterait l'une ou l'autre des approches précédentes, selon les dossiers ou même selon les étapes d'un même dossier ».

[380] Antaki, *op.cit.* note 376, pp. 160-164. L'auteur distingue le médiateur facilitateur du médiateur évaluateur.
[381] V. De Briant et Y. Palau, *La médiation, définition, pratiques et perspectives*, Éditions Nathan, Paris, p. 44-47.
[382] De Briant et Palau, *idem*, p. 45.
[383] S. Roy, A. Schneebalg et É. Galton, *La médiation : préparer, représenter et participer*, Les Éditions Yvon Blais inc., Cowansville, 2005, pp. 125-129.

opinion par rapport aux questions de fait ou de droit en litige et soumises à médiation, par crainte qu'il ne perde sa neutralité[384].

Vouloir favoriser le règlement négocié en tant que mode de régulation sociale est sans conteste louable puisqu'on responsabilise de cette façon les parties en les amenant elles-mêmes à régler les problèmes qui les opposent. On favorise aussi le respect des règlements puisqu'ils émanent des parties elles-mêmes. Que le législateur aménage un espace de négociation propice à un règlement négocié et cela même dans un conflit de droit paraît tout à fait sensé. D'ailleurs, au Québec, l'unanimité à cet égard peut être constatée puisque la médiation apparaît comme le mode alternatif de règlement des différends dans la plupart des lois du travail[385], voire aussi au *code de procédure civile du Québec*[386].

La médiation est sans conteste un processus de régulation sociale[387]. Mais quel est l'apport du règlement négocié en tant que mode de régulation sociale ? La médiation en vue de la conclusion d'une convention collective donnera comme résultat une entente collective sur une diversité de conditions de travail. Cette entente lie les parties signataires, c'est-à-dire l'employeur et le syndicat accrédité, ainsi que les salariés que ce dernier représente. Le dépôt obligatoire de la convention collective à la Commission des relations du travail[388] la rend disponible pour toute personne qui désire se la procurer. Une convention collective vient donc réguler les conditions de travail des parties auxquelles elle s'applique, mais elle a aussi un effet régulateur sur les conditions de travail d'autres employeurs par effet d'entraînement. Les entreprises s'autorégulent en matière de conditions de travail en tenant compte de celles qui s'appliquent ailleurs.

En ce qui concerne la médiation par rapport aux litiges qui se rattachent aux systèmes judiciaire ou administratif de justice, l'aspect normatif du

---

[384] Voir à ce sujet : Roy, Schneebalg et Galton, *idem*, pp. 11 et 72 ; S. Courteau, « La conciliation judiciaire à la cour supérieure», (2005) 3 *Revue de Prévention et de Règlement des Différends*, 53, pp. 55-56.
[385] Voir *supra* (1.2)
[386] Au sujet de la conciliation judiciaire à la cour d'appel du Québec et à la cour supérieure du Québec, voir : L. Otis, « La conciliation judiciaire à la cour d'appel du Québec», (2003) 1 *Revue de Prévention et de Règlement des Différends*, 1 ; Courteau, loc. cit. note 384, pp. 51-64.
[387] De Briant et Palau, *op.cit.* note 381, pp. 43-54.
[388] Art. 72 *C.t.* On peut également consulter les conventions collectives sur le site du ministère du Travail à l'adresse internet suivante : www.travail.gouv.qc.ca.

résultat de la médiation n'est pas aussi clair. L'entente négociée, comme la décision d'un tribunal, porte sur une situation litigieuse bien précise. Toutefois, contrairement à la décision rendue par un tribunal, le règlement à l'amiable reste confidentiel, sauf dans les cas où un tribunal doit en prendre acte[389]. On pourrait ainsi croire qu'il ne peut servir de précédent pour d'autres règlements de même nature. Or, fort de l'expérience acquise, le médiateur aura la connaissance du précédent. Il sera instruit à la fois des précédents jurisprudentiels et des précédents de médiation. Il peut faire part des premiers aux parties intéressées dans la médiation. Les seconds deviendront-ils ses balises personnelles qui influenceront les questions, les commentaires, les suggestions ou encore les recommandations qu'il pourrait adresser aux parties ou à l'une ou l'autre d'entre elles en vue de les amener vers un rapport de sens qui ne sera pas celui qu'un tribunal aurait pu dégager, mais plutôt celui que d'autres parties à un règlement auraient pu emprunter ? Dans ces circonstances, la confidentialité des règlements devrait-elle prévaloir comme c'est le cas dans plusieurs processus de médiation ? Les organismes responsables de la médiation ne devraient-ils pas, à tout le moins, conserver les règlements et en faire une analyse systématique ? Cela permettrait d'instruire les médiateurs, d'élargir leur champ de références, d'identifier les balises acceptables et d'écarter celles qui ne le sont pas.

Sur le plan de la régulation sociale, l'apport des règlements intervenant par la médiation reste difficile à cerner parce qu'on en ignore le contenu. Intuitivement, nous serions portés à croire qu'ils se limitent à présenter les faits essentiels et admis par les parties, ainsi que les solutions acceptées d'un commun accord, sans que les parties ne les justifient en regard d'une norme particulière. L'objectif n'est-il pas avant tout pour les parties à un litige de trouver une solution concrète et pratique à leur

---

[389] Le règlement doit être entériné obligatoirement par un tribunal dans les cas suivants : services essentiels, art. 111.0.10, 111.0.19 et 111.10.1 *C.t.* ; lésions professionnelles, art. 429.46 *LATMP* (L.R.Q. c. A-3.001). Il peut l'être selon les art. 118 (7) et 123 *C.t.*, à la demande d'une partie dans les matières où la Commission des relations du travail est compétente. Certains diront que le caractère confidentiel de la médiation peut être un motif pour l'utiliser : Roy, Schneebalg et Galton, *op.cit.* note 383, p. 128 ; J. Paré, « Solution de rechange pour le règlement des litiges : la médiation », dans *Médiation et modes alternatifs de règlement des conflits : aspects nationaux et internationaux »*, sous la direction de J. –L. Baudouin, Les Éditions Yvon Blais inc., Cowansville, 1997, pp.193-208, p.198 ; Courteau, loc. *cit.,* note 384, p.56.

problème ? C'est là, semble-t-il, le principal apport du règlement négocié par voie de médiation en termes de régulation sociale des conflits de droit.

2.3. Trouver des solutions concrètes et pratiques

La médiation crée un espace de négociation donnant aux parties à un litige l'occasion de décider des moyens de redressement appropriés pour régler leur problème[390]. Celles-ci peuvent adopter des solutions à la fois concrètes et pratiques. Elles sont concrètes dans la mesure où les parties savent qu'elles sont capables mutuellement de les réaliser, et elles sont pratiques dans la mesure où elles répondent aux besoins ou aux intérêts des parties intéressées. Les solutions adoptées en médiation peuvent ainsi différer de celles qu'aurait imposées un tribunal. On reproche de plus en plus aux systèmes de justice de rendre des ordonnances qu'une des parties n'arrive pas à appliquer ou que les parties ne sont pas intéressées à respecter, les amenant à négocier un aménagement des ordonnances émises qui leur convienne. Il peut aussi arriver que les solutions obtenues auprès du tribunal compétent ne soient pas complètes. Dans ce contexte, les justiciables peuvent ressentir de l'insatisfaction, voire de la frustration face aux systèmes de justice. En permettant aux parties concernées d'accéder à des solutions proches de leurs intérêts immédiats, la médiation contribue à donner une image plus conciliante de la justice. Celle-ci ne tient plus seulement à des idéaux politiques et juridiques, elle prend un visage social qui invite les citoyens directement intéressés à décider des solutions de règlement au différend qui les oppose.

Nous avons vu que la médiation intervient généralement dans des matières contentieuses dont les solutions ne sont pas précisément prévues dans la loi. Il appartient traditionnellement au tribunal de les élaborer dans les limites de sa compétence juridictionnelle. Par la médiation, le choix de solutions justes et raisonnables n'est plus seulement imputable au tribunal. Les parties intéressées pourront l'effectuer et, hormis les cas où l'entente doit être ratifiée par le tribunal, celui-ci ne sera saisi du

---

[390] « Les étapes du développement des options de solution et de leur négociation visent à permettre aux parties de créer la solution adaptée à leur réalité qui permettra de résoudre le(s) problème(s) commun(s) et/ou individuel(s)... », propos de J.-F. Roberge, « La conférence de règlement à l'amiable : les enjeux du raisonnement judiciaire et du raisonnement de résolution de problème », (2005) 3 *Revue de Prévention et de Règlement des Différends*, 27, pp. 39-42; Courteau, *loc. cit.* note 384, p.56.

problème qu'en l'absence d'accord de leur part. Sauf exception, le législateur s'en remet donc à la liberté contractuelle, laquelle repose sur le consentement libre et éclairé. Par ailleurs, en plus de rendre la justice plus accessible eu égard aux solutions envisagées, la médiation contribue à offrir une justice plus rapide et moins coûteuse que celle offerte par les tribunaux judiciaires et administratifs.

2.4. Offrir une voie d'accès rapide et économique à la justice

Les différends dans les relations du travail entraînent des coûts économiques et sociaux qui peuvent devenir problématiques s'ils perdurent trop longtemps. En ouvrant la porte à la négociation des différends par la voie de la médiation, le législateur favorise ainsi une justice plus rapide et moins onéreuse pour les parties concernées et la société dans son ensemble. En effet, on reconnaît aisément que plus vite sera conclue une convention collective, mieux s'en porteront l'employeur, le syndicat accrédité et les salariés qu'il représente. On évite ainsi des débats qui pourraient diminuer la qualité des relations du travail, miner le moral des travailleurs et affecter la rentabilité de l'entreprise, sans compter le coût social que représente tout conflit de travail. Tel que déjà expliqué, c'est ce dernier souci qui a amené le législateur, dès le début du 20eme siècle, à recourir à la médiation dans les rapports collectifs du travail.

De la même façon, la médiation en tant que voie alternative aux recours juridictionnels vise aussi à offrir une voie d'accès plus rapide et moins onéreuse à la justice[391]. En réglant elles-mêmes leur différend, les parties intéressées obtiennent du même coup une justice plus rapide en évitant l'attente de la décision d'un tribunal. En outre, la médiation, beaucoup plus flexible dans son mode de fonctionnement qu'un tribunal, reste moins coûteuse.

La médiation contribue de même à désengorger les tribunaux, particulièrement les instances administratives dont le nombre d'audiences pourrait s'allonger de façon exponentielle à cause de la simplicité des processus de plaintes et de l'augmentation constante des droits que la loi confère aux salariés. En favorisant la médiation, le

---

[391] Concernant une analyse économique des coûts associés à la résolution des litiges : N. Chappe, « Les apports de l'analyse économique en matière de résolution des litiges », (2005) 3 *Revue de Prévention et de Règlement des Différends*, 33. Également, quant aux raisons justifiant le recours à la médiation des conflits de droit : Courteau, *idem*, pp. 63-64.

législateur évite donc la surcharge de plaintes devant les tribunaux et contribue à diminuer les coûts d'administration de la justice.

3. Les incitatifs à la médiation

Pour atteindre les divers objectifs précédemment exposés, il fallait mettre en place des processus de médiation qui attirent l'intérêt et la confiance des parties visées. La médiation doit présenter une image favorable pour que les parties intéressées veuillent s'y engager. Les incitatifs à la médiation peuvent être regroupés sous deux rubriques : une procédure sans formalisme, offerte gratuitement par des organismes spécialisés (3.1) ; une procédure offrant des garanties de neutralité et de confidentialité (3.2).

3.1. Une procédure sans formalisme, offerte gratuitement par des organismes spécialisés

L'attrait de la médiation repose d'abord sur la facilité d'y accéder et pourrions-nous dire d'y participer, et cela, qu'il s'agisse d'un différend dans le cadre de la négociation d'une convention collective de travail ou d'un différend relevant de la compétence d'un tribunal administratif. De façon générale, le législateur encadre peu la procédure de médiation, se limitant à identifier l'organisme qui en a charge selon les matières visées et la manière d'y accéder.

Au Québec, a-t-on vu, plusieurs organismes offrent la possibilité aux parties à la relation de travail de régler leur différend par voie de médiation. Ces organismes emploient des médiateurs en titre dont le travail est d'agir comme « amiable compositeur », pour certains de façon exclusive[392], et pour d'autres en cumulant soit une fonction d'enquêteur[393], soit celle d'adjudicateur[394]. Les organismes développent ainsi, chacun dans leurs domaines de compétence spécifiques, une expertise en médiation qui leur est propre, et de ce fait leurs services deviennent plus attrayants pour ceux à qui ils s'adressent. À cause de

---

[392] À la Commission des normes du travail, par exemple les médiateurs agissent exclusivement à ce titre, selon les art. 123.3, 123.10 et 125 *LNT*. Il en est de même des médiateurs, appelés conciliateurs dans ce cas, du ministère du Travail.

[393] Au conseil des services essentiels, les médiateurs sont aussi enquêteurs, art. 111.0.10 *C.t.*

[394] À la Commission de la santé et la sécurité du travail, le commissaire décideur agit aussi à titre de conciliateur, art. 254 *LATMP*.

leurs champs de compétence bien circonscrits et des mandats spécifiques que leur attribue le législateur, ces organismes sont des références incontournables dans les matières qui les concernent. Cette spécialisation constitue, peut-on croire, un incitatif important à la médiation parce qu'elle confère une crédibilité certaine au processus. Par ailleurs, il peut être délicat pour une partie de refuser une médiation offerte ou suggérée par l'organisme responsable de la mise en œuvre de la loi.

S'ajoute à cela le fait que la médiation s'inscrit dans un processus institutionnalisé de règlement des différends. Il s'agit d'une étape prévue dans la loi où les parties peuvent s'arrêter pour négocier à la condition qu'elles y consentent[395]. En règle générale, il faut, en effet, que les deux parties à un différend acceptent d'entrer dans un processus de médiation pour qu'il intervienne. En plus de profiter de l'expertise des organismes qui offrent la médiation, les parties consentantes à ce processus n'ont pas le tracas de choisir d'un commun accord un médiateur ; celui-ci leur est fourni par l'organisme responsable et à ses frais. Les lieux de médiation sont également à la charge de l'organisme qui offre ce service. Les parties pourraient être moins enclines à la médiation si elles devaient s'entendre pour organiser l'accès à ce processus, choisir le médiateur compétent et défrayer les coûts de la médiation, tout en demeurant incertaines de l'issue de la démarche. La prise en charge du processus par l'organisme compétent rend la médiation, de toute évidence, plus attrayante.

Au niveau du déroulement de la médiation, la loi n'impose aucune obligation spécifique aux parties. Sauf en matière de négociation collective, où l'employeur et l'association accréditée sont tenus d'assister aux séances de médiation, la loi n'impose aucune obligation particulière. Certes, une obligation de bonne foi s'applique dans les rapports entre les individus[396]. Toutefois, exception faite de la médiation pendant la négociation d'une convention collective[397], les parties ne sont pas tenues

---

[395] Toutefois, comme déjà mentionné, dans le domaine de la négociation collective, une seule partie peut demander la médiation, et l'autre partie est alors tenue de participer aux séances de médiation. Voir art. 54 et 56 *C.t.*

[396] Art. 6, 7 et *code civil du Québec*, L.Q. 1991, c. 64.

[397] Rappelons qu'un employeur et une association accréditée ont l'obligation de négocier de bonne foi une convention collective de travail aux périodes prévues par la loi selon l'article 53 *C.t.* Cette obligation se poursuit tout au long de la période de négociation, laquelle n'est pas interrompue par le recours à la conciliation prévue à l'article 54 *C.t.*

de négocier lorsqu'elles acceptent de participer à une médiation en vue de régler un différend qu'un tribunal pourrait trancher. Elles ont toujours le choix de venir accompagner de représentants ou de procureurs.

En somme, les processus de médiation institutionnels n'ont pas pour objet, ni pour effet de créer des obligations légales additionnelles à celles que les parties encourent déjà. Si tel était le cas, on pourrait craindre qu'elles ne soient plus réticentes à s'y impliquer. L'objectif n'est-il pas de rapprocher les parties en vue d'un règlement plutôt que de susciter d'autres dissensions susceptibles de les éloigner davantage du résultat escompté ? Bref, les processus de médiation prévus dans les lois du travail sont peu contraignants pour les parties qui veulent en bénéficier. Lorsqu'elles empruntent la voie de la médiation, les parties restent libres de décider de leur niveau de participation, avec comme seul risque que la médiation prenne fin sans qu'une entente à l'amiable ne soit conclue.

3.2. Une procédure offrant des garanties de neutralité et de confidentialité

Au-delà de la spécialisation de l'organisme qui pourvoit à la médiation, des garanties de neutralité et de confidentialité contribuent à rendre le processus plus crédible, incitant de ce fait les parties à s'y engager[398]. La médiation dans les divers organismes précédemment identifiés relève dans certains cas d'employés dont la seule fonction est celle de médiateur, alors que dans d'autres cas, ceux-ci cumulent une autre fonction, soit celle d'enquêteur ou encore de décideur. Le cumul des rôles ne projette pas, de toute évidence, la même représentation de neutralité et de confidentialité que l'exclusivité de fonction. Compte tenu des distinctions qui s'imposent selon qu'il y a exclusivité ou cumul des fonctions, nous traitons ces cas de figure séparément.

Médiateur à titre exclusif. En confiant la médiation à des employés qui agissent exclusivement à ce titre, l'organisme présente à sa face même un aspect de neutralité en évitant la confusion des rôles. Les parties intéressées par la médiation peuvent plus aisément se laisser convaincre que le processus de médiation n'en dessert pas un autre. La neutralité du médiateur ne se pose pas, dans ce cas de figure, par rapport à la fonction

---

[398] La neutralité du médiateur et la confidentialité des échanges durant la médiation sont unanimement reconnues comme étant des conditions essentielles à toute médiation : Roy, Schneebalg et Galton, *op.cit* note 383, pp. 201-202 ; Antaki, *op.cit.* note 376, p. 210.

exercée puisque celle-ci est exclusive. En revanche, selon qu'elle se déroule en champ libre ou balisé, la médiation n'aura pas la même teinte de neutralité.

La médiation qui intervient pendant la négociation d'une convention collective de travail opère en champ libre, dans un contexte de conflit d'intérêts. Le médiateur peut alors centrer ses efforts sur les préoccupations des parties elles-mêmes puisqu'il s'agit de trouver un terrain où leurs intérêts respectifs se rencontrent. L'espace de négociation n'est limité par aucune norme légale, mis à part le contenu des lois d'ordre public.

Il en va autrement d'un médiateur qui aide les parties à résoudre un différend dont un tribunal pourra éventuellement être saisi en l'absence d'un règlement amiable. Bien que dévolu exclusivement à sa fonction de médiateur, celui-ci ne peut, dans l'accomplissement de ses tâches et responsabilités, faire abstraction des règles de droit dont les parties devraient normalement tenir compte dans la négociation d'un règlement hors cour. L'espace de négociation institué par la médiation est ici encadré par les normes juridiques dont l'application est à la source même du conflit entre les parties. En tant que membre d'un organisme dont le mandat principal est d'assurer la mise en œuvre de la loi dont il a charge, le médiateur ne peut vraisemblablement se détacher du contenu de cette dernière pour centrer strictement son action sur les préoccupations ou les intérêts des parties. L'espace de négociation dans lequel les parties sont conviées par la médiation n'est plus à strictement parler neutre parce que le médiateur, au-delà de l'amiable compositeur qu'il incarne, est également investi d'un devoir de respect de la loi[399]. Même si son rôle reste neutre face aux deux parties, son action est nécessairement limitée lorsque les intérêts, de l'une ou de l'autre ou des deux parties, entrent en conflit avec les prescriptions de la loi ou avec l'intérêt public.

Informer les parties du contenu de la loi place des balises sans pour autant faire perdre au médiateur sa neutralité. Toutefois, lorsqu'il va au-delà de la simple information pour adopter une approche évaluative du dossier, est-il dangereux que le médiateur sorte de la neutralité qui lui est nécessaire pour mener adéquatement le processus en vue d'un règlement ? Peut-il mettre en garde les parties ou l'une d'elles face à un

---

[399] Au sujet de cette problématique, v. de façon plus générale : De Briant et Palau, op.cit., note 381, p. 45.

projet de règlement qui lui paraît inéquitable ? En fait, le devoir de respect de la loi par le médiateur se limite-t-il à informer les parties du droit applicable ou, de façon plus stricte, à s'assurer que le règlement qui interviendra lui sera conforme ? On remarque à cet égard que dans les cas où les normes édictées visent la santé ou la sécurité publique, le législateur soumet le règlement à l'approbation d'un tribunal administratif. Ces différentes questions illustrent comment la neutralité du processus de médiation, lorsque le différend porte précisément sur le respect de la loi, comporte une part d'ambiguïté selon que dans son intervention le médiateur se limite à informer les parties du contenu de la loi ou qu'il procède à une évaluation des aspects juridiques de leur dossier. Tel qu'indiqué précédemment, le législateur est demeuré muet sur le déroulement de la médiation, et n'a pas apporté de réponse à ces questions préoccupantes.

Au-delà du principe de neutralité qui s'impose aux médiateurs, il est important de souligner que le législateur a prévu dans tous les processus où le médiateur agit à titre exclusif que les informations dévoilées au cours de la médiation doivent rester confidentielles[400]. Aucun médiateur ne peut, par ailleurs, être contraint de témoigner sur les informations recueillies pendant la médiation.

Médiateur cumulant une autre fonction. Les médiateurs qui exercent une double fonction sont soit enquêteurs ou décideurs. Ils interviennent tous dans des conflits de droit, à la phase pré-décisionnelle. La neutralité de ces médiateurs ne revêt pas la même couleur, compte tenu de l'autre fonction occupée, surtout lorsque l'enquêteur peut se transformer en un médiateur dans le dossier sous enquête ou que le décideur peut agir comme médiateur avant d'exercer sa fonction d'adjudication. Pendant la médiation, on pourrait craindre que le médiateur oriente sa démarche vers l'évaluation du dossier en vue d'une prise de décision sur le bien-fondé de la plainte soumise à médiation[401]. En outre, si la médiation n'a

---

[400] Pour les médiateurs du ministère du Travail, art. 15 *loi sur le ministère du travail* ; les médiateurs de la Commission des normes du travail, art. 123.3, 125 *LNT* ; les conciliateurs de la Commission des relations du travail, art. 122 *C.t.* ; les conciliateurs de la Commission des lésions professionnelles sont soumis à un code de déontologie établi en vertu de l'art. 426 *LATMP*.

[401] Voir à ce sujet les préoccupations formulées en regard de la fonction enquêteur-médiateur à la Commission des droits de la personne et des droits de la jeunesse : P. K. Mutombo, «Médiation et discrimination», (2005) 3 *Revue de Prévention et de règlement des Différends*, 29, p. 37 : « L'enquêteur-médiateur se trouve assis sur deux chaises : d'une part, il lui faut

pas donné lieu à un règlement, on peut aussi craindre que les informations livrées durant ce processus influence d'une manière ou de l'autre la suite de l'enquête ou la prise de décision. Bref, le cumul de fonctions peut susciter crainte et ambiguïté dans l'esprit des parties concernées, puisque le rôle du médiateur reste confus eu égard à l'autre fonction occupée laquelle entre, pourrions-nous dire, en concurrence avec la première.

Bien qu'ils soient tenus à la confidentialité des informations[402], comment se convaincre par ailleurs de la confidentialité des informations fournies pendant la médiation si le médiateur est aussi l'enquêteur ou le décideur dans un même dossier ? Dans les cas où le cumul de fonctions est possible en vertu de la loi, on constate qu'il s'agit de matières en rapport avec la sécurité et la santé publiques ou encore de manière plus large, lorsque la loi porte spécifiquement sur la protection des droits fondamentaux. Peut-on y voir ici une façon pour le législateur d'indiquer que, dans ce genre de dossiers, les aspects juridiques restent dominants et ne devraient pas être évacués du processus de médiation au profit des intérêts des parties en cause ? Étant enquêteur, le médiateur n'examinera pas seulement le cas dans la perspective d'un règlement à l'amiable, il tiendra aussi compte des éléments au dossier justifiant qu'il soit mené devant un tribunal. Le même raisonnement peut aussi être tenu par rapport au médiateur-décideur. Celui-ci pourrait encourager ou décourager par ses questions, remarques ou commentaires les ententes se situant dans ou hors des limites de ce qu'il estime comme étant un règlement raisonnable compte tenu de la loi qu'il aurait autrement à appliquer.

Conclusion

Le portrait de la médiation esquissé plus haut démontre à quel point celle-ci est devenue un mode prédominant de règlement des différends du travail au Québec. En fait, aucun type de différend ne lui échappe, si

---

rechercher la preuve de discrimination, rôle qui exige l'impartialité. D'autre part, il doit se métamorphoser en conseiller auprès des parties pour négocier un règlement ».
[402] Les médiateurs du conseil des services essentiels, art. 111.10.1C.t. Ils ne peuvent être appelés à témoigner devant un tribunal.

ce n'est peut-être les litiges portant sur l'application des normes minimales du travail dont l'aspect prescriptif est purement objectif. Cette situation appelle quelques commentaires et soulève quelques questions fondamentales.

Le recours à la médiation pour résoudre les différends du travail n'est ni nouveau, ni spontané au Québec. Il résulte d'une politique mise en place dès les premiers balbutiements de l'intervention de l'État en matière de relations du travail, au début du 20ème siècle. Influencé principalement par la pratique d'autres pays du Commonwealth, l'État canadien a mis à la disposition des parties un système de conciliation administré et financé par le gouvernement. Il s'agit essentiellement d'un service public visant à aider les parties à régler pacifiquement leurs différends de négociation, sans recours aux moyens de pression économique. L'institution de la médiation et la pratique qu'elle a induite auprès des parties répondent à cette réalité précise. Au cœur de cette réalité figurent les rapports collectifs du travail et les conflits d'intérêts qui découlent de la négociation des conditions de travail.

Cela est tellement vrai que dès le moment où le législateur a formalisé la distinction entre les différends provenant de la table de négociation et ceux relatifs à l'interprétation ou à l'application de la convention collective, il en a confié la résolution à deux institutions distinctes. Les conflits d'intérêts, soit ceux liés à la négociation collective, ont été dirigés vers la médiation. Les conflits de droit - les griefs - ont plutôt été confiés à l'arbitrage.

Cette pratique de la médiation, fortement institutionnalisée dans les rapports collectifs, a été importée dans les rapports individuels de travail et les conflits de droit qui leur sont propres. Aucune modification ou adaptation significative ne lui a été apportée : de la même façon qu'ils l'ont toujours fait dans les rapports collectifs, les fonctionnaires attachés aux différents organismes gouvernementaux chargés d'appliquer les lois du travail doivent aujourd'hui offrir aux parties leurs services à titre de médiateur. La médiation demeure toujours un service public que l'État propose comme mécanisme de résolution des différends, sans que celle-ci n'ait fait l'objet d'une réglementation renouvelée.

L'expérience récente démontre qu'au cours des dernières décennies, la médiation est devenue le mode par lequel la majorité des différends de travail est résolue. On peut avancer qu'il est un véhicule central, voire principal, d'administration de la justice du travail. Il déclasse à ce titre les tribunaux, du moins relativement au nombre de dossiers contentieux réglés. Pourtant, au-delà des statistiques officielles, on n'en connaît que très peu sur le fonctionnement véritable de la médiation, telle que pratiquée dans ses nouveaux domaines, et sur la justice qu'elle met concrètement en place au travers des différents règlements qu'elle contribue à concrétiser.

C'est comme si on avait présumé que le modèle de médiation ayant si bien servi les rapports collectifs du travail fonctionnerait de la même façon dans les conflits de droit émanant des rapports individuels. Or, dans les faits, tel ne peut être le cas. Les acteurs dans les deux domaines ne sont pas les mêmes, et la nature des différends confiés à la médiation est fondamentalement différente. Confrontée à ces nouvelles réalités, l'institution a nécessairement évolué de l'intérieur pour s'y adapter. Ce faisant, la réalité du mécanisme à qui le législateur a confié l'application de la majeure partie des normes d'ordre public lui a échappé. Le tour d'horizon que ces pages ont présenté ne peut donc se conclure qu'en forme d'interrogation : à quelle justice concrète mène l'application généralisée de la médiation comme mode de résolution des différends du travail au Québec ?

Les maîtres du jeu dans la médiation institutionnelle des différends du travail au Québec *

Au Québec, la médiation constitue un mode de règlement incontournable dans plusieurs types de différends du travail. Les taux de règlement en médiation sont d'ailleurs, à eux seuls, une preuve assez convaincante. Nous présentons, ci-après, les résultats des organismes qui font l'objet de la présente étude. Pour l'année 2005, on enregistre au ministère du Travail, un taux de règlement de 71% dans les différends relevant de la négociation collective. Au Conseil des services essentiels, le taux général de règlement est de 87%, notamment quant aux dossiers relatifs à la détermination des services essentiels dans les services publics, dans la fonction publique et dans les services de santé et de services sociaux. Ce pourcentage inclut aussi le règlement d'autres conflits visant des grèves illégales dans ces secteurs, ou encore le non respect des services essentiels. Les plaintes de congédiement illégal et de congédiement sans cause juste et suffisante traitées au premier niveau par la Commission des normes du travail se règlent en moyenne à 70%, alors qu'un autre 20% se règle, au second niveau, à la Commission des relations du travail. Cette dernière Commission indique un taux de règlement des plaintes, toutes catégories confondues, s'élevant à 85%. Ces quelques données statistiques montrent que la médiation ne se limite pas à une simple vue de l'esprit du législateur, elle tient concrètement une place importante dans la résolution des différends du travail. Le terme « différend » est employé, dans le présent texte, dans son sens large et couvre à la fois les mésententes relatives à la négociation d'une convention collective de travail et celles concernant les droits et les obligations prévus dans les lois du travail. Quant aux termes « médiation » et « médiateur », le premier vise tout processus de rapprochement des parties dont sont chargés de mettre en œuvre, en vertu de leurs lois respectives, les

---

* Par DIANE VEILLEUX, *Professeure agrégée, École de relations industrielles, Faculté des arts et des sciences de l'Université de Montréal* et GILLES TRUDEAU, *Professeur titulaire, Faculté de droit de l'Université de Montréal.*

organismes mentionnés ci-dessus, sans égard aux différentes appellations dans ces lois, et le second désigne toute personne qui procède à ce rapprochement des parties dans les organismes visés.

Les processus de médiation institués dans les lois du travail dégagent ou créent des espaces de négociation propices aux règlements à l'amiable des différends. Les médiateurs en charge de ces processus dirigent les négociations auxquelles sont conviées les parties aux différends. Or, qui sont ces médiateurs et quels sont leurs modes d'intervention ? En effet, si les organismes précédemment identifiés atteignent des taux de règlement aussi élevés, on peut postuler que les médiateurs y contribuent par leurs compétences et leurs modes d'intervention.

Notre étude vise à explorer, au moyen d'entrevues menées auprès de certains gestionnaires et certains médiateurs des organismes mentionnés ci-dessus, les qualifications qui sont exigées pour être médiateur, l'encadrement dont celui-ci bénéficie, ainsi que les modes d'intervention mis en œuvre pendant une médiation. Les qualifications sont-elles les mêmes d'un organisme à l'autre ? L'encadrement des médiateurs est-il propre à chaque organisme ? Les champs et les techniques d'intervention sont-ils comparables ?

S'agissant ici d'une étude exploratoire, le nombre d'intervenants rencontrés dans chacun des organismes est limité, comme en témoignent les données indiquées dans l'annexe 1. Toutefois, toutes les personnes interviewées ont été désignées par leur organisme d'attache à titre de répondantes, soit parce qu'elles occupent une fonction administrative de direction dans le service de médiation, soit qu'elles agissent comme médiateur et aussi formateur des médiateurs ou encore qu'elles exercent la fonction de médiateur depuis de nombreuses années. Les entrevues menées, d'une durée approximative de deux (2) heures, étaient semi-dirigées et les questions adressées ont porté sur la formation des médiateurs, le déroulement de la médiation, ainsi que sur le bilan que les personnes rencontrées font de la médiation dans leurs organisations respectives, tel qu'il appert à l'annexe 2.

Nous traitons, dans une première partie, des qualifications requises pour être médiateurs dans les organismes précités et de l'encadrement qui leur est fourni (1). Nous examinons, dans une deuxième partie, les champs et les techniques d'intervention des médiateurs (2) afin de déterminer dans quelle mesure ceux-ci agissent à titre de maîtres du jeu, dans les processus institutionnels de médiation.

1. Les qualifications et l'encadrement des médiateurs institutionnels

Avant d'examiner les qualifications et l'encadrement des médiateurs institutionnels (1.2), il est utile de mettre en évidence les critères généraux de compétence pour exercer la fonction de médiateur qui se dégagent de la littérature spécialisée en matière de médiation que celle-ci intervienne dans des domaines impliquant des relations civiles, commerciales, du travail, familiales ou encore internationales (1.1). En identifiant les profils de compétence généralement retenus, à titre indicatif, par les spécialistes de la médiation, nous pourrons déterminer dans quelle mesure les médiateurs institutionnels faisant l'objet de la présente étude correspondent aux médiateurs-types idéaux ou modèles, et ainsi amorcer une réflexion sur la pertinence de ces derniers modèles dans le cadre de la médiation institutionnelle.

1.1. Les critères généraux de compétence des médiateurs-types idéaux

On indique que la médiation, en tant qu'intervention professionnelle, ne relève pas seulement du talent ou d'un don comme certains pourraient être portés à le croire, elle s'appuie avant tout sur la formation et l'expérience[403]. La médiation, bien qu'il ne s'agisse pas d'une profession réglementée par le code des professions, est reconnue de plus en plus comme étant une profession reposant sur une formation, une expérience et des qualités personnelles particulières.

Au Québec, différentes institutions dispensent une formation de base en médiation : le Barreau du Québec, le Centre canadien d'arbitrage commercial, l'Institut de médiation et d'arbitrage du Québec. L'Université de Sherbrooke offre aussi des programmes de formation de deuxième cycle en droit, de courte, moyenne et longue durée, dans le domaine de la prévention et du règlement des différends. Ces programmes sont beaucoup plus approfondis que le cycle de formation

---

[403] G. A. Legault, *loc. cit.* note 377, p. 13; Serge ROY, A. Schneebalg, É. Galton, *op.cit.* note 383, p. 17-23.

de base s'adressant à la très grande majorité des personnes voulant se qualifier à titre de médiateur.

Le cycle de formation de base comprend le plus souvent 40 heures de formation théorique, sous forme de présentations magistrales, de discussions et de travaux pratiques. Cette formation est généralement complétée sur le terrain par un stage d'observation de médiations dirigées par des médiateurs expérimentés[404]. En plus de la formation initiale acquise, on s'entend pour dire que la formation continue est nécessaire pour assurer l'actualisation des connaissances et des habiletés pertinentes à la fonction. Le professeur LEGAULT note à ce sujet que « la '' pratique réflexive '' individuelle et collégiale constitue un moyen idéal pour assurer la compétence de tous dans un champ d'intervention »[405].

La formation acquise sur les bancs d'école, sauf rares exceptions, ne serait pas suffisante pour agir à titre de médiateur. Sans préciser quelle serait la durée raisonnable d'un stage clinique pour acquérir l'expérience nécessaire à la qualification de médiateur, on cite l'expérience comme étant un facteur important de réussite dans les interventions de médiation. Certaines études rapportent une relation significative entre le nombre d'années d'expérience d'un médiateur et le nombre d'ententes conclues à l'aide de son intervention[406]. Les auteurs Roy, Schneebalg et Galton indiquent, pour leur part, qu'il est d'usage pour un médiateur « nord-américain chevronné » de faire état du nombre de médiations dirigées, et « surtout du pourcentage de médiations '' réussies '' »[407]. Ces auteurs vont jusqu'à dire qu'un médiateur, qui ne clôt pas la médiation par une entente dans plus de 50% des cas, devrait songer sérieusement à un changement d'orientation de carrière. Leurs propos sont les suivants :

« Il est communément admis à l'heure actuelle, au Canada et aux États-Unis, que les médiateurs qualifiés contribuent à trouver une solution à plus de 70% des cas qui leur sont soumis et qu'un médiateur dont le

---

[404] *Idem*, p. 18.
[405] *Loc.cit.* note 377, p. 13.
[406] Voir à ce propos : Y. Sarrazin, F. Cyr, J. Lévesque, J. –F. Boudreau, « L'impact des caractéristiques du médiateur familial sur l'efficacité du processus d'intervention », (2005), *Revue de Prévention et de Règlement des Différends* 3-29, p. 6-7 et p. 20-21.
[407] *Op.cit.* note 383, p. 19.

"taux de réussite" est inférieur à 50% devrait, à tout le moins, très sérieusement se remettre en question ».

Le taux de règlement affiché n'étonne pas vraiment, puisque, selon toute vraisemblance, la très grande majorité des différends peuvent être solutionnés par la voie de la négociation. Sans vouloir être rabat-joie, les règlements hors cours existaient avant la médiation, et nous oserions avancer qu'ils étaient et restent encore aujourd'hui élevés. En offrant un espace de négociation, la médiation donne aux parties une occasion privilégiée de régler leur différend à l'amiable, et on ne peut qu'être satisfait lorsqu'une entente intervient. Cependant, n'y a-t-il pas un danger de lier la compétence d'un médiateur au pourcentage d'ententes conclues par son intermédiaire ?

Qu'on affiche sur le plan institutionnel les taux de règlement de différends par voie de médiation est certes instructif sur la capacité qu'ont finalement les parties concernées à régler elles-mêmes leurs problèmes, et à cet égard l'intervention du médiateur se justifie. Rapporter des données individuelles par rapport aux médiateurs ne risque-t-il pas de créer dans la profession une pression pour régler ? Tout le processus reste actuellement hautement confidentiel, et c'est d'ailleurs un incitatif à la médiation. Or, rattacher la compétence d'un médiateur au nombre d'ententes conclues en sa présence pourrait-il mener au « tordage de bras » dans quelques dossiers pouvant faire toute la différence entre un médiateur efficace et un autre qu'il l'est moins en raison du pourcentage d'ententes conclues ? À notre avis, cette mesure essentiellement quantitative de la compétence du médiateur risque, à plus ou moins longue échéance, de poser problème par rapport à son intégrité et à sa neutralité, et le processus lui-même pourrait en payer le prix au niveau de sa crédibilité en tant que mode de régulation sociale. Par ailleurs, pourquoi imputer seulement au médiateur la conclusion d'un règlement, alors que l'un des objectifs de la médiation est justement de responsabiliser les parties concernées en les encourageant à trouver elles-mêmes une solution à leur différend ?

Au-delà de la formation et de l'expérience acquises sur le plan des champs et des techniques d'intervention en médiation, on dit aussi qu'un médiateur doit posséder « la qualité de la relation à l'autre »[408]. Cette

---

[408] Legault, *loc. cit.* note 377, p. 13.

qualité, innée ou non, se développe, selon toute vraisemblance, par la formation et l'expérience. À titre de professionnel, le médiateur a l'obligation de subordonner son intérêt personnel à celui des parties au différend. Il doit adopter à cet égard une approche impartiale et éviter de se placer en situation de conflit d'intérêts[409]. Certains auteurs semblent dire que l'expert de la matière faisant l'objet du différend pourrait avoir un regard biaisé de la solution au problème en raison de sa spécialisation professionnelle[410]. On postule ainsi qu'un médiateur expert, contrairement à un médiateur généraliste, pourrait être enclin à diriger les parties à un différend vers un règlement qui s'inscrit à l'intérieur des balises propres à son champ d'expertise, plutôt que d'amener les parties vers une entente à la mesure de leurs besoins et de leurs intérêts réels. En somme, le médiateur expert contribuerait, par son intervention, à perpétuer les règles établies dans son champ d'expertise plutôt que de laisser les parties développées leurs propres cadres de référence.

Pour répondre à cette qualité de « la relation à l'autre », le médiateur fait aussi preuve de réserve et de discrétion dans l'exercice de sa fonction afin de préserver la confidentialité des informations qui lui sont divulguées à titre privilégié. Comptant sur sa discrétion, les parties à un différend auront la confiance nécessaire pour exposer franchement, en sa présence, leurs points de vue. Tout ce qui est dit pendant une médiation reste confidentiel, incluant les informations communiquées au médiateur pendant un caucus[411], à moins que leur divulgation ne soit autorisée par

---

[409] *Idem.* Aussi, Roy, Shneebalg, Galton, op.cit. note 383, p. 19 et 20.
[410] À ce sujet, Legault, *idem*. L'auteur traite du problème en regard du juge-médiateur : « L'enjeu est celui du conflit de rôle du juge, conflit qu'il peut vivre personnellement ou encore conflit que les clients peuvent vivre. Dans l'intervention, la zone est mince entre dire le droit à partir de son expérience de juge et intervenir dans une négociation sur un litige. Ainsi toutes les interventions qui viseraient à toucher le « fond juridique » du litige ne sont pas admissibles en CRA, par exemple, se prononcer sur le droit en cause, évaluer la preuve au dossier ou soupeser une option de la jurisprudence ». Aussi, Roy et al., *idem*, p. 21. Ces auteurs tiennent ces propos en comparant le médiateur généraliste au médiateur expert dans la matière visée par le différend : « En outre, celui-ci présente l'avantage de pouvoir lancer un regard neuf et candide sur la question, plutôt qu'un regard d'expert, qui risque d'être convaincu d'avoir trouvé rapidement la solution idéale et qui devra, dès lors, déployer de grands efforts pour ne pas pousser les parties à l'adopter ».
[411] Roy, *idem*, p. 39. À propos de la confidentialité des caucus, nous retenons particulièrement le commentaire suivant des auteurs : « En d'autres termes, c'est la négation même du sacro-saint principe du contradictoire par lequel chaque partie se fait entendre en présence de l'autre, applicable dans les procédures judiciaires et arbitrales ». Voir aussi les commentaires à la p. 57. Celui-ci est très révélateur : « Les bons médiateurs sont

l'une ou l'autre des parties concernées. La confidentialité du processus de médiation le caractérise et le distingue fondamentalement d'un processus judiciaire ou quasi-judiciaire.

Finalement, on dit que le médiateur doit être doué d'une très bonne écoute active doublée d'une grande capacité de communication et de vulgarisation[412]. L'écoute active lui permettra de saisir aussi bien les considérations matérielles du problème que celles d'ordre personnel qu'elles soient émotives, psychologiques, culturelles ou autres[413]. Le médiateur pourra ainsi capter les perceptions, les intérêts, les besoins et les valeurs des parties en présence[414]. La qualité de la communication est également importante. L'utilisation d'un langage hermétique peut avoir un effet sur la qualité du consentement exprimé puisque celle-ci est intimement liée à la compréhension des enjeux aux différentes étapes du processus de médiation[415]. On met aussi en garde à l'encontre de la force du langage dans la mesure où la manière de communiquer peut influencer le consentement donné. Les termes, le ton et le débit du langage accompagnés de la gestuelle peuvent être porteurs d'opinions sans que celles-ci ne soient directement exprimées. C'est pourquoi, le médiateur doit apprendre à maîtriser l'art de la communication pour assurer sa neutralité et son intégrité et par l'effet même, celles du processus qu'il dirige.

1.2. Les critères de compétence et l'encadrement des médiateurs institutionnels

Rappelons que nous nous intéressons, dans le cadre de cette étude, aux médiateurs qui œuvrent dans les différends du travail relevant du ministère du travail (MT), du Conseil des services essentiels (CSE), de la Commission des normes du travail (CNT) et de la Commission des relations du travail (CRT), nommés ci-après « organismes ». Dans leurs champs respectifs de compétence, ces organismes emploient des médiateurs. Puisque les processus de médiation sont institués en vertu de

---

obsessionnellement méticuleux en ce qui concerne le respect de la confidentialité des informations qu'ils recueillent ».

[412] Roy et al., *idem*, p. 20 ; Legault, *loc.cit.* note 377, p. 16.
[413] Roy et al., *idem*, p. 20 et p. 136.
[414] S. Courteau, *loc. cit.* note 384.
[415] Legault, *loc. cit.* note 377, p. 16. Cet auteur porte le commentaire suivant à propos du juge-conciliateur : « La qualité du consentement dépendant de la qualité de la compréhension, le juge doit s'assurer de la compréhension des enjeux à toutes les étapes ».

différentes lois du travail et que les organismes chargés de les mettre en œuvre ne sont pas les mêmes, on peut se demander si les qualifications des médiateurs et leur encadrement diffèrent d'un organisme à l'autre. On peut aussi s'interroger sur la comparaison possible de leurs profils de compétence, eu égard aux critères généraux de compétence qui ressortent de la littérature spécialisée dans le domaine. Nous abordons ces questions en traitant de la formation et de l'expérience requises pour se qualifier aux fonctions de médiateur institutionnel (1.2.1), de la formation et l'encadrement fournis en cours d'emploi (1.2.2), des valeurs et qualités propres à l'exercice de la fonction (1.2.3).

1.2.1. La formation et l'expérience de base requises par les fonctions de médiateur institutionnel

La fonction de médiateur dans les organismes visés par la présente étude est classée au rang de professionnel (agent de recherche et de planification socio-économique) ou assimilée à un statut d'employé-cadre de niveau 4 dans la Fonction publique du Québec. Au MT, les quelques vingt-huit (28) employés exerçant la fonction de médiateur sont désignés comme étant des conciliateurs-médiateurs et ils occupent une classe d'emploi équivalant à celle de cadre, niveau 4. Au CSE qui emploient trois (3) médiateurs, en plus du responsable du service qui fait aussi de la médiation, le titre de la fonction est médiateur et elle est classée au même rang que celle de conciliateur-médiateur du MT. À la CNT, un peu plus de trente (30) intervenants portent le titre de médiateurs et leur fonction est classée au rang de professionnel[416]

---

[416] Les médiateurs de la CNT sont classés au rang des professionnels dans la Fonction publique du Québec seulement depuis l'année 2005. Auparavant, ils occupaient la classe de technicien. La réévaluation de la fonction de médiateur à la CNT est survenue à la suite de l'adoption de dispositions dans la *loi sur les normes du travail* (*L.n.t.*) conférant à tout salarié travaillant dans une entreprise sous compétence provinciale, le droit à un milieu de travail exempt de harcèlement psychologique, et chargeant la CNT de faire enquête et de procéder également dans la mesure du possible au règlement à l'amiable des différends fondés sur ces nouvelles normes du travail (art. 81.18 à 81.20 et 123.6 à 123.16 *L.n.t.*). Dans la foulée de ces nouvelles dispositions législatives entrées en vigueur le 1er juin 2004, la CNT a dû recruter et embaucher des enquêteurs, dont la fonction a été classée au rang de professionnel. Il devenait par le fait même aberrant que les enquêteurs en matière de harcèlement psychologique soient des professionnels et que les médiateurs agissant au niveau des mêmes différends, à l'étape de la médiation, soient des techniciens. La fonction de médiateur a donc été réévaluée et placée au rang de professionnel. Cela a donné lieu à un nouveau concours à la fin de l'année 2004, auquel les médiateurs en poste ont dû se soumettre pour se qualifier dans la fonction réévaluée.

équivalant à celui d'agent de recherche et de planification socio-économique. À la CRT, les quelques vingt-sept (27) médiateurs en poste portent le titre d'agent de relations du travail[417]. Ils occupent la même classification que les médiateurs de la CNT.

On remarque, à la lumière de ces premières données, que les fonctions de médiateur sont considérées par les organismes sous étude à des rangs de professionnel et non de technicien. Les rangs ainsi reconnus, sans que l'on puisse affirmer qu'ils correspondent à la représentation du médiateur dans la littérature spécialisée, s'en rapprochent, particulièrement en ce qui concerne les fonctions de médiateur au MT et au CSE. Ces dernières font partie des classes supérieures dans la Fonction publique du Québec, alors que les médiateurs de la CNT et de la CRT restent dans le large peloton des professionnels de la fonction publique. Les fonctions de médiateur au MT et au CSE commandent des échelles salariales plus élevées que celles de la CNT et de la CRT. Cette différence de classement et incidemment de traitement à caractère pécuniaire s'explique-t-elle par des exigences de qualification à la fonction ou encore par des modes d'intervention[418] qui ne seraient pas équivalents ?

En ce qui concerne la formation requise pour être admissible à participer au processus de sélection aux fonctions de médiateur dans les différents organismes à l'étude, les données recueillies en entrevue indiquent qu'on exige dans chacun des cas, que la personne soit détentrice d'un baccalauréat spécialisé en relations industrielles, en droit ou dans une discipline connexe. Chaque année de scolarité manquante peut être compensée par deux années d'expérience pertinentes en relations du travail, en sus de celles exigées, le cas échéant. Les personnes recrutées aux fonctions de médiateur doivent donc avoir une formation universitaire complète de premier cycle dans une discipline ou un champ d'études leur ayant permis d'acquérir des connaissances et des habiletés

---

[417] Cette fonction a été créée à la suite de l'institution de la Commission des relations du travail en 2001 (L.Q., c.26). Les agents de relations de travail s'occupent de la médiation des différends relevant de la compétence de la CRT. Ils sont également chargés, en vertu de la loi, de la procédure d'enquête en matière d'accréditation et aussi de l'accréditation des syndicats représentatifs lorsqu'elle n'est pas contentieuse. Avant 2001, des agents d'accréditation s'occupaient des enquêtes en matière d'accréditation. Cette fonction a été abolie et le législateur a créé une nouvelle fonction, soit celle d'agent de relations du travail.
[418] Ce dernier aspect sera abordé dans la seconde partie de cette étude.

générales, mais pertinentes aux interventions requises dans les relations du travail.

À la CNT et à la CRT, aucune expérience n'a été formellement exigée jusqu'à maintenant pour se qualifier à la fonction de médiateur. Toute personne satisfaisant à l'exigence de scolarité peut soumettre sa candidature en vue de passer les examens écrit et oral. Au MT et au CSE, on exige plusieurs années d'expérience pertinente pour se rendre admissible au concours de médiateur. Dans le premier cas, au moins dix (10) années d'expérience sont requises, alors que dans le second, on demande au moins huit (8) années d'expérience pertinente. Dans les deux cas, l'expérience pertinente est définie comme étant celle dans le domaine des relations du travail, soit comme spécialiste en relations du travail dans le milieu syndiqué ou à titre de consultant, de conseiller ou de représentant d'une partie patronale ou syndicale. De façon plus précise, cette expérience s'inscrit dans la gestion de conflits de travail, dans la pratique de la négociation collective et dans la résolution de griefs. Chaque année de scolarité additionnelle et de niveau supérieur au minimum exigé peut compenser deux années d'expérience manquantes, à la condition que la scolarité soit pertinente aux attributions de l'emploi. À l'évidence, la fonction de médiateur au MT et au CSE admet seulement des candidatures pouvant être qualifiées de spécialistes ou d'experts dans le domaine des relations du travail, contrairement à la CNT et à la CRT où les candidatures au concours de sélection peuvent être des novices ou non initiés dans ce domaine.

En ce qui concerne les exigences minimales des fonctions de médiateur, on constate qu'aucune formation dans le domaine de la médiation n'est exigée. On requiert avant tout une formation universitaire dans une discipline ou dans un champ d'études se rapportant aux matières dont doivent traiter les organismes visés. En cela, le profil de base du médiateur institutionnel correspond au modèle-type de médiateur. La formation académique première des médiateurs n'est pas la médiation. Ceux-ci ont d'abord acquis une formation en droit, en relations industrielles, en administration, en psychologie ou encore en relations humaines avant de devenir médiateurs. En outre, il n'y a pas de formation universitaire de premier cycle dont l'objet serait la médiation. La formation en médiation vient à titre d'appoint à une formation générale, particulièrement dans certaines disciplines des sciences humaines ou de l'administration.

Selon la littérature, l'expérience en médiation constitue un facteur de réussite des interventions dans ce domaine. Or, à défaut d'exiger de l'expérience en médiation, est-ce approprié de n'exiger aucune expérience de travail pertinente ? Au MT et au CSE, rappelons-le, ce ne sont que les candidatures ayant dix (10) et huit (8) années d'expérience dans les relations du travail qui sont admissibles à la fonction. Ainsi la personne qui a négocié pendant plusieurs années, qui a participé de façon active à la résolution des griefs a acquis une expérience pertinente à la médiation. On ne peut évidemment en dire autant de celle qui n'a pas d'expérience de travail. Le profil de compétence de base du MT et du CSE paraît donc plus compatible que ceux de la CNT et de la CRT avec les critères de compétence qu'on retrouve généralement dans la littérature. Qu'en est-il maintenant de la formation et de l'encadrement fournis en cours d'emploi ?

1.2.2. La formation et l'encadrement en cours d'emploi

La formation ou l'expérience en médiation n'est pas une exigence de base pour accéder à la fonction de médiateur dans les organismes sous étude. Toutefois, ceux-ci assument eux-mêmes la formation dès l'entrée en fonction d'un nouveau médiateur.

Au MT, la formation initiale des médiateurs comprend cinq (5) modules. Le premier module, d'une durée d'une (1) semaine, porte sur la description et la compréhension du travail de médiation. Le deuxième module, d'une durée de huit (8) semaines, vise l'observation sur le terrain. Le troisième module, d'une durée d'une (1) semaine, traite des outils d'intervention. Le quatrième module est complété plus tard dans le processus de formation. Il se fait en deux (2) temps : deux (2) jours et ensuite une (1) journée consacrée à la gestion des émotions. Le cinquième module, d'une durée d'une (1) semaine concerne la résolution de problèmes fondée sur la méthode de la négociation basée sur les intérêts (NBI). Dans le cadre de ce module, le médiateur assiste à une intervention en NBI. Le médiateur se voit généralement confier un premier dossier après douze (12) semaines de formation. Il bénéficie de l'encadrement d'un tuteur pendant une année complète. Il faut compter environ trois (3) à cinq (5) ans avant qu'un médiateur prenne charge de dossiers complexes. Au-delà de cette formation de base, les médiateurs assistent annuellement à un séminaire sur la gestion de conflit donné par l'École nationale d'administration publique (ENAP). Ils ont aussi sept

(7) à huit (8) fois par année des rencontres de service consacrées à des analyses de cas discutées en atelier ou en plénière.

Au CSE, le médiateur entrant en fonction passe à travers une période de formation de huit (8) mois. Il s'agit principalement d'un accompagnement par un médiateur chevronné. S'ajoute à cela une formation générale calquée sur celle offerte aux médiateurs du MT. Les médiateurs du CSE reçoivent aussi de la formation ponctuelle. De plus, il y a environ six (6) réunions de service par année, sans compter celles qui se tiennent au besoin. En outre, le CSE encourage ses médiateurs à poursuivre un programme universitaire spécialisé en médiation et en assume les frais.

À la CNT, la formation des médiateurs est assumée principalement par le Service de la normalisation et de la formation de cet organisme qui compte quatre (4) agents de formation. La formation de 1er niveau, auparavant d'une durée de trois (3) jours, est de cinq (5) jours depuis 2005. Au cours de cette formation de base, on traite dans un premier volet de la notion de conflit. On s'interroge sur cette notion, sur la façon dont il s'exprime. On traite, dans un deuxième volet, des techniques de communication et de reformulation. Le troisième volet est consacré à la négociation raisonnée et le dernier volet porte sur la médiation. À la suite de cette formation, les médiateurs vont agir à titre d'observateurs dans quinze (15) à vingt (20) médiations. Par la suite, ils sont considérés autonomes et des dossiers leur sont confiés tout en continuant de bénéficier de la supervision d'un médiateur expérimenté. Ils vont suivre également une formation de 2e niveau portant spécifiquement sur la médiation dans le cadre de la compétence de la CNT. Ils voient alors les différentes plaintes relevant de la CNT, notamment celles qui peuvent éventuellement commander une médiation. On leur explique les règles prévues dans la loi et dans la jurisprudence, ainsi que l'entente de règlement et comment s'outiller pour faire une telle entente. Un 3e niveau de formation, offert pour la première fois en 2005 à une trentaine de médiateurs et d'une durée de deux (2) jours, est axé sur la gestion des cas difficiles, sur la créativité en médiation et sur les techniques de médiation évaluative et transformative. L'objectif de cette formation est de fournir aux médiateurs des outils de travail qu'ils pourront utiliser et adapter au gré des situations qu'ils rencontrent. La médiation évaluative amène le médiateur à identifier les forces et les faiblesses du dossier en litige. La formation vise à montrer comment faire l'évaluation en vue de faciliter le règlement à l'amiable. La médiation transformative est plus orientée sur les parties que sur le processus. Elle vise à travailler sur les perceptions des gens afin de les amener à changer ou modifier leurs perceptions dans l'optique d'un rapprochement. En plus de ces trois (3) niveaux de formation, les médiateurs sont conviés une (1) ou deux (2) fois par année à un colloque de deux journées comportant divers ateliers. On tient aussi des ateliers régionalisés d'une demie à une journée aux fins de mise à jour de la jurisprudence.

À la CRT, les agents de relations du travail nouvellement embauchés reçoivent tout d'abord une formation de départ d'une dizaine de jours sur le contenu des différentes lois relevant de la compétence de la CRT. Cette formation inclut les aspects de base de la conciliation et les différentes techniques qui y sont associées. Par la suite, un système de parrainage prend la relève. L'agent nouvellement embauché est jumelé avec un agent plus expérimenté qu'il va accompagner pendant environ un (1) mois. Pendant le mois subséquent, les rôles sont inversés : l'agent expérimenté suit le nouvel agent qui agit de plus en plus par lui-même. On nous dit qu'au fil des années, beaucoup d'autres formations de contenu sont offertes aux agents de relations du travail[419]. En plus de la formation disponible, les agents discutent souvent entre eux et ils disposent de temps pour le faire. Ces échanges permettent l'entraide entre les agents et elles favorisent aussi le développement d'une position cohérente de la CRT.

Les données précédemment décrites montrent que les organismes offrent une formation en médiation et une formation juridique, le cas échéant, par rapport aux matières soumises à la médiation. Les médiateurs institutionnels nouvellement entrés en fonction bénéficient d'une formation de base tout aussi importante, voire plus que celle que suit la majorité des médiateurs en d'autres domaines, dans ces derniers cas la formation de base étant généralement de 40 heures. Les médiateurs institutionnels profitent également d'un système de parrainage qui s'étale sur des périodes plus ou moins longues selon les organismes visés. En cela, ils reçoivent une formation qui satisfait les critères généralement indiqués dans la littérature et précédemment exposés. Ils reçoivent aussi une formation continue, comme il est recommandé dans la littérature spécialisée. Enfin, la pratique dans les divers organismes favorise les

---

[419] Une personne mentionne que davantage de formation en médiation serait souhaitable.

échanges et les discussions entre collègues de manière à créer une synergie dans la fonction exercée et à favoriser la cohérence institutionnelle. Rappelons que les médiateurs sont eux-mêmes porteurs de précédents en médiation. Ils ont la connaissance des règlements auxquels ils participent. Il est donc important qu'ils puissent échanger pour baliser leurs interventions dans une perspective plus large que leurs seules expériences. Ils contribuent ainsi au développement de l'expérience institutionnelle en médiation. Lorsqu'on compare les diverses formations offertes aux médiateurs institutionnels à celles auxquelles ont généralement accès les médiateurs autonomes, les premiers semblent n'avoir rien à envier aux seconds.

À la lumière des informations recueillies au cours des entrevues, on peut constater que tous les organismes visés par notre étude ont des programmes de formation structurés permettant l'acquisition de connaissances et le développement des habiletés et qualités propres à la médiation et aux matières qui y sont traitées. Ces programmes comprennent aussi des systèmes de parrainage et de la formation continue, ainsi que des occasions d'échanges et de discussions réflexives par rapport aux champs et aux techniques d'intervention des médiateurs. Il convient de souligner, par ailleurs, qu'au CSE et à la CNT, une règle d'éthique explicite prévoit le devoir du médiateur de maintenir ses connaissances et habiletés professionnelles à jour afin de répondre aux exigences de la fonction occupée.

1.2.3. Les valeurs et qualités fondatrices de la fonction de médiateur

Les qualités et les valeurs auxquelles nous nous intéressons particulièrement ont trait à l'impartialité, la confidentialité, le respect et l'intégrité. À ce stade, il s'agit essentiellement de constater si ces valeurs ou qualités sont préconisées dans l'exercice de la fonction de médiateur institutionnel. Dans la seconde partie de cette étude, nous aurons l'occasion d'examiner si elles sont susceptibles d'être mises à l'épreuve compte tenu des techniques d'intervention appliquées.

Dans tous les organismes étudiés, les médiateurs sont soumis à des règles d'éthique qui intègrent les qualités et les valeurs précédemment énoncées. Les données recueillies pendant les entrevues indiquent aussi que ces valeurs servent de point d'ancrage au début du processus de médiation dans chacun des organismes.

Impartialité. Ainsi que cela est mentionné dans la littérature, l'une des qualités importantes d'un médiateur est celle de la relation à l'autre. On s'attend du médiateur qu'il soit impartial, c'est-à-dire qu'il n'ait pas de parti pris et qu'il évite de se placer dans une situation qui le mettrait en conflit d'intérêts par rapport à l'intervention professionnelle menée. On le met ainsi en garde de donner son opinion par rapport au différend soumis à la médiation ou de faire pression pour qu'une entente intervienne.

Les données recueillies au cours des entrevues et dans la documentation à laquelle les personnes interviewées nous ont référés nous indiquent que cette qualité est l'un des éléments fondateurs de l'intervention des médiateurs institutionnels. En effet, au MT, au CSE, à la CNT et à la CRT, tous sont unanimes pour dire que le médiateur doit être impartial dans l'exercice de sa fonction. Ainsi, on nous dit au MT que le médiateur doit « être capable de dissocier ses propres valeurs de celles des autres, de manière à ne pas porter de jugements de valeurs ». On préconise l'ouverture d'esprit, la neutralité dans les propos, les gestes et les actions entreprises. Les intérêts respectifs des parties au différend sont au cœur de l'intervention du médiateur, tout en assurant l'équité du processus. Lorsque requis par la nature du dossier, on nous informe au CSE, à la CRT et à la CNT que les médiateurs, tout en restant neutres, peuvent insister auprès des parties pour qu'elles évaluent le dossier en litige à la lumière du droit applicable. Dans ce contexte, les médiateurs informent les parties des règles de droit et certains d'entre eux peuvent même relever les forces et les faiblesses par rapport aux intérêts exprimés qu'ils soient d'ordre juridique ou relationnel.

Il est clair que l'impartialité impliquant l'absence de parti pris, de favoritisme ou de liens d'intérêts professionnels, amicaux ou autres avec une partie à un différend est une valeur primordiale que les organismes étudiés entendent faire prévaloir en médiation. On constate, par ailleurs, à travers les propos tenus par les représentants du CSE, de la CRT et de la CNT, que les médiateurs, tout en étant axés sur les intérêts des parties à un différend, ne peuvent se dissocier de la loi que l'organisme dont ils font partie a pour mission de faire respecter.

Confidentialité. Le caractère confidentiel du processus de médiation et des informations qui y sont dévoilées est un autre élément fondamental de ce mode de règlement des différends. Le législateur a d'ailleurs confirmé toute l'importance de cette qualité du processus dans les différentes lois du travail dont la mise en œuvre incombe aux organismes visés par cette étude. Un médiateur institutionnel ne peut être contraint de divulguer devant tout tribunal qu'il soit judiciaire ou administratif ce qui lui a été révélé ou ce dont il a eu connaissance dans l'exercice de sa fonction, ni de produire des notes personnelles ou autres documents obtenus durant la médiation[420]. La discrétion et la réserve sont des qualités exigées du médiateur institutionnel, comme elles le sont également de tout médiateur. Le devoir de confidentialité est inscrit dans les règles d'éthique respectives des médiateurs du CSE, de la CNT et de la CRT. Notons toutefois qu'au CSE la dynamique est différente puisque le médiateur doit lui faire rapport[421]. Son obligation de confidentialité est nécessairement modulée pour permettre au CSE d'exercer pleinement ses fonctions. Celles-ci exigent notamment que le CSE juge de la suffisance des services essentiels même dans les cas où les parties se sont entendues à ce sujet. De plus, le CSE doit prendre acte de toutes les ententes intervenues dans les cas de grèves illégales ou de non respect des services essentiels. Quant à la CRT, l'entente intervenue entre les parties au cours de la médiation peut être soumise à son approbation, dans les six (6) mois de sa signature, à la demande de l'une ou l'autre des parties[422]. Ces différentes exigences confèrent une dimension publique au processus de médiation ayant cours sous l'égide de ces organismes.

Les entrevues menées révèlent que les médiateurs de tous les organismes sous étude, dès la première étape du processus, insiste sur le caractère confidentiel des informations divulguées pendant la médiation. À cet effet, ils demandent à toutes les personnes présentes à la médiation de s'engager à assurer la confidentialité du processus. Au MT et à la CRT, on souligne que le caractère confidentiel s'applique aussi lorsque le médiateur rencontre l'une et l'autre partie en caucus. Ce qui est révélé par une partie en caucus ne sera communiqué à l'autre partie que si la première y consent. Au CSE, le code d'éthique des médiateurs prévoit

---

[420] L'obligation de confidentialité est prévue dans les dispositions suivantes : art. 15 *loi sur le ministère du travail*, L.R.Q. c. M-32.2 (médiateurs du MT) ; art. 111.0.10.1 *code du travail* (*C.t.*), L.R.Q., c. C-27 (médiateurs du CSE) ; art. 123.3 et 125 *loi sur les normes du travail* (*L.n.t.*), L.R.Q., c. N-1.1 (médiateurs de la CNT ; art. 122 et 137.53 *C.t.* (agents de relations du travail de la CRT).
[421] Art. 111.0.10 *C.t.*
[422] Art. 123 *C.t.*

que « seuls les renseignements pertinents et nécessaires à l'exercice de ses fonctions, soit d'aider au développement d'un accord, sont transmis à l'autre partie ». À la CNT, les règles d'éthique imposent aussi au médiateur la confidentialité des échanges. Comme un répondant nous a dit en entrevue au MT, « la confidentialité est une règle d'or ».

Respect. Faire preuve de respect et de civilité est une autre qualité essentielle exigée de la part des médiateurs institutionnels. Au CSE, cette valeur est expressément énoncée et décrite dans le code d'éthique des médiateurs. Elle est également inscrite dans les règles d'éthique de la CNT et de la CRT. De toute évidence, elle est également présente chez les médiateurs du MT, bien que cet organise n'affiche pas de règles d'éthique écrites. Le respect ressort clairement comme une valeur essentielle des propos tenus par les personnes interviewées, particulièrement dans leurs explications relatives au déroulement de la médiation. Le code d'éthique du CSE résumant bien toutes les dimensions de cette valeur qu'est le respect dans la médiation, il est utile d'en rapporter le contenu :

RESPECT

- *La personne médiatrice considère chaque personne qui s'adresse à elle comme étant importante et elle fait preuve dans son accueil de considération et de civilité.*

- *La personne médiatrice, dès le premier contact, prend le temps d'écouter, de donner de l'information nécessaire et de répondre clairement aux questions, au meilleur de sa connaissance. Elle précise son rôle, le cadre de son mandat et prend le temps nécessaire pour sensibiliser les parties à leurs responsabilités envers le citoyen.*

- *La personne médiatrice fait preuve d'écoute, d'humanité dans ses échanges et favorise le développement d'un respect mutuel entre personnes pleinement mandatées et capables de prendre des décisions éclairées afin de faciliter la continuité des travaux et le règlement d'un dossier.*

- *La personne médiatrice veille à ne pas imposer le contenu d'une entente. Elle consacre plutôt ses efforts à favoriser un climat de dialogue en vue de permettre une ouverture au point de vue de l'autre.*

Tel qu'indiqué ci-dessus, le respect en médiation s'exprime notamment par une écoute active. D'ailleurs, cette qualité est clairement mentionnée dans la littérature comme étant un critère fondamental dans le bon déroulement d'une médiation. Selon les données recueillies pendant les entrevues, il est clair que les médiateurs institutionnels favorisent l'écoute active. Ils encouragent également les parties à la pratiquer en vue d'un règlement à l'amiable.

Intégrité. L'intégrité constitue un autre élément essentiel à la crédibilité du médiateur et du processus de médiation qu'il dirige. Cette valeur ou qualité repose sur la franchise, la transparence et la capacité de communication et de vulgarisation. Le médiateur, qui éprouverait de la difficulté à se faire comprendre, ou qui ne saurait le faire, pourrait être taxé d'un manque de transparence ou de franchise. Au MT, on nous dit que le médiateur doit être à l'aise avec les gens. À la CRT, on souligne l'importance « d'aimer les gens et d'être capable de bien entrer en communication avec eux ». À la CNT, on place ces qualités au titre de l'équité dans les règles d'éthique du médiateur. Celui-ci doit « veiller à maintenir un équilibre dans la médiation en ne permettant aucune intimidation ou manipulation ». Permettre ce genre de comportement pourrait susciter des doutes quant à l'intégrité du médiateur. Il doit « veiller à ce que chaque partie ait la possibilité de s'exprimer pleinement et de faire valoir ses préoccupations, tout en assurant le meilleur déroulement de la séance ». Enfin, il doit « s'assurer que chaque partie connaît et comprend les enjeux des options et de l'entente ». Au CSE, l'intégrité du médiateur et du processus de médiation est prévue au code d'éthique dans les termes suivants.

INTÉGRITÉ

- *La personne médiatrice contribue au règlement en toute sincérité et transparence. Elle fait preuve d'honnêteté professionnelle dans ses communications.*

- *La personne médiatrice contribue à établir un climat de confiance mutuelle et de communication franche. Ce climat de confiance est primordial car il est à la base d'une saine collaboration.*

- *La personne médiatrice souhaite que cette responsabilité soit partagée avec les personnes qui utilisent ses services.*

- *La personne médiatrice s'assure que son rôle et les objectifs de la médiation sont bien compris par les parties. Elle transmet des messages clairs et avec franchise pour faciliter le développement d'un climat d'ouverture.*

De toute évidence, la transparence dans la communication avec les parties est l'un des éléments fondateurs du processus de médiation. D'ailleurs, tous les programmes de formation des médiateurs institutionnels comprennent au moins un volet relatif à la communication et aux techniques qui s'y rattachent.

En somme, on constate à l'examen des profils de compétence des médiateurs institutionnels que ceux-ci répondent aux critères de qualifications identifiés dans la littérature spécialisée en médiation. Sans reprendre l'exposé précédent, il convient de relever certaines caractéristiques générales propres à ces profils de compétence. Tous les médiateurs institutionnels possèdent une formation universitaire complète de 1er cycle ou à défaut un nombre d'années d'expérience qui le compense. Lorsqu'ils entrent en fonction, ils ne peuvent pas tous cependant être considérés comme des experts dans les relations du travail. C'est particulièrement le cas pour les quelques personnes à la CNT et à la CRT qui, compte tenu des exigences alors applicables, ont pu être nommées sans avoir d'expérience en médiation. À première vue, ce type de profil de compétence semble plus difficile à concilier avec le critère de l'expérience retenu dans la littérature. Puisque la maturité professionnelle et personnelle constitue un gage de réussite de la médiation, on peut s'interroger sur la pertinence d'un profil de compétence qui accepte des candidats sans expérience. Cela dit, les médiateurs, dans tous les organismes, bénéficient d'une formation de base en médiation et d'un encadrement par des pairs expérimentés. La formation continue leur est également accessible, ainsi que la réflexion en collégialité.

Quant aux valeurs et qualités fondatrices de la fonction de médiateur dans les organismes à l'étude, on remarque qu'elles sont identiques à celles que la littérature met en évidence. L'impartialité, la confidentialité, le respect et l'intégrité sont des valeurs et qualités universelles à tout processus de médiation. Il reste maintenant à voir dans quelle mesure les modes d'intervention des médiateurs institutionnels en font des modèles de médiation distinctifs.

2. Les champs et les techniques d'intervention

Cette seconde partie vise à cerner les champs (2.1) et les techniques (2.2) d'intervention qui caractérisent les processus de médiation institutionnelle afin de cerner dans quelle mesure les modes d'intervention des médiateurs sont susceptibles d'influer sur le règlement des différends que leur confie le législateur.

2.1. Les champs d'intervention en médiation institutionnelle

Il convient d'expliquer ce que nous entendons par « champs d'intervention » (2.1.1), avant d'étudier les matières visées par ceux-ci en médiation institutionnelle (2.1.2).

2.1.1 Typologie des champs d'intervention en médiation

La médiation occupe maintenant une place reconnue dans le règlement des différends de diverses natures, parce qu'elle facilite ou permet, notamment, l'accès à des champs d'intervention que les parties intéressées, laissées à elles-mêmes, pourraient avoir de la difficulté à pénétrer en vue de parvenir à un règlement satisfaisant. Les assises contemporaines de la médiation reposent sur la théorie de la négociation raisonnée. Selon cette théorie, une négociation orientée sur les intérêts des parties en présence crée, selon toute vraisemblance, une relation gagnant/gagnant contrairement à une négociation axée sur les positions qui risque, plus souvent qu'autrement, d'entraîner les parties vers une relation gagnant/perdant[423]. Les auteurs de cette théorie ont également observé dans le cadre de leurs recherches que l'intervention d'un tiers impartial dans une négociation permet fréquemment de surmonter, par la technique du « caucus », les blocages et de mener à une entente satisfaisante pour les deux parties[424]. Ainsi, à la suite de l'acception de cette théorie, les théoriciens et les praticiens se sont mis à opposer la négociation raisonnée à la négociation sur positions, la dernière étant associée à un rapport de force des parties en présence et la première à un rapport de sens communément partagé par ces dernières. La médiation, en tant que négociation dirigée par un tiers, peut donc couvrir des champs d'intervention plus ou moins larges selon l'approche privilégiée. Pour les fins de nos propos, nous traitons des approches suivantes :

---

[423] La théorie de la négociation raisonnée a été développée par R. Fisher, W. Ury, *op.cit.* note 376.
[424] Roy et al., *op.cit.* note 383, p. 4.

l'approche fondée sur les positions, l'approche fondée sur le raisonnement juridique et l'approche fondée sur les intérêts, appelée aussi résolution de problème.

La négociation sur les positions. Celle-ci part de demandes, de revendications bien précises que l'une et l'autre partie s'adressent mutuellement. Ces revendications ne découlent pas d'un droit ou d'une obligation que l'une des parties estime non respectés, elle porte plutôt sur des intérêts ou des besoins purement propres à l'une d'elles. On parle d'une négociation en champ libre. Lorsque la négociation en champ libre repose sur les positions des parties en présence, celles-ci insistent sur leurs revendications respectives en essayant, pour chacune d'entre elles, d'amener l'autre vers sa position au moyen d'arguments, d'actions, voire de concessions sur d'autres points de la négociation. Les discussions entreprises partent de la revendication[425] plutôt que du problème qui l'a engendrée. Celui-ci sera éventuellement abordé dans le cadre de la discussion, mais le risque est que chacune des parties l'apprécie selon son propre point de vue de l'affaire et surtout en tenant compte de la revendication formulée. Chacune de leur côté, les parties peuvent avoir de bonnes raisons pour vouloir mettre de l'avant ou non cette revendication, sans chercher cependant à dégager une solution qui pourrait les satisfaire toutes les deux par rapport au problème soulevé. À force de tenter mutuellement de se convaincre de leurs positions respectives, les parties peuvent provoquer des rapports antagonistes et perdre de vue le problème à l'origine de la revendication initiale, ainsi que leurs intérêts réciproques à trouver une solution satisfaisante.

Aujourd'hui, un médiateur dont l'intervention est requise pour régler un différend issu d'une négociation en champ libre proposera, selon toute vraisemblance, aux parties en présence, un nouvel espace de négociation dans lequel celles-ci seront encouragées tout au long du processus à délaisser leurs positions respectives en vue d'une négociation raisonnée ou fondée sur leurs intérêts communs. Le médiateur n'aurait, en effet, aucune justification professionnelle à diriger une négociation sur positions lorsque celle-ci est en champ libre. La situation est-elle différente quand les positions des parties peuvent être soumises à un raisonnement juridique ?

---

[425] À ce sujet : N. N. Antaki, *op.cit.* note 376, p.51.

Le règlement amiable des différends sociaux

La négociation axée sur le raisonnement juridique. Les réclamations adressées à un tribunal sont elles aussi des positions exprimées. Cependant contrairement aux revendications qui ne sont pas d'ordre juridique, les réclamations émanent de droits ou d'obligations sur lesquels les parties sont en désaccord, et dont l'une d'elles peut réclamer le respect devant un tribunal compétent. S'il est saisi de l'affaire, le tribunal utilisera le raisonnement juridique pour trancher le litige[426]. Ce raisonnement repose principalement sur l'interprétation, le cas échéant, de la règle de droit et son application aux faits juridiquement pertinents d'une affaire.

La médiation d'une réclamation donnant lieu à un raisonnement juridique offre aux parties à ce type de différend un espace de négociation propice à un règlement à l'amiable. La question est de savoir si celui-ci peut être réglé sans tenir compte du raisonnement juridique. Contrairement à la revendication en champ libre effectuée essentiellement sur la base de la position d'une partie à la négociation, la réclamation fondée sur un raisonnement juridique, bien qu'elle soit faite dans l'intérêt individuel de l'une des parties en cause, peut sous-tendre des valeurs, des principes, des pratiques que la société, par la voie législative, a placés au rang de normes d'ordre public. Dans un tel contexte, le médiateur n'intervient plus dans un espace de négociation que seules les parties en cause peuvent occuper à leur gré. L'espace se trouve déjà habité par des normes d'ordre public puisque le différend soumis à médiation en est, par essence, porteur. Le médiateur n'est-il pas de ce fait auxiliaire de justice, spécialement lorsqu'il est à l'emploi d'un organisme chargé du respect de la loi ?

Cela dit, le raisonnement juridique se distingue de la réclamation qui l'anime. La réclamation ou mesure de réparation exigée exprime la position d'une partie. Or, un médiateur pourrait très bien demander à cette partie de délaisser sa position de départ aux fins de la négociation du règlement, sans pour autant exclure le raisonnement juridique du processus de médiation. Il pourrait amener les parties à élaborer elles-mêmes ce raisonnement et à trouver ensuite une solution qui soit compatible avec celui-ci. Le droit comme on le sait n'est pas une science exacte, et la règle de droit n'est ni arithmétique, ni mathématique.

---

[426] Voir l'illustration d'une médiation fondée sur un raisonnement judiciaire par opposition à celle qui est basée sur la résolution de problème : J.-F. Roberge, *loc.cit.* note 390.

Souvent, elle se module au gré des circonstances particulières d'une affaire, spécialement lorsque la norme en vigueur laisse place à un raisonnement juridique fondé sur l'équité.

Il est important aussi de distinguer le raisonnement juridique de la procédure judiciaire. Lorsque les parties se présentent devant un tribunal, elles vont, chacune à leur tour, montrer la partie du dossier qui leur est favorable et ériger un raisonnement juridique en conséquence. En délibéré, le tribunal, saisi des deux parties du dossier, aura une vision du problème juridique différente de celles que les parties lui ont respectivement soumises, ayant en sa possession l'ensemble du dossier. Il soupèsera alors les forces et les faiblesses des éléments au dossier. Cela pourra le conduire à une vision des faits différente de celles que les parties ont voulu lui montrer chacune de leur côté. Son raisonnement juridique pourra lui aussi s'éloigner de l'analyse faite par chacune des parties en cause, parce qu'il n'aura pas la même vision du problème qu'eux. La médiation axée sur le raisonnement juridique amène les parties à soupeser le problème juridique sous toutes ses facettes sans chercher à tronquer la réalité pour la rendre à l'avantage de l'une des parties en cause.

La négociation basée sur les intérêts (NBI). La NBI prend appui sur la théorie de la négociation raisonnée. Le professeur Nabil P. Antaki résume en quatre principes fondamentaux les bases de cette théorie :

1. traiter séparément les questions de personnes et le différend.

Ce principe part de l'idée que les individus sont tous différents et que chacun a sa propre perception des choses et des événements. Il faut accepter et respecter cette différence. Il ne faut surtout pas confondre l'objet du débat et ses propres sentiments ou ceux des autres négociateurs. Il faut donc, d'entrée de jeu, dégager l'aspect personnel pour le traiter séparément. Il est plus efficient d'attaquer ensemble le litige auquel on est confronté que de s'attaquer mutuellement ;

2. se concentrer sur les intérêts en jeu et non sur les positions.

Ce principe pose comme postulat que le but de toute négociation est de servir les intérêts sous-jacents de chacun. Or, en se concentrant sur la défense de positions qui ne sont pas fondées sur des intérêts, on s'écarte de l'objectif et les concessions consenties dans ces conditions peuvent laisser durer les causes du différend. Il faut concentrer les efforts sur l'identification des intérêts en présence pour résoudre définitivement le différend de façon satisfaisante, sinon on ne le règlera qu'en apparence ;

3. imaginer un grand éventail de solutions avant de prendre une décision.

Il existe toujours plusieurs solutions valables et possibles à chaque problème, mais les circonstances font que l'attention se fixe rapidement sur la solution la plus évidente qui n'est pas nécessairement la meilleure. Il faut prendre le temps, lorsque les intérêts ont été identifiés, d'envisager le plus grand éventail possible de solutions. On retiendra la solution qui sert les intérêts communs optimums des deux parties et harmonise de façon originale les intérêts divergents. C'est la seule approche qui rend possible une solution gagnant/gagnant ;

4. exiger que le résultat repose sur des critères objectifs.

Un accord doit être fondé sur un critère objectif externe. Parmi ces critères on retient, à titre d'exemple, un indice des prix, l'opinion d'un expert, des coutumes commerciales ou la loi. Ce principe permet de dénouer les impasses puisque le critère objectif échappe à l'influence unilatérale d'une partie[427].

La négociation raisonnée ou NBI ou négociation par résolution de problème - les trois expressions étant synonymes - se distingue de la négociation sur positions en ce qu'elle vise fondamentalement la résolution d'un problème et autant que possible en tenant compte de toutes les dimensions qui font l'objet du différend. L'objectif de départ est de bien cerner le problème en essayant aussi de comprendre pourquoi il se pose, ainsi que les intérêts des parties à le régler. Celles-ci chercheront des solutions seulement une fois qu'elles auront bien identifié le problème et qu'elles en comprendront les enjeux de part et d'autre.

De toute évidence, le raisonnement juridique fait partie d'une approche fondée sur la résolution de problème. En effet, le tribunal va cerner le problème à l'aide de la preuve qui lui est soumise et des règles de droit applicables. Ce n'est qu'après avoir analysé les faits et les droits en présence qu'il décidera des mesures de redressement appropriées. Le défaut du raisonnement juridique est qu'il fournit une vue partielle du

---

[427] *Op.cit.* note 376, p. 54.

problème puisque celui-ci est abordé seulement sous l'angle juridique. La mesure de réparation accordée, étant liée au problème juridique identifié, pourrait elle aussi être incomplète ou encore inadaptée aux besoins ou aux intérêts réels des parties. S'ajoute à cela, le sentiment qu'une partie se trouve gagnante ou perdante par rapport à l'autre, une fois le jugement rendu. Bref, le raisonnement juridique se distingue d'une approche de règlement fondée sur positions, dans la mesure où il repose au départ sur le problème litigieux. Toutefois, contrairement à la négociation par la résolution de problème où l'objectif est idéalement de considérer toutes ses dimensions, ainsi que toutes les facettes que celles-ci comportent en les mettant en perspective, la négociation axée sur le raisonnement juridique vise à isoler la dimension juridique pour en saisir toutes ses facettes, mais seulement celles-là.

En permettant d'envisager tous les aspects d'un problème et de les mettre en perspective les uns par rapport aux autres, la négociation par résolution de problème favorise aussi l'élaboration de différentes solutions possibles - pas seulement d'ordre juridique - et de choisir celles qui paraît la mieux adaptée aux intérêts réels des parties en présence. Lorsque la médiation basée sur les intérêts (MBI) a lieu en champ libre, il n'y a aucun empêchement à l'appliquer dans son intégralité. Il n'y en a pas non plus si on est en présence d'un problème comportant une dimension soumise à raisonnement juridique. La question est de savoir si le médiateur peut faire abstraction de ce raisonnement dans son intervention auprès des parties concernées ? Pourquoi le médiateur devrait-il, en effet, faire abstraction de la dimension juridique, alors que la théorie de la négociation raisonnée commande que l'on explore toutes les dimensions d'un problème ?

2.1.2. Les champs d'intervention en médiation institutionnelle selon les matières visées

Tel qu'il a été précédemment exposé, la médiation fondée sur les positions apparaît aujourd'hui révolue parce qu'elle comporte, à sa face même, un illogisme dans la démarche de négociation qu'elle suppose. Elle crée une confusion entre la réclamation et le problème qui l'a provoquée. Enclencher un processus de négociation en passant d'abord par la solution envisagée par l'une des parties, selon sa propre analyse du dossier - avec les perceptions et les distorsions que celle-ci implique - tend à figer immédiatement le débat, et cela avant même que le problème ait pu être discuté isolément. L'une des parties cherchera à décrire les faits vécus qui reflètent sa revendication et l'autre partie tentera de montrer une toute autre réalité pour nier le bien-fondé de cette revendication. L'une et l'autre partie resteront sur leurs positions, sans réellement chercher à avoir une vue d'ensemble du problème qui les oppose, ayant constamment en tête leurs propres solutions de départ. L'objectif de la négociation par résolution de problème est justement d'axer le débat sur le problème vécu pour que les parties en viennent à une connaissance et une compréhension de toutes ses facettes, ainsi que des enjeux que celles-ci comportent pour l'une ou l'autre et surtout pour l'une et l'autre.

Tous les médiateurs institutionnels rencontrés en entrevue sont unanimes à dire que le processus de médiation qu'ils dirigent ne part pas des positions des parties, mais bien du problème qui les oppose. De toute évidence, ils ne pratiquent pas la négociation sur les positions. De plus, il semble qu'une « période de refroidissement » peut être bénéfique, dans certains cas, avant ou en cours d'une médiation fondée sur la résolution de problème. À la lumière des données recueillies, on remarque qu'à l'exception des cas où la loi impose un traitement rapide ou quasiment instantané d'un dossier, une telle période s'impose aux parties compte tenu du traitement de leurs dossiers. Au MT, les médiateurs interviennent dans un dossier dès qu'ils sont nommés. Toutefois, ils peuvent décider d'espacer les séances de médiation s'ils constatent que les parties tiennent ou reviennent sur une approche de négociation fondée sur les positions. À la CNT, on nous signale que malgré un premier traitement rapide de la plainte, les parties sont convoquées à une séance de médiation à l'intérieur d'une période variant entre un (1) à quatre (4) mois après le dépôt de cette plainte. À la CRT, en ce qui concerne les plaintes qui lui sont acheminées une fois qu'elles ont été traitées par la CNT, le médiateur contacte immédiatement les parties et dispose d'une période de quatre (4) à cinq (5) mois pour régler le dossier avant que celui-ci ne fasse l'objet d'une adjudication. Par contre, dans les dossiers relatifs aux rapports collectifs du travail pour lesquels une solution doit intervenir très rapidement, notamment en matière d'accréditation et de redressement, il n'y a pas véritablement de période de refroidissement. La médiation, le cas échéant, intervient dans les semaines suivant le dépôt de la plainte. De la même façon, il n'y a pas de période de refroidissement au CSE lorsqu'il s'agit de déterminer les services essentiels, d'en assurer le maintien ou de forcer le retour au travail à la suite d'une grève illégale. Il est intéressant de souligner qu'une période de refroidissement reste possible lorsque le CSE est appelé à se prononcer en matière de réparation. À ce stade du processus, la santé et la sécurité du public ne sont plus immédiatement en cause.

Par ailleurs, il importe de savoir si le cadrage du problème soumis à la médiation repose sur le raisonnement juridique ou sur une approche plus générale que l'on appelle la résolution de problème. Les entrevues menées nous amènent à avancer quelques hypothèses à cet égard que nous formulons en trois points (3) : i) certaines matières donnent lieu à une négociation purement de résolution de problème ; *ii)* certaines matières imposent dans leur essence même le raisonnement juridique ; *iii)* certaines matières relèvent à la fois du raisonnement juridique et des dimensions, soit de relations de travail, soit de relations humaines. Soulignons que l'analyse qui suit est le fruit de notre interprétation des données recueillies au cours des entrevues avec les répondants des divers organismes à l'étude. Par le fait même, cette analyse reste parcellaire étant à la mesure des informations recueillies dans un but exploratoire.

i) **Les matières donnant lieu à une négociation purement de résolution de problème**

Le cas par excellence est la négociation de la convention collective de travail. Le médiateur vient investir la négociation déjà entamée par les parties négociantes afin de les accompagner dans la résolution de leur différend. La négociation se fait ici en champ libre, puisque les revendications visent à déterminer les conditions de travail qui seront consignées dans la convention collective.

Au MT, on nous dit que la médiation vise d'abord à régler les problèmes, les points de désaccord et à établir un plan de travail pour les régler. Elle a aussi pour but d'amener les parties à exposer conjointement leurs préoccupations. Le médiateur est, quant à lui, constamment à la recherche d'options pour favoriser le rapprochement des parties. Ils travaillent avec les représentants syndicaux et patronaux, ensemble ou séparément, dans le but de leur faire découvrir leur terrain d'entente.

Pendant la médiation, il peut surgir des problèmes de droit entre les parties. Par exemple, l'une d'elles a déposé contre l'autre, une plainte pour manquement à l'obligation de négocier de bonne foi ou encore une plainte pour violation des dispositions anti-briseurs de grève. Dans ces cas, le médiateur ne cherche pas à régler ces désaccords. Toutefois, il peut arriver que ces plaintes se résolvent d'elles-mêmes à compter du moment où les parties trouvent un terrain d'entente au niveau de la négociation de la convention collective. Les plaintes sont souvent des moyens stratégiques pour modifier le rapport de force entre les parties négociantes. Le médiateur se garde de tomber dans ce jeu des parties négociantes afin de conserver sa neutralité et aussi pour les responsabiliser par rapport à leurs propres agissements l'une envers l'autre.

ii) Les matières imposant par essence le raisonnement juridique

Parmi les données recueillies, ce sont les dossiers relevant du CSE et portant sur les services essentiels à respecter pendant une grève légale, ainsi que les plaintes relatives à une pratique interdite, notamment le congédiement pour motif illégal adressées à la CNT, qui illustrent le mieux les matières qui imposent, par essence, le raisonnement juridique. D'ailleurs, les répondants au CSE et à la CNT nous ont clairement exprimé que ces types de plaintes ne laissent aucune, ou peu de marge de manœuvre aux médiateurs chargés de les régler en médiation.

Les services essentiels lors d'une grève légale. Au CSE, on insiste sur le rôle de la médiation dont cet organisme a charge. Ailleurs, la médiation vise avant tout la satisfaction et le bien-être des deux parties impliquées. Au CSE, le premier mandat à poursuivre est le service au public. Il s'agit de préserver la santé et la sécurité de la population et de s'assurer qu'elle recevra en tout temps les services essentiels auxquels elle a droit pendant une grève légale. C'est l'objectif du CSE et c'est cet objectif qui aide le médiateur à guider les parties dans la détermination des services essentiels. Le code d'éthique des médiateurs de cet organisme confirme ce rôle qu'assume le médiateur.

La détermination des services essentiels intervient une fois l'avis de grève transmis pendant la période de négociation d'une convention collective de travail. Toutefois, le caractère essentiel d'un service ne se négocie pas. De plus, toute entente intervenue sur les services essentiels est soumise à l'approbation du CSE ; celui-ci conserve toujours son pouvoir décisionnel. L'objectif du médiateur est d'aider les parties à établir les services essentiels de façon satisfaisante pour le CSE. Le médiateur sait d'ailleurs que ce dernier « est juste derrière ». Dans le domaine de la santé et des services sociaux, la loi fixe le pourcentage des employés syndiqués qui doit assurer les services essentiels selon les activités visées. Dans les autres services publics, cette question est laissée à l'appréciation des parties à la négociation et en définitive au CSE. Par ailleurs, toute entente doit être durable et susceptible d'être respectée au cours de la grève.

Les pratiques interdites selon la LNT. La *loi sur les normes du travail* interdit à un employeur de congédier, de suspendre, de déplacer, de mettre à pied ou d'imposer toutes autres mesures disciplinaires ou mesures de représailles pour des motifs expressément prévus dans la loi. À la CNT, on nous dit que ce genre de plaintes, pris isolément, laisse peu de marge de manœuvre au médiateur. Tout en tenant compte des autres intérêts des parties, son rôle est de les aider à déterminer s'il y a ou non illégalité par rapport à la loi. Si c'est le cas, cette dernière prévoit des mesures de réparations bien précises. Ce genre de dossiers laisse peu d'espace à la négociation pure et simple. Le raisonnement juridique, dans une moindre mesure évidemment que les services essentiels, reste pratiquement non négociable ou malléable. La CRT a elle aussi compétence relativement aux plaintes de pratiques interdites selon la *LNT*. Au niveau de cet organisme, les médiateurs interviewés indiquent que dans tous les cas de congédiement l'approche privilégiée demeure fondée sur les intérêts des parties, et par conséquent le raisonnement juridique ne limite pas la recherche d'un règlement négocié sur la base des intérêts.

iii) Les matières relevant à la fois du raisonnement juridique et des dimensions de relations de travail ou de relations humaines

Plusieurs matières donnent lieu à un encadrement hybride du processus de médiation parce qu'elles sous-tendent un aspect juridique, plus ou moins important, à l'origine de la réclamation initiale. Dans toutes ces matières, le médiateur tente d'amener les parties à identifier les zones de conflit, selon qu'elles sont d'ordre juridique, de relations de travail ou de relations humaines en vue de dégager des solutions qui règlent le problème au fond. Nous regroupons ces matières sous deux points : le raisonnement juridique et les relations de travail ; le raisonnement juridique et les relations humaines.

Le raisonnement juridique et les relations de travail. Les plaintes visées ici sont celles qui relèvent de la compétence de la CRT en vertu du *code du travail* et celles dont le CSE est saisi lors d'une grève illégale dans les services publics ou dans les secteurs de la santé et des services sociaux.

En ce qui concerne les plaintes adressées à la CRT, plusieurs d'entre elles comportent une dimension de relations de travail importante. C'est le cas particulièrement des plaintes pour négociation de mauvaise foi, pour violation des dispositions anti-briseurs de grève ou encore d'une requête pour forcer la présentation de la dernière offre patronale aux salariés. En période de négociation collective, les parties se servent de ces types de recours pour modifier leur rapport de force. Tout cela relève de la stratégie. Le médiateur est souvent appelé, dans ce contexte, à « remettre les pendules à l'heure », en insistant sur le droit applicable et en amenant la partie syndicale et la partie patronale à régler leur problème au fond, lequel se situe beaucoup plus au niveau des relations de travail proprement dites qu'au niveau des règles de droit auxquelles celles-ci sont soumises. Le médiateur essaie de faire redémarrer la négociation entre les parties et de les retourner au service de la médiation du MT.

Au CSE, les médiateurs interviennent directement dans la résolution des problèmes de relations de travail lorsqu'une grève illégale survient dans les services publics ou dans les secteurs de la santé et des services sociaux ou encore que les services essentiels n'y sont pas assurés. Dans ces cas, le médiateur peut être appelé à intervenir à deux niveaux. Tout d'abord, il doit tenir compte des intérêts des parties en présence pour les amener à reprendre le dialogue en vue de redresser la situation. Une fois le dialogue repris, le médiateur tente d'amener les parties à prendre en compte l'intérêt des usagers pour s'entendre sur des mesures de réparation adéquates. Même si le raisonnement juridique occupe moins de place dans cet exercice, il demeure un incitatif important compte tenu du rôle de gardien de la légalité que joue le CSE dans tous les dossiers.

Le raisonnement juridique et les relations humaines. Les plaintes pour congédiement sans cause juste et suffisante, dans lesquelles la CNT intervient au premier niveau et la CRT au second niveau, donnent généralement lieu à des médiations où le raisonnement juridique se mêle aux aspects liés aux relations humaines. Dans ce type de dossiers, les médiateurs ont affaire à un employeur et un salarié. Le règlement se négocie entre ces deux parties, contrairement aux autres cas expliqués ci-dessus où la négociation d'un règlement a lieu entre la partie patronale et la partie syndicale. Aux yeux des médiateurs - peut-on croire sans pour autant avoir scruté la question avec eux - les problèmes de relations de travail, autres que juridiques, prennent une coloration plus humaine dans les cas de congédiement sans cause juste et suffisante, parce qu'ils sont de nature strictement individuelle. Dans les rapports collectifs du travail, la présence syndicale crée, s'il l'on peut dire, une zone « tampon » qui a tendance à dépersonnaliser les problèmes, particulièrement ceux qui sont à caractère collectif, voire syndical. Ainsi, dans les dossiers de congédiement sans cause juste et suffisante, le médiateur amène les parties à exprimer leurs sentiments, leurs intérêts, autres que matériels, par rapport au différend qui les oppose en vue de mieux cerner le problème et de dégager des solutions qui soient satisfaisantes pour ces dernières. On nous dit que parfois des excuses bien senties peuvent provoquer la réussite d'une médiation. Ou encore, le fait qu'un employeur explique au salarié pourquoi il l'a congédié, mais en mettant néanmoins dans la balance les bons côtés de cet employé, peut faire en sorte que celui-ci accepte un règlement ou retire sa plainte, sans pour autant avoir le sentiment de perdre sa dignité.

Il y a d'autres types de dossiers où le raisonnement juridique se mêle aux relations humaines pour en arriver à un règlement à l'amiable. Il s'agit notamment des plaintes pour harcèlement psychologique au travail soumises à la compétence, au premier niveau, à la CNT et, au second niveau, à la CRT, en ce qui concerne les salariés non syndiqués. Le MT s'occupe, pour sa part, des plaintes de harcèlement psychologique lorsque les salariés sont visés par une convention collective de travail. Les données recueillies indiquent un malaise ou un inconfort sérieux des médiateurs ayant à intervenir dans ces types de dossiers. La cause principale de ce malaise semble être le fait que les relations humaines sont au cœur du problème à l'origine du différend des parties impliquées. Selon toute vraisemblance, la présence syndicale n'a pas vraiment l'effet d'une zone « tampon » lorsque ce type de problème se pose dans les rapports collectifs de travail. Par ailleurs, le malaise semble ressenti de façon plus intense chez les médiateurs du MT. Ce malaise peut s'expliquer par le fait que le MT, et en l'occurrence les médiateurs, ont l'habitude de travailler avec les représentants des employeurs et des syndicats. Or, en matière de harcèlement psychologique, les salariés deviennent des interlocuteurs incontournables pour régler le problème au fond. De plus, l'aspect central du problème touche directement les relations humaines dans leur expression la plus pure. On est donc loin ici de la négociation d'une convention collective de travail, le domaine de prédilection des médiateurs du MT.

Les dossiers de harcèlement psychologique au travail amènent aussi les médiateurs de la CNT et de la CRT à revoir leurs techniques d'intervention. Étant de droit nouveau et affectant de plein front les aspects humains du travail, le harcèlement psychologique appelle les médiateurs à contrôler des émotions d'une telle intensité, qu'ils ont de la difficulté à rester les maîtres du jeu. Dans ce cadre, nous constatons que le raisonnement juridique est éclipsé par l'importance des émotions en présence.

En somme, les données recueillies donnent un aperçu général des différents champs d'intervention des médiateurs institutionnels. On constate que dans les différends d'ordre juridique, cette dimension du problème reste présente dans le processus de médiation. On verra aussi dans les propos qui suivent que la dimension juridique d'un différend a un impact sur le choix des techniques d'intervention.

2.2. Les techniques d'intervention en médiation institutionnelle

Pour les fins de cette étude, nous retenons les deux techniques d'intervention en médiation qui sont généralement rapportées dans la littérature : la première est nommée « médiation pure » ou « médiation de facilitation » et la seconde est appelée « médiation d'évaluation »[428]. Les deux techniques d'intervention utilisent le caucus, lequel peut être défini de la façon suivante.

Utilisation des « caucus » : dans le jargon (d'origine américaine) de la médiation, le caucus est un mot - d'origine amérindienne, semble-t-il - qui désigne une réunion particulière et confidentielle entre deux parties. En l'occurrence, le médiateur place les parties en litige dans des locaux séparés et fait « la navette » entre chacun de ces locaux pour s'entretenir en privé et de manière confidentielle avec chacune des parties. Tout ce qui est dit au cours du caucus est confidentiel par nature, sauf ce que la partie a expressément autorisé le médiateur à communiquer à l'autre partie, dans l'autre pièce[429].

---

[428] De façon générale, voir à ce propos : Roy, Shneebalg, Galton, *op.cit.* note 383, p. 10-12 et 178 ; Antaki, *op.cit.* note 376, p. 160-165.
[429] Roy, *idem*, p. 10.

Le caucus peut intervenir après la première séance plénière au cours de laquelle le médiateur se sera présenté et aura expliqué le processus de médiation. Cette première séance plénière est une étape cruciale parce que c'est le moment pour le médiateur d'établir le lien de confiance nécessaire au bon déroulement de la médiation. Les parties peuvent également être invitées, à ce stade, à exposer leur vision du dossier. Que la médiation soit du type de facilitation ou du type d'évaluation, dans l'un et l'autre cas, le médiateur aide les parties à évaluer les points forts et les points faibles de leur dossier. S'il est plus du type facilitateur, le médiateur favorisera la communication pour que chacune des parties dégagent elles-mêmes les éléments de réponse. Par contre, s'il est plus du type évaluateur, il indiquera, de façon plus ou moins directe, les forces et les faiblesses du dossier. Il dirigera aussi les discussions tenant compte des solutions qu'il estime lui-même appropriées dans les circonstances. Certains médiateurs d'évaluation donnent, sans détours, leurs opinions sur les éléments du dossier. Cependant, cette pratique ne fait pas l'unanimité. Des auteurs mettent en garde à l'encontre de cette conduite, par crainte que le médiateur ne perde sa neutralité ou son apparence de neutralité dans le processus.

À notre avis, même dans la médiation d'évaluation, le médiateur ne devrait pas donner son opinion quant à l'issue d'un procès éventuel, en suggérant, par exemple, qui a les plus fortes chances de l'emporter. Certains médiateurs estiment qu'ils peuvent faire part de leur opinion si toutes les parties y consentent ou le lui demandent. Nous estimons que cette pratique, quelle que soit la prudence avec laquelle elle est utilisée et les réserves dont elle peut être entourée, nuit au caractère d'absolue neutralité du médiateur et empêche les parties d'aboutir à leurs propres conclusions, ce qui est précisément le but recherché dans la médiation.

La « médiation agressive » : la médiation d'évaluation est souvent qualifiée de médiation agressive. En effet, le médiateur conteste et remet en question les positions des parties de manière bien plus active que dans d'autres types de médiation. Une médiation d'évaluation par trop agressive risque d'être perçue comme coercitive, contraignante ou déstabilisatrice. Les bons médiateurs pratiquant la médiation d'évaluation parviennent à développer des techniques de questionnement permettant de remettre en cause les idées reçues et les *a priori*, voire les évidences, dans l'esprit de chacune des parties, sans paraître pour autant autoritaires[430].

Selon les données que nous avons recueillies pendant les entrevues, nous serions portés à classer les médiateurs du MT dans la catégorie des facilitateurs et tous les autres médiateurs dans la catégorie des évaluateurs. Tout comme pour les champs d'intervention en médiation, ces catégories ne sont pas étanches. D'ailleurs, tous les répondants rencontrés nous ont dit que les médiateurs utilisent diverses approches et techniques selon les dossiers en cause. Cette façon de procéder n'est pas particulière aux médiateurs institutionnels, on reconnaît que tout médiateur expérimenté usera de diverses stratégies, styles ou techniques pour amener les parties à conclure une entente[431].

Il reste néanmoins que les médiateurs au MT, en matière de négociation collective, agissent beaucoup plus, peut-on croire, comme facilitateurs qu'évaluateurs. Les médiateurs tentent, tout au long de la démarche de médiation, de susciter des idées, des discussions. Le médiateur va essayer d'ébranler les certitudes. Dans la recherche de solutions, il peut émettre des suggestions, des hypothèses de travail que les parties sont toujours libres d'écarter. Soulignons que la médiation peut s'étendre sur plusieurs jours, plusieurs semaines, voire plusieurs mois, avec des séances plus ou moins rapprochées. Négocier une convention collective ne se fait pas en une journée. Il s'agit en général d'un processus qui exige, en lui-même, beaucoup de temps avant qu'une entente finale n'intervienne.

Lorsque les négociateurs patronaux et syndicaux en arrivent à un accord tacite, le médiateur peut faire une recommandation en vue de la présenter à la haute direction de l'entreprise et à l'assemblée générale des membres du syndicat. Il arrive aussi qu'il y ait un constat de règlement au lieu

---

[430] *Idem*. Voir aussi Courteau, *loc. cit.* note 384, p. 55-56.
[431] Roy, *op.cit* note 383, p. 12. Les auteurs écrivent à ce propos : « Un compartimentage rigoureux des styles et des formes de médiation n'est guère utile ou favorable à l'efficacité du processus. Comme cela a déjà été indiqué, telle forme de médiation sera plus indiquée dans un cas donné, et telle autre forme dans un autre cas donné, mais le bon médiateur aura été formé aux différents styles et pourra se montrer souple pour adopter, au cours d'une même médiation, le cas échéant, une combinaison des divers styles ». Antaki, *op. cit.* note 376, p. 165. Cet auteur indique : « Il est difficile de cataloguer un médiateur qui a du métier. Celui-ci choisit sa stratégie d'approche en fonction de la cause et sa tactique évoluera en fonction de la réaction des parties ».

d'une recommandation quand les parties s'entendent à cet effet. Si les parties n'arrivent pas à un règlement ou si leurs mandants refusent la recommandation émise par le médiateur, celui-ci se retire du dossier. De façon générale, il n'y a pas de deuxième niveau de médiation. La médiation n'ayant pas donné lieu à une entente entraîne la fermeture du dossier, à moins que les négociateurs changent et que les parties s'entendent pour une intervention de deuxième niveau.

Chez les médiateurs au CSE, à la CNT et à la CRT, la technique utilisée est beaucoup plus interventionniste, notamment lorsqu'il s'agit des questions juridiques. Les médiateurs informent les parties par rapport au droit applicable. Au CSE et à la CRT dans les dossiers de rapports collectifs de travail, on admet d'emblée que les médiateurs donnent leur opinion à propos du dossier en s'appuyant sur la jurisprudence établie, et on reconnaît aussi que les parties ne peuvent pas la rejeter du revers de la main. Les employeurs et les syndicats savent que les médiateurs parlent en connaissance de cause.

Au CSE, on justifie ce style interventionniste par le fait que les médiateurs ont d'abord et avant tout pour rôle de s'assurer que les services essentiels seront rendus pendant une grève légale. De plus, l'entente sur les services essentiels est soumise obligatoirement à l'approbation du CSE. Les médiateurs doivent donc aider les parties à déterminer des services essentiels que le CSE jugera suffisant. Dans ce contexte, une médiation évaluative « agressive » permet de faire progresser les discussions en vue d'une entente qui répondra aux exigences du CSE. Notons également que le délai pour déterminer les services essentiels est très court, notamment de sept (7) jours seulement dans les services publics. En général, la médiation se prolonge rarement au-delà d'une journée et l'entente qui en découle est ensuite soumise pour approbation au CSE.

À la CRT, les médiateurs dans les matières relatives aux rapports collectifs du travail sont particulièrement interventionnistes parce qu'en général les parties s'inscrivent dans un rapport de force lorsqu'ils se présentent devant cet organisme. La requête ou la plainte adressée à la CRT relève de la stratégie des parties. Le médiateur intervient en connaissance de cause du droit applicable, et il oriente les parties par rapport à la décision que pourrait rendre la CRT compte tenu de la jurisprudence de cet organisme. En l'absence d'une entente, les parties savent qu'elles auront à plaider leur cause devant la CRT. La médiation est « l'intervention de dernière chance ». Or, les médiateurs, bien informés des aspects juridiques, peuvent exprimer leurs opinions pour remettre « les pendules à l'heure ». Une médiation à la CRT dure généralement de trois (3) à cinq (5) heures. Un style interventionniste aidera, selon toute vraisemblance, à encadrer le débat en vue de la conclusion d'un règlement à l'amiable.

Les médiateurs de la CNT, ainsi que les médiateurs de la CRT, dans les cas de plaintes individuelles, ont eux aussi un style interventionniste, mais qu'on ne peut pas qualifier d'agressif. Les dossiers de médiation comportent, pour la plupart, une dimension juridique et une dimension humaine. Or, comme on nous l'a dit en entrevue, cette dernière dimension impose aux médiateurs une approche beaucoup plus en douceur que celle qui prévaut dans les dossiers de relations de travail où les parties en cause sont des représentants patronaux et syndicaux familiers avec ce genre de processus et rompus aux techniques de la négociation. Les médiateurs, dans les rapports individuels de travail, informent les parties du droit applicable et les amènent à identifier les forces et faiblesses de l'ensemble de leur dossier. À la CNT, la durée d'une médiation varie entre une heure et demie à deux heures et demie, sauf les dossiers de harcèlement psychologique où la médiation peut s'étendre sur une période de trois (3) à quatre (4) heures. À la CRT, on nous souligne qu'une médiation pour régler un cas de harcèlement psychologique prend de trois (3) à huit (8) heures. Tout comme leurs autres collègues, les médiateurs en matière de plaintes individuelles bénéficient d'une expertise reconnue quant aux aspects juridiques, et c'est cette dernière combinée à une approche plus « feutrée », selon notre expression, qui favorise l'entente entre les parties.

Les médiateurs à la CNT rédigent les ententes lorsque les parties y consentent. Soulignons qu'à la CNT, contrairement à la CRT, les parties se présentent généralement à une séance de médiation sans être accompagnées d'un procureur. À la CRT, les médiateurs aident les parties dans la rédaction de leur entente. Ils vont la rédiger seulement lorsque les parties ne sont pas accompagnées de leurs procureurs. Les ententes conclues sous l'égide des médiateurs de la CRT peuvent être soumises dans les six (6) mois suivants, pour approbation à la CRT. Celles qui sont conclues à la CNT sont conservées pendant cinq (5) à (6) mois. Les dossiers sont ensuite archivés et détruits un an plus tard.

Lorsqu'une transaction n'est pas respectée par un employeur, la CNT représente le salarié et entame les démarches judiciaires en vue de l'homologation de la transaction par la Cour supérieure du Québec.

En somme, la médiation institutionnelle repose sur divers modes d'intervention. Cependant, on se rend compte qu'aussitôt qu'on sort de la négociation en champ libre, le raisonnement juridique oriente, à des degrés plus ou moins importants, le processus de médiation. Dans les matières où la loi est particulièrement contraignante, le raisonnement juridique reste prédominant dans la recherche d'un règlement négocié. Dans les autres matières, le médiateur s'en sert pour conscientiser les parties par rapport au contenu de la loi, sans mettre de côté pour autant les intérêts non juridiques que ces dernières peuvent également exprimer. En ce qui concerne les dossiers de harcèlement psychologique, le raisonnement juridique, sur lequel l'expertise des médiateurs peut être largement mise à contribution dans les autres dossiers, devient un aspect plus mitigé, compte tenu du fait que les relations humaines, dans ce type de dossiers, sont le point cardinal du problème et aussi de sa solution.

En ce qui a trait aux techniques d'intervention, on constate que les médiateurs du CSE, de la CNT et de la CRT pratiquent la médiation d'évaluation. Ceci s'explique par le fait que les différends qu'ils sont appelés à régler reposent d'abord et avant tout sur des conflits de droit. Selon certains auteurs, plus ce genre de différends est circonscrit, plus les probabilités de le régler et rapidement augmentent. En identifiant les forces et les faiblesses du dossier en présence, les médiateurs peuvent ainsi circonscrire rapidement le débat et éviter toutes sortes de dérapage pouvant éloigner les parties impliquées d'un règlement à l'amiable. La question est de savoir jusqu'où le médiateur peut se rendre dans le raisonnement juridique, pour aider les parties à régler leur différend à l'amiable ?

Discussion et conclusion

L'étude exploratoire, menée au moyen d'entrevues auprès de certains professionnels en médiation du MT, du CSE, de la CNT et de la CRT, nous a permis d'esquisser les profils de compétence des médiateurs institutionnels dans les différends du travail au Québec. Nous les avons dégagés à l'aide d'une grille d'analyse élaborée en partant des critères de

Le règlement amiable des différends sociaux

compétence et d'intervention des médiateurs-types idéaux (modèles) identifiés dans la littérature spécialisée en médiation. À l'aide de cette grille d'analyse, nous avons décrit les exigences de base des fonctions de médiateur institutionnel, la formation et l'encadrement qui leur sont fournis en emploi, ainsi que les valeurs et qualités fondatrices de ces fonctions. Nous avons également exposé les traits caractéristiques des champs et des techniques d'intervention en médiation institutionnelle. En plus des aspects descriptifs que comportent la présente étude, la grille d'analyse appliquée a aussi permis de comparer les divers profils de compétence de médiateur institutionnel et de les situer, d'un point de vue plus général, par rapport aux médiateurs-types idéaux ou modèles. Sans reprendre toutes les constatations dégagées dans l'étude, nous allons identifier, en terminant, quelques limites intrinsèques de la médiation institutionnelle.

Il est important de mentionner que les médiateurs sont, sans conteste, de véritables professionnels de la médiation du fait, premièrement, que leurs interventions ne se limitent pas à un simple rapprochement des parties à un différend ; deuxièmement leurs interventions reposent sur des connaissances, des habiletés et des qualités propres à ce domaine d'intervention. Il est aussi important de souligner que la médiation institutionnelle et ceux qui l'exercent dégagent un espace de négociation dans les différends du travail qui n'existerait pas autrement et qu'ils en sont, à notre avis, les maîtres du jeu. De plus, l'espace ainsi disponible favorise, de toute évidence, les règlements à l'amiable des différends du travail. Les commentaires et questionnements qui vont suivre ne visent pas à remettre en cause la légitimité et l'utilité des processus de médiation institutionnelle, mais à en voir certaines limites qui pourraient détourner - à défaut d'être vues et comprises - ces processus de leurs finalités premières et respectives.

Rappelons que la médiation est généralement décrite comme étant un mode de règlement volontaire, à l'amiable et confidentiel des différends. Il se veut proche des besoins et intérêts des gens qui s'y engagent. En outre, la médiation, en tant qu'espace de négociation neutre, vise à responsabiliser les parties à un différend en les amenant à identifier elles-mêmes leurs problèmes et les solutions propres à les régler de façon durable et concrète.

La médiation qui intervient pendant une négociation collective vise principalement à éviter ou à mettre fin à un conflit ouvert qui peut s'exprimer par une grève ou un lock-out. Il en est autrement de la médiation d'un différend soumis à ce processus de règlement parce qu'une partie réclame au départ un droit, une protection prévus dans la loi. Dans ce cas bien précis, la médiation vise avant tout à éviter que le différend se retrouve devant un tribunal. Certes, la médiation en rétablissant la communication entre les parties impliquées pourra empêcher en même temps que ces dernières s'engagent dans un conflit ouvert parallèlement à la procédure judiciaire. Toutefois, cet impact qu'a la médiation institutionnelle dans ce genre de différends reste incident à l'objectif fondamentalement poursuivi par le législateur : éviter qu'un tribunal ait à décider du différend en aidant les parties à le régler elles-mêmes par l'intermédiaire d'un médiateur institutionnel désigné.

Dans le cas de la médiation pratiquée par le MT en matière de négociation d'une convention collective, les parties peuvent effectivement décider elles-mêmes de leur agenda par rapport aux conditions de travail qui seront les enjeux de cette négociation. Le processus est volontaire à cet égard. Dans ce contexte, le médiateur est là pour les aider. L'entrevue menée au MT a permis de constater que les médiateurs sont très à l'aise dans ce rôle. La raison en est d'abord et avant tout qu'il n'y a pas de confusion de rôle. L'objectif poursuivi par le médiateur est le même que celui des parties qui ont accepté la médiation. Elles sont là pour que le médiateur les encadre et les assiste en vue de la conclusion de leur convention collective de travail.

D'ailleurs, lorsque les parties sont perturbées dans leur négociation par des aspects juridiques ou qu'elles essaient tout simplement de modifier leur rapport de force en se servant de procédures judiciaires, on nous dit au MT que le médiateur ne se mêle pas de ces questions et il le dit clairement aux parties. Parce que la négociation d'une convention collective commande que les parties déterminent elles-mêmes les conditions de travail qu'elle comportera, le médiateur a invariablement dans ce cas un champ d'intervention étendu, et il peut aussi utiliser une technique d'intervention essentiellement « facilitante ». L'expérience en médiation du MT montre que ce mode d'intervention impose un agenda de négociation flexible quant au temps qu'on va y consacrer. En effet, pour que ce genre de négociation réussisse, il faut y mettre tout le temps nécessaire et on est prêt à le faire au MT parce que c'est là l'objectif ultime poursuivi par le législateur. Mais, il est important de souligner que la médiation dans ce contexte vise les aspects de relations de travail autres que juridiques. Un commentaire recueilli lors de l'entrevue au MT conforte ce constat : on nous dit que les médiateurs n'ont pas pour devoirs ou responsabilités de s'assurer que les conditions de travail négociées sont légales. Si des questions se posent à ce sujet, il y a d'autres organismes experts en ce domaine qui peuvent y répondre. La médiation d'une négociation de convention collective a donc son champ spécifique d'intervention : ce sont les relations de travail, mais sans leurs aspects juridiques à proprement parler.

Les processus de médiation portant sur des différends dont la réclamation de réparation initiale est juridique ont eux aussi leurs spécialisations au niveau des champs et des techniques d'intervention. Prenons d'abord le cas du CSE dont les matières premières sont les services essentiels. Quand les médiateurs aident les parties à déterminer les services essentiels à maintenir pendant une grève légale, ils ont un objectif bien précis, lequel est de déterminer les services essentiels. À ce propos, on nous dit au CSE que les médiateurs, sans pour autant les ignorer, ne se laissent pas distraire de leur objectif premier par d'autres préoccupations des parties. Celles-ci viennent en médiation en le sachant très bien. Les médiateurs sont contents quand ils peuvent, par leur intervention, aider les parties à reprendre la communication au niveau des aspects de relations de travail, autres que ceux qui sont relatifs aux services essentiels. Mais, leur intervention à ce niveau s'arrête là : ils vont suggérer aux parties négociantes d'aller régler les autres aspects de leur problème auprès d'un médiateur du MT.

Ayant pour objectif bien précis de régler la question des services essentiels, les médiateurs adoptent une approche hautement interventionniste. On ne se cache pas pour dire qu'elle est agressive et les parties impliquées en sont bien conscientes : ce sont les règles du jeu. On nous dit que les médiateurs sont très à l'aise dans cette démarche visant, par ailleurs, un règlement à l'amiable à la satisfaction d'abord du CSE, mais aussi des parties négociantes. À cause de son caractère d'urgence et des services de santé et de sécurité qu'il vise à assurer à la population en général, le médiateur est très interventionniste. Comme on nous dit au CSE, celui-ci s'appuie sur une jurisprudence de 24 années d'expérience. Les médiateurs savent où ils s'en vont et les parties négociantes sont conscientes que leur collaboration à ce processus ne peut qu'être bénéfique pour elles. Cependant, elles ne s'attendent pas à ce que la médiation leur permette de régler tous les aspects de leur problème : ce sont les services essentiels qui vont être déterminés.

Lorsque le CSE intervient particulièrement dans les cas de grève illégale, l'approche en médiation est différente parce que le médiateur n'a plus pour objectif de déterminer les services essentiels, mais d'aider les parties à reprendre la communication pour régler le problème qui a conduit à l'illégalité. Dans ce contexte, ce n'est plus le médiateur qui détermine l'agenda des parties. Ce sont les parties elles-mêmes qui le font en dégageant leurs intérêts et les solutions envisagées pour les satisfaire. La médiation aura alors un caractère beaucoup plus souple. Au CSE, on nous dit que les médiateurs aiment aussi ce genre d'approche parce qu'il leur offre une marge de manœuvre plus étendue, la démarche de résolution de problème ne s'inscrivant pas dans un cadre juridique rigide. Les médiateurs sentent alors qu'ils peuvent innover. Ils ont la possibilité de le faire dans ce cas bien précis et les parties le savent aussi. Encore là les règles du jeu sont claires.

Dans les différends dont les réclamations sont fondées sur des droits liés aux rapports collectifs du travail, les médiateurs de la CRT ont eux aussi des objectifs bien précis. Ils conscientisent les parties au contenu de la loi, et veuillent à ce qu'elles ne l'utilisent pas à d'autres fins que celles que cette dernière prévoit. Tout comme au CSE, la CRT a une jurisprudence bien établie en matière de rapports collectifs et le respect des lignes directrices ainsi dégagées sert à la crédibilité de la CRT. Les commissaires de la CRT, sans y être contraints légalement, doivent se préoccuper de la cohérence institutionnelle pour établir et maintenir la crédibilité de la CRT auprès des parties patronale et syndicale. La confiance de ces dernières envers l'institution repose, pour une part importante, sur la cohérence institutionnelle de cet organisme. Or, les médiateurs contribuent eux aussi au maintien de cette cohérence en invitant, et même en insistant, pour que les parties respectent les règles établies par la jurisprudence de la CRT. On nous dit à la CRT que les médiateurs sont très interventionnistes et ils ne craignent pas de donner leurs opinions aux parties par rapport aux forces et faiblesses de leur dossier, spécialement dans leurs aspects juridiques. Ils vont aussi mettre leurs efforts pour que ces dernières fassent bien la différence entre les autres aspects de leur problème de relations de travail qui ne sont pas juridiques et ceux qui le sont. À cet égard, ils vont essayer d'amener les parties à rétablir la communication, et ils vont leur suggérer d'aller tenter de régler les autres aspects de leur problème de relations de travail auprès des médiateurs du MT. La médiation à la CRT, dans ce contexte, n'est pas purement volontaire. Les médiateurs encouragent fortement les parties à négocier, par leur intermédiaire, des règlements à l'amiable et les parties en retour savent forcément qu'elles ont intérêt à les écouter. Encore là, les règles du jeu sont claires. D'ailleurs, on nous dit que les médiateurs à la CRT sont très à l'aise avec leurs modes d'intervention dans les rapports collectifs de travail.

Les différends en matière de rapports individuels sont également très spécialisés, pour certains d'entre eux, notamment ceux qui ont trait aux pratiques interdites en emploi. On retrouve dans cette catégorie, les congédiements pour motifs illégaux. Encore là, la loi et la jurisprudence sont claires sur ces aspects juridiques des relations de travail. Le législateur a prévu des protections à l'encontre de pratiques illégales et les médiateurs de la CNT, au premier niveau, et de la CRT au second niveau, sont appelés à rappeler aux parties le contenu de la loi. Tel qu'on nous l'a décrit à la CNT, le rôle du médiateur est surtout informatif et éducatif, alors qu'à la CRT, la résolution du problème semble axé sur la prise en compte de l'ensemble des intérêts soulevés par les parties en présence.

Contrairement au domaine des rapports collectifs du travail où les médiateurs vont chercher à montrer directement aux parties, leurs forces et leurs faiblesses respectives dans le dossier faisant l'objet du différend, pour qu'elles puissent les évaluer en tenant compte du droit applicable, les médiateurs, en matière individuelle, considèrent qu'une approche agressive ne convient pas au règlement à l'amiable recherché. Les parties négociantes n'ont pas l'habitude de la négociation, et à cet égard la communication doit être établie tout en douceur.

Il convient d'ajouter, à cet égard, qu'une plainte de congédiement illégal peut être combinée à une plainte à l'encontre d'un congédiement sans cause juste et suffisante, voire même à une plainte de harcèlement psychologique. Les combinaisons de plaintes peuvent être multiples. Le médiateur peut donc dans le cadre de son intervention être appelé à régler deux ou trois plaintes en même temps, et cela au terme d'une séance de médiation ne dépassant généralement pas une journée.

En matière de congédiement sans cause juste et suffisante, les faits vécus et rapportés peuvent être variés, voire différents ou contradictoires, tout en étant particuliers dans chaque dossier. S'ils veulent être interventionnistes, les médiateurs doivent rapidement saisir l'essence du problème à l'origine du différend. Toutefois, compte tenu que les situations de congédiement comportent à la fois des considérations de gestion, des considérations personnelles et émotives, compte tenu aussi du temps que les parties sont prêtes à consacrer à la médiation, et considérant que la collaboration des parties n'est pas toujours acquise au départ, on peut croire que les médiateurs sont susceptibles d'éprouver des difficultés à identifier les véritables enjeux du problème. Les mêmes facteurs, colorés par une émotivité plus élevée, rendent les cas de harcèlement psychologique encore plus difficiles à résoudre.

Certes, dans toutes ces situations, les médiateurs ont la loi et la jurisprudence en toile de fond. Toutefois, contrairement aux règles généralement claires et précises qui sont applicables dans les dossiers de rapports collectifs qu'ont à traiter la CRT et le CSE, les lignes directrices dans les dossiers de rapports individuels relatifs à la protection de l'emploi et à la qualité des relations humaines au travail relèvent davantage d'énoncés de principe. Par exemple, l'employeur ne peut congédier un salarié, à moins qu'il n'ait commis une faute grave justifiant une telle sanction; l'employeur doit respecter la progression des sanctions; chaque cas doit être évalué en tenant compte de toutes les circonstances pertinentes. En plus du caractère vague de la norme juridique, les médiateurs font affaire avec des parties dont la confiance n'est pas acquise d'emblée parce qu'elles-mêmes ne s'inscrivent pas dans un système institutionnel de relations de travail, contrairement aux parties patronales et syndicales qui sont directement associées à ce dernier dans les rapports collectifs du travail.

En outre, contrairement aux médiateurs dans les rapports collectifs qui peuvent plus facilement circonscrire leurs interventions et relayer à d'autres organismes les aspects qui ne relèvent pas de leurs champs d'intervention, les médiateurs dans les rapports individuels ne le peuvent pas. Ces derniers n'ont pas, en effet, un autre organisme à qui ils pourraient éventuellement référer les parties pour résoudre des aspects du problème qui débordent le cadre immédiat du litige qui leur est soumis. De plus, les dimensions humaines du problème, bien que celui-ci soit « à forte saveur juridique », se mêlent inextricablement à ce dernier aspect.

Le règlement amiable des différends sociaux

Bref, la médiation dans les rapports individuels de travail comporte des incertitudes et des ambiguïtés qu'on ne retrouve pas, du moins à première vue, au niveau des matières traditionnellement soumises à la médiation dans les rapports collectifs. Ainsi que nous l'avons montré dans le chapitre précédent, ce mode de règlement des différends existe depuis plus d'un siècle dans les rapports collectifs de travail, alors qu'il est tout récent dans les rapports individuels. Le rôle des médiateurs dans ce dernier domaine est pour ainsi dire en développement. Cela peut expliquer les incertitudes et les ambiguïtés qui se posent par rapport à leur mode d'intervention. On peut croire que celui-ci se précisera au fur et à mesure que la fonction de médiateur se définira dans les matières relevant des rapports individuels de travail.

Nous mettons le point final à cette étude en posant, en rafale, une série de questions pour attirer l'attention sur un dernier aspect de la fonction de médiateur institutionnel : le nombre de dossiers réglés par son intermédiaire. Tout aussi positif que soit le fait de pouvoir traiter un grand nombre de différends en médiation et qu'un fort pourcentage de ceux-ci se règlent à l'amiable, y a-t-il lieu de craindre que la médiation finisse par perdre son sens à force de vouloir régler « à tout prix » ? Devrait-on craindre une méthode trop interventionniste de règlement des différends ? Jusqu'où les médiateurs peuvent-ils aller tout en gardant à l'esprit que la responsabilité de régler est celle des parties en présence ? Jusqu'où la réalité présentée au médiateur dans le cadre d'une séance de médiation lui permet-elle d'identifier les forces et les faiblesses d'un dossier sans affecter l'équité du processus ? Est-il utile, voire éthique, que les médiateurs poussent pratiquement les parties à régler en donnant leur opinion sur des éléments cruciaux des dossiers ?

À notre avis, ces questions méritent qu'on s'y attarde, pour éviter de transformer ce mécanisme de règlement des différends en un moyen pour l'État d'économiser par rapport à un régime de protection des droits des salariés qui lui apparaîtrait, autrement, au-dessus de ses moyens. À cet égard, on peut aussi souhaiter que des études puissent être réalisées pour connaître la portée des ententes qui interviennent en médiation, notamment dans les cas où elles restent confidentielles. N'y aurait-il pas lieu, en effet, que les médiateurs puissent profiter de ce genre d'études pour orienter leurs interventions ?

ANNEXE 1
LISTE DES ORGANISMES À L'ÉTUDE ET DU NOMBRE DES RÉPONDANTS RENCONTRÉS

1. Ministère du Travail : une médiatrice exerçant aussi des fonctions de direction et de formation.
2. Commission des services essentiels : une médiatrice exerçant aussi une fonction de direction.
3. Commission des relations du travail : un responsable du service de médiation et trois (3) médiateurs.
4. Commission des normes du travail : un responsable du Service de la formation et de la normalisation et un médiateur exerçant aussi la fonction de formateur.

ANNEXE 2
QUESTIONNAIRE SUR LA PRATIQUE DE LA MÉDIATION DES DIFFÉRENDS DU TRAVAIL EN CONTEXTE QUÉBÉCOIS

Il s'agit d'un questionnaire à être administré dans des entrevues semi-structurées, au cours desquelles les personnes interviewées sont amenées à couvrir les différents points du questionnaire à partir de questions formulées largement.

1- LES PRÉALABLES À LA MÉDIATION

A) La formation et la préparation du médiateur

- recrutement, qualifications et formation des médiateurs impliqués
- caractéristiques de l'organisme offrant la médiation et statut des médiateurs
- encadrement administratif et professionnel (consultation des pairs, formation continue, interchangeabilité des médiateurs dans les

dossiers, charge de travail, productivité et statistiques quant aux dossiers, etc.)

B) La formation du dossier et sa transmission au médiateur

- origines et type de litige faisant l'objet de la médiation
- statut de la médiation dans la loi habilitante
- cheminement de la plainte jusqu'à sa transmission au médiateur (rôle des parties dans la soumission de la demande et traitement administratif du dossier, contenu et prescriptions de la loi)
- Prise de contact du dossier par le médiateur (analyse du contenu, contact avec les parties, convocation à la médiation, délais, etc.)

2- LE DÉROULEMENT DE LA MÉDIATION

- préparatifs immédiats (lieux physiques particuliers et leurs aménagements, parties en présence et leurs représentants, etc.)
- buts et philosophie de l'intervention du médiateur (formalité qui se concrétise en une seule rencontre ou quelques appels téléphoniques, long processus d'accompagnement des parties, délai dans lequel le règlement doit survenir, contenu de la loi, etc.)
- déroulement concret des séances de médiation (rôle du médiateur et des parties, nature de l'intervention du médiateur, présence ou pas de représentants, rapports de force en présence et encadrement par le médiateur, etc.)
- gestion par le médiateur des informations obtenues en cours de médiation
- recherche et limites acceptables du compromis (type de conflit, rôle de la loi et des règles d'ordre public ; rôle de persuasion du médiateur ; incitatifs à régler, etc.)
- administration et valeur juridique du compromis
- cheminement postérieur du litige non réglé et rôle (ou intervention ultérieure) du médiateur
- protection juridique

3- BILAN ET REGARDS SUR LE PROCESSUS DE MÉDIATION

- avantages et inconvénients du modèle de médiation existant
- productivité, efficacité et réalisations du système (satisfaction des parties, du médiateur, coûts, délais, types de règlement, etc.)
- les buts recherchés par les parties et leur comportement face à la médiation et lors des séances de médiation
- améliorations souhaitables

Gilles Trudeau
Professeur
Faculté de droit
Université de Montréal
(514) 343-6469
gilles.trudeau@umontreal.ca
&
Diane Veilleux
Professeure
École de relations industrielles
Université de Montréal
(514) 343-7151
diane.veilleux@umontreal.ca

Bibliographie générale

France

AUVERGNON Ph., « La terminaison de la grève », *Bulletin de droit comparé du travail et de la sécurité sociale*, 1997, p.129

AUGIER B., « La médiation dans les conflits individuels du travail », *Dr. ouvr.* 1999 p. 225

BACHY J.-P., « Évolution et modes de règlement des grèves en France », *Dr. soc.* 1978, p. 102

BACHY J.-P., « Administration du travail et conflits collectifs », *CRESST, Université de Paris-Sud*, 1979, 164 p.

BACHY J.-P., « L'État et les conflits », *RFAS* 1980, p.123

BARRET E., « Les modes alternatifs de règlement des conflits en droit du travail », *Thèse Bordeaux IV*, 2006, dact. 461 p.

BENSIMON S., BOURRY D'ANTIN M., PLUYETTE G., « Art et technique de la médiation », *LexisNexis Litec*, 2004, 549 p.

BERNAUD V., « Réforme du dialogue social : faut-il inviter le conseil constitutionnel à la table des négociations ? », *Dr. soc.* 2007, p.174.

BOUBLI B., « La médiation juridique : une alternative au contentieux des plans sociaux ? », *Semaine sociale Lamy,* 27 octobre 1997, n• 859

BASTARD B., « Défense et médiation », *Dalloz (Hors série),* déc. 2001.

BLOHORN-BRENNEUR B., « La médiation judiciaire dans les conflits individuels du travail. Une initiative et une expérience grenobloise », *Gazette du Palais,* 1998, p. 166

BLOHORN-BRENNEUR B., « La médiation judiciaire : vers un nouvel esprit des lois dans les conflits individuels du travail », *Gazette du Palais* 1998, p. 821

BLOHORN-BRENNEUR B., « La médiation judiciaire dans les conflits individuels du travail », *Gazette du Palais,* 30 novembre 1999, n°334

BONAFE-SCHMITT J.-P., *La médiation, une justice douce*, éd. Syros-Alternatives, 1992

BOULMIER D., « La médiation judiciaire déléguée à une tierce personne et instance prud'homale : nid ou déni de justice ? » *La médiation en débats, Dr. ouvr.*, 2002,185

CARBONNIER J., « Réflexions sur la médiation », *La médiation : un mode alternatif de résolution des conflits ?*, Publications de l'Institut suisse de droit comparé, 1992

CHAUCHARD J.-P., « Les accords de fin de conflits », *Dr. soc.* 1982 p.678

Conseil Economique et Social, « Prévention et résolution des conflits du travail », avis adopté le 11 février 1998, L.S. 1998 w 338

De QUENAUDON R., « Des protocoles de fin de conflit dans le secteur privé », *Dr. Soc.*, 1981, p. 401-411

DESDEVISES Y., « Modes alternatifs de règlement des litiges », *Justices,* 1995, n°2, p.342-351

DURAND P., « Une nouvelle institution du droit des rapports collectifs du travail, la médiation des conflits collectifs », *Dr. Soc.*, 1955, p.409-421.

FOURCADE C., « La transaction en droit du travail : quelle place pour la liberté contractuelle ? », *Dr. soc.* 2007, p.166.

GILLET D., « De la médiation dans les conflits du travail », *Thèse Toulouse I*, 2007, dact.

GRESY J.-E., « La médiation, entre méditation et médiatisation », *Revue Diplômes*, n° 22

GREVY M., « Actions en responsabilité et accords de fin de conflit », *A.J.,* 1994, n°109

GUILLAUME-HOFNUNG M., *La médiation*, PUF, Que sais-je?, 1995

JARROSSON C., « Médiation et conciliation : définition et statut juridique », *Gaz. Pal.*, 1996 (2è sem.) p. 951

JEAMMAUD A., *Du pouvoir de l'Inspection du travail de trancher certains différends*, Dalloz, 1987, p. 27-34

JEAMMAUD A., « Les contentieux des conflits du travail », *Dr. soc.*, 1988, p. 689

JEAMMAUD A. et RONDEAU-RIVIER M.-C., *Vers une nouvelle géométrie de l'institution judiciaire dans les conflits du travail,* Dalloz, 1988, chron. p. 229

JEAMMAUD A. et LE FRIANT M., « La grève, le juge et la négociation », *Dr. soc.*, 1990, p. 167

JEAMMAUD A., « La médiation dans les conflits collectifs », *La médiation : un mode alternatif de résolution des conflits ?* , Publications de l'Institut suisse de droit comparé, 1992, pp. 35-53

JOLY-HUARD J., « Médiation et conciliation », *Rép. Pr. Civ.* Dalloz, 06/99

LAFARGE Ph., « La médiation judiciaire en matière sociale *», Revue de jurisprudence commerciale,* 1999, p. 117

LYON-CAEN G., « Le conflit du Parisien Libéré et le système français de règlement des conflits du travail », *Dr. soc.*, 1977, p. 438

MARTIN R., « Quand le grain ne meurt ... de conciliation en médiation », *JCP G,* 1996, I, 3977

MATTEOLI J., « La médiation sociale », *La médiation quel avenir ?* Le médiateur de la République, 1998, p. 151

MOIZARD N., « Un retour en grâce des médiateurs ? », *Dr. soc.*, 2002, pp.325-333

MORAND M., « Le médiateur dans la procédure de licenciement économique », *SSL,* 23 juillet 2001, n°1038, p. 15

MOREAU M., « Les règlements de fin de conflit (protocole, protocole d'accord ou accord de fin de conflit) », *Dr. Soc.* 2001, p. 139

NARRITSENS A., « Conciliation et arbitrage dans les conflits collectifs du travail : leçons syndicales des expériences françaises », *Dr. ouvr.*, 1988, p. 409

PERROT R., « Conciliation et médiation : les modalités et les limites du décret d'application », *Procédures,* nov. 1996, p. 4, chron. 9.

PETIT F., « De l'équité dans le règlement des différends sociaux », *Les juges et le droit social*, (ouvr. coll.), COMPTRASEC, Bordeaux 2002

PETIT F., « Le déclenchement de la grève », *Bulletin de droit comparé du travail et de la sécurité sociale,* 1997, p.25

RAMIN A., « Du rôle et de l'utilité du médiateur au travers d'une grève significative : le conflit Snecma », *Dr. soc.,*1989, p. 839

ROTSCHILD-SOURIAC M.-A., *La valeur d'un protocole d'accord mettant fin à un conflit du travail*, Dalloz, 1990, p. 162

SALVI J., « Recours informels à l'administration du travail », *Dr. soc.,* 1987, p. 488

STIMEC A., « La conscience des limites de la médiation comme moyen de son développement : la théorie et la déontologie face à la pratique ». *Bulletin de liaison du laboratoire d'anthropologie juridique de l'Université de Paris-Sorbonne*, n° 22, sept. 1997

TEYSSIE B., « Sur la prévention et la résolution des conflits du travail », *Droit du travail et protection sociale,* 1998, p. 4

TOUZARD H., « Proposition visant à améliorer l'efficacité de la médiation dans les conflits du travail », *Dr. soc.,* 1977, p. 87

TIMSIT J., « La médiation : une alternative à la justice et non une justice alternative », *Gaz. Pal.* , 14-15 novembre 2001, p. 53

TRICOIT J.-Ph ., « Clause de conciliation et contrat de travail », *Dr. soc.,* 2007, p.445

P., « Le rôle de l'inspection du travail dans le règlement des conflits collectifs », *Dr soc.*, 1977, p. 94

Espagne

AA.VV. (1999), *Solución extrajudicial de conflictos laborales*, Fundación SIMA, Madrid, 221 pp.

AA.VV. (2002), *Los medios de solución extrajudicial de conflictos como instrumento de la acción sindical. I Jornadas Confederales de CC.OO., 12 y 13 de diciembre de 2002*, CC.OO-Fundación Sima, 79 pp.

CASAS, MARÍA EMILIA (1999), « Los procedimientos autónomos de solución de los conflictos laborales en el Derecho español », *in* AA.VV. (1999), *Solución extrajudicial de conflictos laborales*, Fundación SIMA, Madrid, p. 11 - 54.

CONSEJO ECONÓMICO Y SOCIAL (2005), « La solución extrajudicial de conflictos : perspectiva europea e implantación en España », *Observatorio de Relaciones Industriales*, número 78, febr. 2005, p. 1-2.

CRUZ, JESÚS (1995a), « Les aspects procéduraux en droit du travail espagnol », in Évolution et tendances récentes du droit social espagnol, *Bulletin de Droit Comparé du Travail et de la Sécurité Sociale*, COMPTRASEC, Université Montesquieu Bordeaux IV, p.195-214.

CRUZ, JESÚS (1995b), *El arbitraje laboral en la reforma legislativa*, Tirant lo Blanch, Valencia, 108 p.

CRUZ, JESÚS (1999), « La resolución privada de los conflictos relativos a la negociación colectiva », in AA.VV. (1999), *Solución extrajudicial de conflictos laborales*, Fundación SIMA, Madrid, p. 55 - 86.

CRUZ, JESÚS (2003), « Por el ensanchamiento de la mediación y el arbitraje en los conflictos laborales », in *Monográfico sobre Mediación y Arbitraje en los Conflictos Laborales en homenaje al Profesor Don Manuel Alonso Olea, Temas Laborales*, n° 70, 2003, p. 9 - 19.

DE SOTO, SEBASTIÁN (2003), « El arbitraje en los conflictos individuales », in *Monográfico sobre Mediación y Arbitraje en los Conflictos Laborales en homenaje al Profesor Don Manuel Alonso Olea, Temas Laborales*, n° 70, 2003, p. 325 - 344.

DESDENTADO, AURELIO (1996), « El tratamiento procesal de los procedimientos no jurisdiccionales de solución de conflictos laborales », CACHÓN, PABLO y DESDENTADO, AURELIO, *Reforma y Crisis del Proceso Social (1994-1996). Los problemas de aplicación de las últimas reformas procesales : jurisdicción, procesos especiales y sistemas extrajudiciales*, p. 233 - 263.

ESCUDERO, RICARDO (2003), « Arbitrajes voluntarios y solución de conflictos laborales : un análisis a través del estudio de los laudos », in *Monográfico sobre Mediación y Arbitraje en los Conflictos Laborales en homenaje al Profesor Don Manuel Alonso Olea, Temas Laborales*, n° 70, 2003, p. 207 - 248.

FERNÁNDEZ LÓPEZ, MARÍA FERNANDA (2004), *Solución extrajudicial de los conflictos individuales en el sistema andaluz de resolución de conflictos (SERCLA)*, (avis non publié)

FERNÁNDEZ SÁNCHEZ, SONIA; MENÉNDEZ CALVO, REDEMIOS (2003), « Cláusulas convencionales sobre solución extrajudicial de conflictos », in *Monográfico sobre Mediación y Arbitraje en los Conflictos Laborales en homenaje al Profesor Don Manuel Alonso Olea, Temas Laborales*, n° 70, 2003, p. 249 - 261.

GARCÍA QUIÑONES, JUAN CARLOS (2005), *La conciliación laboral*, Editorial Lex Nova, Valladolid, 735 p.

LANTARÓN, DAVID (2003), *Ordenación de la solución extrajudicial de los conflictos laborales*, Editorial Lex Nova, Valladolid, 1041 p.

LILLO, ENRIQUE (1998), « Los acuerdos patronal-sindicatos y la evitación del proceso laboral. Resultado de su aplicación. La intervención sindical previa en la resolución de conflictos y el papel de los servicios de mediación, arbitraje y conciliación administrativos », ESCRIBANO, FERNANDO (dir.), *Evitación del proceso*, Consejo General del Poder Judicial, Madrid, p. 233 - 298.

PRADOS, FRANCISCO JAVIER ; ALAMEDA, MARÍA TERESA (2003), « La impugnación judicial de los laudos arbitrales laborales », *Monográfico sobre Mediación y Arbitraje en los Conflictos Laborales en homenaje al Profesor Don Manuel Alonso Olea, Temas Laborales*, n° 70, 2003, p. 345 - 372.

RODRÍGUEZ FERNÁNDEZ, Mª LUZ (2003), « Conciliación y mediación en los conflictos colectivos laborales », in *Monográfico sobre Mediación y Arbitraje en los Conflictos Laborales en homenaje al Profesor Don Manuel Alonso Olea, Temas Laborales*, n° 70, 2003, p. 183 - 206.

RODRÍGUEZ-PIÑERO, MIGUEL (2003), « Indisponibilidad de los derechos y conciliación en las relaciones laborales », in *Monográfico sobre Mediación y Arbitraje en los Conflictos Laborales en homenaje al Profesor Don Manuel Alonso Olea, Temas Laborales*, n°70, 2003, p.23 - 42.

ROQUETA, REMEDIOS (1999), « La resolución extrajudicial de los conflictos laborales en el ámbito del deporte profesional », in BORRAJO, EFRÉN (dir.), *Trabajo y libertades públicas,* La Ley, Madrid, p. 179 - 197.

SALA, TOMÁS ; ALFONSO, CARLOS L. (1996), *Los procedimientos extrajudiciales de solución de los conflictos laborales establecidos en la negociación colectiva*, Tirant lo Blanch, Valencia, 341 p.

SALA, TOMÁS ; ALFONSO, CARLOS L. (2001), *Los Acuerdos estatal y autonómicos sobre solución extrajudicial de conflictos laborales. Análisis comparativo*, Consejo Económico y Social, Madrid, 131 p.

SESMA, BEGOÑA (2005), *La regulación normativa de los procedimientos autónomos para la solución de la conflictividad laboral. Un marco legal insatisfactorio*, Universidad de La Rioja, 146 p.

VALDÉS, FERNANDO (dir.) (2003), *Conciliación, mediación y arbitraje laboral en los países de la Unión Europea*, Ministerio de Trabajo y Asuntos Sociales, Madrid, 475 p.

VALDÉS, FERNANDO (2003), « Presentación », VALDÉS, FERNANDO (dir.) (2003), *Conciliación, mediación y arbitraje laboral en los países de la Unión Europea*, Ministerio de Trabajo y Asuntos Sociales, p. 23-27.

Québec

Ouvrages

ANTAKI, Nabil. *Le règlement amiable des litiges*. Cowansville : Les Éditions Yvon Blais inc., 1998.

BÉLIVEAU, Nathalie-Anne. *Les normes du travail*. Cowansville : Les Éditions Yvon Blais inc., 2003, p. 355-356.

BLOUIN, Rodrigue, MORIN Fernand. *Droit de l'arbitrage de grief.* 5e édition, Cowansville : Les Éditions Yvon Blais inc., 2000, p.313-320.

BOIVIN, Jean, *Introduction aux relations industrielles,* Montréal : Gaëtan Morin éditeur, 2004, chapitre X : BOIVIN, Jean, GRANT, Michel, « Le processus de négociation collective ». p.330-335 ; chapitre IX : Rodrigue BLOUIN, « L'encadrement juridique général des rapports collectifs du travail : le code du travail », p. 284-289.

BOULE, Lawrence, KELLEY, Kathleen J. *Mediation Principles, Process, Practice*. Toronto: Butterworths Canada Ltd., 1998.

GAGNON, Robert P. *Le droit du travail au Québec.* 5e édition. Cowansville : Les Éditions Yvon Blais inc., 2003, p. 418-419.

HOWSE, R., LLEELLLYN, B.A. *La justice réparatrice - Cadre de réflexion*. Ottawa : Commission du droit du Canada, 2000.

KOVACHICH, Hélène, CLAVIER, Howie, ESPOSITO, Maria, RENAUD, Pierre. *Guide pratique de la médiation*. Scarborough : Carswell, 1997.

LEGAULT, G. *Les modes de règlement des différends : vers une autre justice ?* Sherbrooke : GGC Éditions/ Université de Sherbrooke, Collection Essais et Conférences, 2001.

LIPPEL, Katherine. *Nouvelles pratiques de gestion de litiges en droit social et du travail*. Cowansville : Les Éditions Yvon Blais inc., 1994.

MORIN, Fernand, BRIÈRE, Jean-Yves, *Le droit de l'emploi au Québec*. Montréal : Wilson & Lafleur, 2003, p.984-987 ; p.1045-1046 ; p. 1051-1054 ; p. 1142-1143.

POITRAS, Jean, RENAUD, Pierre. *La médiation et la réconciliation des intérêts dans les conflits publics*. Scarborough : Carswell, 1996.

SEXTON, Jean. *Initiation à la négociation collective*. Sainte-Foy : Les Presses de l'Université Laval, 2001, p.121-128.

THIBAULT. Joëlle. *Les procédures de règlement amiable des litiges au Canada*. Montréal : Wilson & Lafleur, 2000.

Articles

ANTAKI, Nabil. « Perspectives nord-américaines en médiation ». *Développements récents en médiation*. Cowansville : Les Éditions Yvon Blais inc., 1995, p.155-.

BEAUMONT, P.B. « Third Party Conciliation and Trade Union Recognition: Some British Evidence ». *Relations Industrielles*, vol.37, n°4 1982, p.827-842.

BENNET, George. « Labor Mediation in Action ». *Personnel*, vol. 34, no. 6, p. 22-27.

BLOUIN, Rodrigue. « Y-a-t-il encore place dans notre système de relations du travail pour l'arbitrage des différends ? » *Actes du 31ᵉ Congrès du département de relations industrielles*. Sainte-Foy : Les Presses de l'Université Laval, 1976, p. 97-119.

BOURCHEIX, Dominique F. « Le rôle du médiateur : évolution et tendances ». *Développements récents en médiation*. Cowansville : Les Éditions Yvon Blais inc., 2001, p. 127-150.

BROSSARD, Michel, ROSS, Claudette. « Pourquoi la conciliation volontaire n'est-elle pas plus efficace que la conciliation obligatoire ? L'adaptation inattendue des parties ». *Relations industrielles*, vol. 51, no. 4, p. 627-642.k

BROSSARD, Michel, ROSS, Claudette. « La conciliation volontaire, dix ans plus tard ». *Le Marché du travail*, vol. 10, no.7, 1989, p.60-68.

BROSSARD, Michel, ROSS, Claudette. « Conciliation obligatoire et conciliation volontaire ». *Le Marché du travail*, vol. 4, no. 9, 1983, p. 50-58.

CAPPELLETI, M. « Accès à la justice : comme programme de réforme et comme méthode de pensée ». *Windsor Yearbook of Access to Justice*, 1982, vol.2, p.193-207.

CHARTIER, Roger. « Grievances and Third-Party Intervention. Le grief comme forme de conflit. Rôle de la médiation et de la conciliation ». *Relations industrielles*, vol. 15, no. 2, 1960, p.193-.

CUNNINGHAM W.B. « Conciliation: The End of Compulsory Boards. Le Rapport Woods recommande l'abolition du recours obligatoire aux Commissions de conciliation. Étude des effets de la diminution du recours obligatoire à la conciliation sur le nombre de différends résolus par les conciliateurs et sur le nombre, la durée et l'amplitude des grèves ». *Relations industrielles*, vol. 25, no. 1, 1970, p.62-.

DÉSILETS, Raymond, L'ÉCUYER, Pierre. « Une nouvelle approche : la médiation ». *Vingt-cinq ans de pratique en relations industrielles au Québec*. Sous la direction de Rodrigue BLOUIN. Cowansville : Les Éditions Yvon Blais inc., 1990, p. 419-440.

DESMARAIS, Jacques. « Les modes de règlement des conflits en droit du travail ». *Médiation et modes alternatifs de règlement des conflits : aspects nationaux et internationaux*. Cowansville, Les Éditions Yvon Blais inc., 1997, p.85-.

DILTS, David A., KARIM Ahmad. « The Effect of Mediator's Qualities and Strategies on Mediation Outcomes ». *Relations industrielles*, vol.45, no 1, 1990, p.22-37.

DUFTY, Norman F. « Conciliation Procedures in Alberta ». *Relations industrielles*, vol. 27, no. 4, 1972, p. 775-781.

DULUDE, Yves. « Le conflit : la gestion au banc des accusés ». *Actes du 41e Congrès du département de relations industrielles*. Sainte-Foy : Les Presses de l'Université Laval, 1986, p.111-133.

GAGNON, Jean-Jacques. « Arbitrabilité des griefs et changements technologiques. Rôles du conciliateur lors de la négociation d'une convention collective, et durant l'exercice de la convention. Rôles de la direction et du syndicat ». *Actes du 15e Congrès du Département de relations industrielles*. Sainte-Foy : Les Presses de l'Université Laval, 1960, p.102-.

GAUTHIER, Denis F. « Déontologie en médiation ». *Développements récents en médiation*. Cowansville : Les Éditions Yvon Blais inc., 1995, p.83-86.

GOSSELIN, Louis-De-Gonzague, « Aperçu sur la conciliation. Rôle du service de conciliation et d'arbitrage au Québec et statistiques sur les interventions de ce service ». *Relations industrielles*, vol. 9, n°1, 1953, p. 69 s.

HAMEED, Syed M.A., SEN Joya. « A Power Theory of Third Party Intervention in Labour Management Relations ». *Relations industrielles*, vol. 2, n°2, 1987, p.243-255.

HAMELIN, François. *Principes et pratiques de la médiation en relations du travail*, 2001, non publié.

KELLER, Berndt. « Mediation as a Conflict-Solving Device in Collective Industrial Disputes ». *Relations industrielles,* vol.43, no 2, 1988, p. 431-446.

KOCHAN, Thomas A., JICK Todd. « The Public Sector Mediation Process: A Theory and Empirical Examination ». *Journal of Conflict Resolution*, vol. 22, no. 2, 1978, p. 209-240.

LADOUCEUR, André. « Médiation en relations du travail ». *Développements récents en médiation*. Cowansville : Les Éditions Yvon Blais inc., 1996, p.39-72.

LALANDE, Serge. « L'expérience de la compagnie Gaz Métropolitain ». *Actes du 41e Congrès du Département de relations industrielles*. Sainte-Foy : Les Presses de l'Université Laval, 1986, p. 137-146.

LALONDE, Louise. « Médiation et droit : opposition, intégration ou transformation ? Le « continuum » dans la pratique civile et commerciale de la médiation ». *Développements récents en médiation*. Cowansville : Les Éditions Yvon Blais inc., 2001, p.73-91.

LALONDE, Louise. « Les modes de PRD : vers une nouvelle conception de la justice ? - Quelques réflexions ». *Les transformations du droit et de la théorie normative du droit*. Sherbrooke : Faculté de droit, ACFAS, 2001, p1-22.

LALONDE, Louise. « La médiation, une approche « informative » des différends ? Analyse comparative des approches de G.A. Legault et R.A. Macdonald ». *La Revue de droit de l'Université de Sherbrooke*, Sherbrooke, 2001, p.

LALONDE, Louise. « État de droit et modes privés de gestion des différends ». *Actes du colloque Mondialisation et État de droit*. Bruxelles : Bruylant, 2001, p.

LAMARCHE, Pierre. « Commentaires - Le conflit : la gestion au banc des accusés ». *Actes du 41ᵉ Congrès du Département de relations industrielles*. Sainte-Foy : Les Presses de l'Université Laval, 1986, p. 133-136.

LEGAULT, Georges A. « La professionnalisation de la médiation ». *Développements récents en médiation*. Cowansville : Les Éditions Yvon Blais inc., 2001, p.91-126.

LEMIEUX, Madeleine. « La médiation et le règlement des conflits dans les services essentiels au Québec ». *Relations industrielles*, vol. 51, no. 2, p. 333-356.

LÉTOURNEAU, Jovette, LADOUCEUR, André. « Le rôle de l'avocat en médiation ». *Développements récents en médiation*. Cowansville : Les Éditions Yvon Blais inc., 2001, p.33-57.

MCCONOMY, Richard. *La portée et les limites de la confidentialité des séances en médiation. Développements récents en médiation*. Cowansville : Les Éditions Yvon Blais inc., 1996, p. 111-117.

MACDONALD, R.A. « Normativité, pluralisme et sociétés démocratiques avancées : l'hypothèse du pluralisme pour penser le droit ». *La Revue de droit de l'Université de Sherbrooke*, Sherbrooke, 2001.

MISICK, John D., « Compulsory Conciliation in Canada: Do We Need it ? » *Relations industrielles*, vol. 33, no 2, 1978, p. 193-204.

MOCKEL, Daniel, « Les modes alternatifs de règlement des litiges en droit administratif », *Médiation et modes alternatifs de règlement des conflits : aspects nationaux et internationaux*. Cowansville, Les Éditions Yvon Blais inc., 1997, p.85.

MOCKLE, Daniel, HOULE, France. « Conciliation des litiges et formes alternatives de régulation en droit administratif fédéral », *Osgoode Hall Law Journal*, 1998, vol. 36.

PIGEON, Louis-Philippe. « Conciliation, arbitrage et tribunaux du travail. Différents mécanismes qui ont pour but de régler les conflits de travail au Québec ». *Actes du 1er Congrès du Département de relations industrielles*. Sainte-Foy : Les Presses de l'Université Laval, 1946, p.65.

MORIN, Fernand. « Médiations politiques, Commissions parlementaires et lois spéciales : nouveaux modes de gestion des conflits ? » *Actes du 31e Congrès du Département de relations industrielles*. Sainte-Foy : Les Presses de l'Université Laval, 1976, p. 47-70.

PAUL, Phillips. « Theoritical Problems of Public Interest Sector Industrial Relations ». *Relations industrielles*, vol. 31, no.4, 1976, p. 566-587.

RENAUD, Pierre. « L'élaboration d'un code de déontologie en médiation : une réflexion ». *Revue de droit de l'Université de Sherbrooke*, vol.27, 1996-1997, p.327-.

ROSS, Claudette, BROSSARD, Michel. « L'influence des objectifs et des comportements des parties sur l'efficacité de la conciliation : le mythe de la boîte noire revu et corrigé ». *Relations industrielles*, vol. 50, no.2, 1995, p. 320- 340.

ROSS, Claudette. « La conciliation, un mode de règlement encore mal connu ». *Vingt-cinq ans de pratique en relations industrielles au Québec*. Sous la direction de Rodrigue BLOUIN. Cowansville : Les Éditions Yvon Blais inc., 1990, p. 395-417.

ROSS, Claudette, BROSSARD, Michel. « La conciliation volontaire est-elle plus efficace que la conciliation obligatoire ? Le cas du Québec ». *Relations industrielles*, vol. 45, no. 1, 1990, p. 3-21.

ROSS, Claudette. *Vision stratégique de la règle de droit en négociation collective et en conciliation au Québec*. Thèse présentée à la FES de l'U. de M. en vue du grade de doctorat en relations industrielles, Montréal, 1992, 298 p.

SARAYDAR, Edward. « Modeling the Role of Conflict and Conciliation in Bargaining ». *Journal of Conflict Resolution*, vol. 28, no. 3, 1984, p. 420-450.

SUBBARAO, A.V. « The Impact of the Two Dispute Resolution Processes in Negotiations ». *Relations industrielles*, vol. 32, no. 2, 1977, p. 216-233.

THIBAULT, Joëlle. « Introduction à la médiation sur Internet ». *Développements récents en médiation*. Cowansville : Les Éditions Yvon Blais inc., 2001, p.57-72.

VEILLEUX, Diane. « La médiation des conflits de droit relatifs aux conditions de travail : le cas du Québec ». *Bulletin de droit comparé du travail et de la sécurité sociale*, 2002, p.23-49.

WALL, James A. « Mediation : An Analysis, review and Proposed Research ». *Journal of Conflict Resolution*, vol. 25, n°1, p. 157-180.

WELDON, Johnpeter. « Le médiateur et sa médiation : y a-t-il un lien entre le style de communication du médiateur et le modèle de médiation qu'il privilégie ? » *Développements récents en médiation*. Cowansville : Les Éditions Yvon Blais inc., 2001, p. 1-22.

WILLIAMS C. Brian. « Notes on the Evolution of Compulsory Conciliation in Canada ». *Relations industrielles*, vol. 19, no.3, 1964, p.298.

Le règlement amiable des différends sociaux

Problématique proposée aux auteurs

1. **Précisions terminologiques**
1. *Notions de base se rapportant aux différents types de différends sociaux : différends sociaux, litiges individuels, conflits collectifs, grèves, mésententes, griefs, autres précisions terminologiques éventuelles.*
2. *Notions de base se rapportant aux différents types de résolution des différends sociaux : procédures judiciaires et administratives, négociation collective, médiation, conciliation, arbitrage, autres précisions utiles.*

2. **Informations générales sur les litiges individuels**
3. *Quels sont les types les plus fréquents de litiges individuels en droit du travail ?*
4. *Quelle juridiction est normalement compétente en matière de litiges individuels du travail ? S'agit-il d'une compétence d'ordre public ? D'autres juridictions peuvent-elles connaître des litiges individuels ?*
5. *Quels sont les modes non juridictionnels (négociés ou non) de règlement des litiges individuels ?*

3. **Informations générales sur les conflits collectifs**
6. *Quels sont en droit national, les textes principaux applicables aux conflits collectifs ?*
7. *Le recours à la grève est-il libre ou est-il conditionné par l'existence d'une négociation collective en cours ?*
8. *Le syndicat joue-t-il un rôle privilégié dans le déclenchement de la grève ?*
9. *Le salaire est-il suspendu pendant que le salarié est en grève ?*
10. *L'employeur dispose-t-il d'un droit de lock-out ?*

4. Informations générales sur les modes de règlement des différends en droit du travail

11. Quels sont les textes principaux, en droit national, applicables au règlement négocié des litiges individuels ?
12. Quels sont les textes principaux, en droit national, applicables au règlement négocié des conflits collectifs ?
13. Ces textes sont-ils effectivement appliqués ? Les textes concernent-ils généralement tous les différends sociaux ou seulement certains domaines particuliers ?
14. Ces textes constituent-ils une matière spécifiquement identifiable, ou une cohérence générale des règles applicables au règlement négocié des conflits collectifs, au sein du droit du travail ?
15. Ces textes sont-ils issus d'une demande ou d'initiatives particulières des partenaires sociaux ? Si oui, peut-on en identifier les raisons ?
16. Existe-t-il des normes internes propres à certaines entreprises, prévoyant des dispositifs de négociation en matière de différends sociaux ?
17. Quels sont les modes de règlement les plus souvent mis en œuvre ?
18. La législation privilégie-t-elle ou non le règlement négocié des conflits collectifs ? Existe-t-il une « culture » de la négociation, source d'inspiration de la législation dans ce domaine ?
19. Les règles de droit commun restent-elles applicables, ou sont-elles écartées par les règles relatives au règlement négocié des différends sociaux ?
20. Le règlement négocié met-il en œuvre des procédures paritaires ?

5. La justice du travail et le règlement amiable des différends sociaux (individuels et collectifs)

21. Existe-t-il une procédure de médiation ou de conciliation intégrée à la procédure judiciaire ? Si oui, quels en sont les résultats généralement constatés ?

Le règlement amiable des différends sociaux

22. Le règlement négocié des différends sociaux peut-il être ordonné par un juge (précisez les textes applicables) ? Pour quel type de différend ?
23. Dans le cas où le règlement négocié peut être ordonné par un juge, celui-ci peut-il désigner un conciliateur ou un médiateur ? Cette pratique est-elle courante ?
24. Le règlement négocié peut-il entrer en concurrence ou en concours avec le recours à la justice ? Avec le recours à un arbitre ?
25. Les éléments échangés lors d'une procédure de règlement négocié peuvent-ils être librement utilisés devant la justice du travail ou lors d'un arbitrage, en cas d'échec de la négociation ?

6. L'administration du travail et le règlement amiable des différends sociaux (individuels et collectifs)

26. L'administration du travail peut-elle proposer ou imposer qu'un règlement négocié sera pratiqué pour un différend social ? Si oui, de quelle manière et pour quel type de différend (précisez les textes applicables) ? Cette pratique est-elle courante ?
27. L'administration du travail peut-elle proposer ou imposer qu'un règlement négocié sera pratiqué pour un différend social ? Si oui, de quelle manière et pour quel type de différend (précisez les textes applicables) ? Cette pratique est-elle courante ?
28. L'administration du travail peut-elle intervenir activement dans le règlement négocié des différends sociaux ? Si oui, de quelle manière ? Existe-t-il une administration ou un service, spécialisé dans ce domaine ?
29. Existe-t-il un contrôle administratif de la régularité de la procédure de règlement négocié ?

7. Principes généraux applicables au règlement négocié des différends sociaux (individuels et collectifs)

30. Les règles générales applicables en la matière sont-elles plutôt légales ou conventionnelles ?
31. Doit-on respecter des principes tels que : a) la liberté contractuelle ; b) la bonne foi dans la négociation ; c) la loyauté

dans la communication des pièces et des éléments d'argumentation ? D'autres principes ?

32. *La partie qui ne respecterait pas les principes généraux applicables en la matière, engagerait-elle sa responsabilité ? Si oui, à l'égard de qui ? De quelle manière cette responsabilité serait-elle engagée ? S'agirait-il d'une responsabilité civile ou pénale ?*

33. *D'une manière générale, les parties qui négocient en vue du règlement d'un conflit collectif sont-elles placées dans un rapport contractuel ? Certains éléments de leur relation juridique peuvent-ils être contractuels et d'autres non ?*

8. La désignation ou nomination du médiateur ou du conciliateur

34. *Comment le médiateur ou conciliateur peut-il être désigné ? Quels sont les critères qui permettent de le désigner ?*

35. *Les parties ont-elles le libre choix de la personne qui leur servira de médiateur ou de conciliateur ?*

36. *Le médiateur ou conciliateur peut-il exercer cette activité à titre principal ? Existe-t-il un statut particulier de professionnel de la médiation ou de la conciliation ?*

37. *Lorsque le médiateur ou conciliateur n'exerce pas cette activité à titre principal, quelle est généralement son activité principale ?*

9. Notions d'indépendance et d'impartialité du médiateur ou conciliateur

38. *Le médiateur ou conciliateur a-t-il le droit de refuser la mission ?*

39. *D'une manière générale, quelle importance la législation donne-t-elle aux notions d'indépendance et d'impartialité du médiateur ou du conciliateur dans les procédures de règlement négocié ?*

40. *Existe-t-il des garanties légales ou conventionnelles d'indépendance et d'impartialité du médiateur ou du conciliateur ?*

Le règlement amiable des différends sociaux

10. Rémunération éventuelle du médiateur ou du conciliateur
41. Comment le médiateur ou conciliateur est-il rémunéré ? Existe-il différents modes de rémunération ?
42. La rémunération du médiateur ou conciliateur bénéficie-t-elle d'une qualification juridique particulière ? De privilèges particuliers ?
43. L'activité principale du médiateur ou conciliateur ou son statut peuvent-ils avoir une incidence sur sa rémunération ?

11. Compétence technique du médiateur ou du conciliateur
44. Certaines règles permettent-elles de vérifier ou de contrôler les compétences techniques du médiateur ou du conciliateur appelé à intervenir ?
45. Quelles sont les qualités généralement recherchées chez un médiateur ou un conciliateur ?

12. Conduite du règlement négocié
46. Le règlement négocié d'un différend doit-il se faire dans un délai déterminé ?
47. Les négociations sont-elles publiques ?
48. Les parties peuvent-elles être assistées d'un avocat ou conseil juridique ? D'un expert comptable ou financier ? D'un délégué syndical ? D'un membre de l'administration du travail ?
49. La procédure est-elle contradictoire ? Les règles applicables à la procédure civile sont-elles généralement applicables à la médiation ou à la conciliation ?
50. Lorsque le règlement négocié porte sur un litige individuel, existe-t-il des garanties de procédure ou une protection particulière en faveur du salarié ?
51. Le médiateur ou conciliateur dispose-t-il de pouvoirs pour conduire la procédure ?
52. Le médiateur ou conciliateur peut-il ou doit-il élaborer une recommandation personnelle par écrit ?

13. Obligations personnelles du médiateur ou du conciliateur

53. Un contrat est-il conclu entre les parties et le médiateur ou conciliateur ?

54. Existe-t-il une obligation de confidentialité pesant particulièrement sur le médiateur ou conciliateur ?

55. Le médiateur ou conciliateur doit-il ou peut-il conseiller les parties ou les informer sur leurs droits ?

56. Le médiateur ou conciliateur, s'il conseille ou informe les parties, engage-t-il sa responsabilité civile en cas de faux renseignement ? Si oui, est-il tenu de s'assurer contre ce risque de responsabilité ?

57. Le médiateur ou conciliateur est-il tenu de révéler à une autorité judiciaire ou administrative les faits illégaux qu'il a constatés dans l'exercice de sa mission ?

14. Actes juridiques créés à l'occasion du règlement négocié d'un conflit collectif

58. Quels sont les divers actes juridiques susceptibles d'être créés lors d'une procédure de règlement négocié d'un conflit collectif ?

59. Les actes juridiques émis lors d'une procédure de règlement négocié ont-ils un régime juridique déterminé ? Une norme particulière en précise-t-elle le régime juridique ?

60. Ces actes juridiques sont-ils contraignants pour les parties ? Est-il possible d'en obtenir l'exécution forcée ?

61. Est-il possible de réviser ultérieurement, notamment par une procédure allégée, l'accord qui a été conclu ?

62. La conclusion d'un accord rend-elle illégitimes les nouvelles revendications qui sont à l'origine du différend ? Interdit-elle de demander ultérieurement au juge qu'il prenne une décision contraire aux dispositions de l'accord ?

63. L'accord éventuel est-il intégré à la décision judiciaire, ou homologué par le juge ?

64. Ces actes juridiques peuvent-ils avoir des effets juridiques à l'égard de tiers (non-grévistes, syndicat, comité d'entrepris ou

Le règlement amiable des différends sociaux

d'établissement, organismes de protection sociale, organismes de recouvrement de cotisations sociales) ?

65. Le non-respect par l'une des parties d'un tel acte juridique constituerait-il une infraction pénale ?

15. Opinions personnelles des auteurs

66. Vous semble-t-il que les règles concernant le règlement négocié des différends sociaux sont satisfaisantes sur le plan général ?
67. Ces règles vous paraissent-elles atteindre suffisamment leur objectif d'efficacité ?
68. Ces règles vous paraissent-elles garantir suffisamment la sécurité juridique des parties ?
69. Le règlement négocié des différends sociaux vous semble-t-il plus adapté dans les litiges individuels ou dans les conflits collectifs ?
70. Le rôle des syndicats et des organisations patronales vous paraît-il important pour la mise en place des règles et le développement du règlement négocié des différends sociaux ?
71. Quels seraient selon vous, les points à améliorer dans le dispositif applicable au règlement négocié des différends sociaux ?

TABLE DES MATIÈRES

Avant-propos   7

Les problématiques du règlement amiable des différends sociaux en France   13

1. Le cadre législatif et règlementaire   15

1.1. Précisions terminologiques   15

1.2. Le règlement direct entre les parties et la possibilité de recourir au juge   17

1.2.1. Les règles applicables aux conflits collectifs   18

1.2.2. Règles applicables aux litiges individuels   20

1.3. Le règlement négocié, accompagné par un tiers   22

1.3.1. Le règlement négocié lors d'une instance judiciaire, avec l'aide d'un tiers   22

1.3.2. Le règlement négocié en dehors d'une instance judiciaire, avec l'aide d'un tiers   24

1.3.3. Les expériences législatives interrompues   26

2. Les problèmes qui se posent aujourd'hui (et quelques solutions)   28

2.1. Les modes de règlement négocié des différends sociaux répondent-ils à un besoin social ?   28

2.1.1. Les initiatives proviennent presque toujours des pouvoirs publics   28

2.1.2. Une certaine distance de la part des partenaires sociaux   29

2.2. La pertinence des modes de règlement négocié   30

2.2.1. L'efficacité (supposée) de la négociation   30

2.2.2. L'intérêt (réel) d'une réglementation   31

2.2.3 La compatibilité du règlement négocié des différends sociaux avec les principes fondamentaux   *32*

2.3. Comment organiser les modes négociés de règlement des différends sociaux ?   *35*

2.3.1. La nécessité d'un cadre juridique approprié   *35*

2.3.2. La possibilité d'un cadre juridique approprié   *36*

2.3.3. Les modalités de la négociation   *36*

2.3.4. La nature juridique de l'accord et ses conséquences   *38*

Voyage périlleux dans la boîte noire de la résolution des différends sociaux en France   *41*

1. Les procédures de résolution : ligne « Maginot » et velléités   *44*

1.1. La vitalité très relative des prévisions du code du travail   *46*

1.1.1. L'institution de commissions nationales et régionales de conciliation   *46*

1.1.2. La possibilité de recours à des médiateurs   *47*

1.1.3. L'hypothèse de l'arbitrage   *49*

1.2. La portée incertaine des procédures conventionnelles   *51*

1.2.1. L'existence de commissions professionnelles de conciliation   *51*

1.2.2. Le développement de procédures de prévention au niveau de l'entreprise   *53*

2. L'intervention judiciaire : inévitable et inconsistante   *57*

2.1. L'obligation de conciliation et les essais de médiation des litiges individuels   *57*

2.1.1. Le déclin officiel de la conciliation prud'homale   *58*

2.1.2. L'apparition discutable de médiations « judiciaires »   *62*

2.2. Les opportunités de conciliation ou de médiation de conflits collectifs   *65*

TABLE DES MATIÈRES

3. Une intervention administrative juridiquement peu fondée, mais assez déterminante — *68*

3.1. Un savoir-faire dans la conciliation informelle des conflits collectifs — *69*

3.2. Une réponse récente à une demande individuelle relative à un différend — *72*

La résolution amiable des litiges individuels en droit du travail espagnol — *77*

1. Les procédures légales préalables et les démarches visant à éviter le procès — *84*

1.1. La procédure préalable de conciliation — *85*

1.2. La réclamation administrative préalable — *89*

1.3. La conciliation judiciaire — *91*

2. Les procédures autonomes pour la résolution des conflits individuels — *95*

2.1. La commission paritaire pour l'application de la convention collective — *95*

2.2. Les accords interprofessionnels pour la résolution des conflits — *99*

2.2.1. Le cadre juridique de la résolution autonome des litiges individuels — *101*

2.2.2. Les règles de fond du système de résolution des litiges individuels — *103*

2.2.3. Les organismes de conciliation, de médiation et d'arbitrage — *104*

2.2.4. Ouverture et déroulement de la procédure — *107*

2.2.5. L'issue de la procédure — *110*

2.2.6. La contestation des accords et des sentences — *113*

2.2.7. Dernières observations — *115*

Le règlement amiable des différends sociaux

Les procédures négociées de résolution des conflits collectifs en Espagne — 123

1. Le régime général des conflits collectifs en droit du travail — 123

1.1. Terminologie — 123

1.2. Les sources de réglementation des conflits collectifs — 125

1.3. Principales règles applicables à la grève — 127

1.4. L'exercice du droit de lock-out — 129

2. Le cadre réglementaire des procédures de résolution des conflits — 131

2.1. Sources de réglementation des procédures de résolution — 131

2.2. L'étendue de l'application des procédures négociées — 135

2.3. Le domaine des conflits faisant l'objet des procédures et démarches préalables — 137

2.4. Typologie des procédures de résolution les plus fréquentes — 138

3. Les rapports entre le processus judiciaire et la négociation — 139

4. Les rapports entre l'administration du travail et la négociation — 143

5. Les principes de base de la législation nationale en la matière — 146

6. Les caractéristiques générales du tiers, médiateur ou arbitre — 148

7. La procédure de solution négociée — 152

8. Les actes juridiques établis dans le cadre d'une solution négociée — 156

La médiation des différends du travail au Québec : de la tradition vers de nouvelles directions — 161

1. La genèse et l'étendue de la médiation des différends du travail — 163

1.1 La médiation, partie intégrante de l'encadrement des différends dans les relations collectives — 163

TABLE DES MATIÈRES

1.2. La médiation dans les rapports individuels de travail	*171*
2. Les objectifs en vue	*177*
2.1. Assurer de saines relations du travail et le maintien de la paix industrielle	*177*
2.2. Favoriser le règlement négocié en tant que mode de régulation sociale	*181*
2.3. Trouver des solutions concrètes et pratiques	*185*
2.4. Offrir une voie d'accès rapide et économique à la justice	*186*
3. Les incitatifs à la médiation	*187*
3.1. Une procédure sans formalisme, offerte gratuitement par des organismes spécialisés	*187*
3.2. Une procédure offrant des garanties de neutralité et de confidentialité	*189*
Conclusion	*192*

Les maîtres du jeu dans la médiation institutionnelle des différends du travail au Québec — *195*

1. Les qualifications et l'encadrement des médiateurs institutionnels	*197*
1.1. Les critères généraux de compétence des médiateurs-types idéaux	*197*
1.2. Les critères de compétence et l'encadrement des médiateurs institutionnels	*201*
1.2.1. La formation et l'expérience de base requises par les fonctions de médiateur institutionnel	*202*
1.2.2. La formation et l'encadrement en cours d'emploi	*205*
1.2.3. Les valeurs et qualités fondatrices de la fonction de médiateur	*208*
2. Les champs et les techniques d'intervention	*214*
2.1. Les champs d'intervention en médiation institutionnelle	*214*
2.1.1 Typologie des champs d'intervention en médiation	*214*

2.1.2. Les champs d'intervention en médiation institutionnelle selon les matières visées   *219*

i) Les matières donnant lieu à une négociation purement de résolution de problème   *221*

ii) Les matières imposant par essence le raisonnement juridique   *222*

iii) Les matières relevant à la fois du raisonnement juridique et des dimensions de relations de travail ou de relations humaines   *223*

2.2. Les techniques d'intervention en médiation institutionnelle   *226*

Discussion et conclusion   *231*

ANNEXES 1& 2   *239*

Bibliographie générale   **243**

France   *243*

Espagne   *247*

Québec   *250*

Problématique proposée aux auteurs   **257**

TABLE   265

L'HARMATTAN, ITALIA
Via Degli Artisti 15 ; 10124 Torino

L'HARMATTAN HONGRIE
Könyvesbolt ; Kossuth L. u. 14-16
1053 Budapest

L'HARMATTAN BURKINA FASO
Rue 15.167 Route du Pô Patte d'oie
12 BP 226
Ouagadougou 12
(00226) 50 37 54 36

ESPACE L'HARMATTAN KINSHASA
Faculté des Sciences Sociales,
Politiques et Administratives
BP243, KIN XI ; Université de Kinshasa

L'HARMATTAN GUINÉE
Almamya Rue KA 028
En face du restaurant le cèdre
OKB agency BP 3470 Conakry
(00224) 60 20 85 08
harmattanguinee@yahoo.fr

L'HARMATTAN CÔTE D'IVOIRE
M. Etien N'dah Ahmon
Résidence Karl / cité des arts
Abidjan-Cocody 03 BP 1588 Abidjan 03
(00225) 05 77 87 31

L'HARMATTAN MAURITANIE
Espace El Kettab du livre francophone
N° 472 avenue Palais des Congrès
BP 316 Nouakchott
(00222) 63 25 980

L'HARMATTAN CAMEROUN
BP 11486
Yaoundé
(237) 458 67 00/976 61 66
harmattancam@yahoo.fr

609738 - Juin 2015
Achevé d'imprimer par